高等职业教育"十三五"规划教材

经济法基础

蒋传宓　李树德　孙玉中
主编
路焕新　彭君禧　李思逸　颜台钊
副主编

Basic Economic Law

中国轻工业出版社

图书在版编目（CIP）数据

经济法基础 / 蒋传宓，李树德，孙玉中主编. —北京：中国轻工业出版社，2019.5

高等职业教育“十三五”规划教材

ISBN 978-7-5184-1704-9

Ⅰ. ①经… Ⅱ. ①蒋… ②李… ③孙… Ⅲ. ①经济法－中国－高等职业教育－教材 Ⅳ. ①D922.29

中国版本图书馆CIP数据核字（2017）第328043号

内容简介

本书根据高职高专教学特点编写，主要介绍经济法基础知识，着重阐述我国现行经济法律制度、经济权利义务和职责。全书共10章，一是“经济法概述”部分，简介经济法基本理论；二是企业法部分，包括《公司法》《合伙企业法与个人独资企业法》和《外商投资企业法》；三是市场运行法，包括《合同法》《竞争法》《消费者权益保护法与产品质量法》和《知识产权法》；四是财政金融法，包括《会计法和税法》《票据法和证券法》。全书注重理论联系实际，着眼于基础知识的传授和基本技能的培养，核心在于帮助学习者理解经济法律制度，形成运用经济法律的能力。

本书既可以作为高职高专财经商贸类、公共管理与服务类专业和其他相关专业的学生用书，也可以作为教学参考资料和行业培训用书。

责任编辑：张文佳　　责任终审：劳国强　　封面设计：锋尚设计

版式设计：王超男　　责任校对：晋　洁　　责任监印：张　可

出版发行：中国轻工业出版社（北京东长安街6号，邮编：100740）

印　　刷：河北鑫兆源印刷有限公司

经　　销：各地新华书店

版　　次：2019年5月第1版第2次印刷

开　　本：787×1092　1/16　印张：15.25

字　　数：440千字

书　　号：ISBN 978-7-5184-1704-9　定价：39.80元

邮购电话：010-65241695

发行电话：010-85119835　传真：85113293

网　　址：http://www.chlip.com.cn

Email：club@chlip.com.cn

如发现图书残缺请与我社邮购联系调换

190452J2C102ZBW

前言

教育的目的在于全面提高受教育者的综合素质。高职学生，尤其是财经贸易类、公共管理服务类等专业的学生，掌握一定的经济法知识，运用经济法律制度和规范进行经济活动，不但是非常重要的职业能力，也是不可忽视的文化素质。为此，根据国家现行经济立法，结合我国经济社会发展的实际情况，我们组织编写了本教材。

全书紧扣高职教学特点和要求，突出以下特色：

（1）坚持素质教育和能力本位。本书主要介绍经济法基础知识，立足于学生经济法律意识和规范习惯的培养，着重培养学生的可持续发展的综合职业能力。全书除对经济法概念和制度阐述之外，还穿插阅读材料，以拓宽视野。

（2）突出时代性和新颖性。经济社会的发展和科技的进步，使得人们权利义务的内容和行使方式发生改变。本书紧跟经济立法的步伐，吸收经济法最新研究成果，以现行经济法律制度为依据，根据我国经济社会发展的特点和趋势进行内容取舍，体现了前瞻性。

（3）以实用为导向。学以致用是本书的宗旨，书中案例分析引导读者根据所学内容进行应用实践。全书内容读得懂、用得着，即使是非法律专业的读者也能够读懂并运用本书内容解决一般的经济法律问题。

（4）注重体例结构的科学性和逻辑性。本书考虑到高职教学特点和读者的实际情况，在体例上作出“案例导读”“学习目标”“主要内容”、正文、“思考与练习”和实训的内容安排，并开辟“阅读专栏”用以拓展素质，所用案例具有权威性和经典性。全书在逻辑上采取“激发学习兴趣→明确学习方向→学习知识内容→形成职业能力→解决实际问题”的结构，正文观点采用通说，结合现实，忠于法律本意，练习题和实训在于内化所学知识，提高运用能力。

本书由蒋传宓、李树德、孙玉中担任主编，由第一主编蒋传宓负责拟定写作提纲并最后统稿。参编人员及写作分工如下（以撰写章节先后为序）：

蒋传宓（重庆城市管理职业学院）：第1章、第2章、第5章；

李树德（湖南工业职业技术学院）：第3章；
李思逸（重庆城市管理职业学院）：第4章；
颜台钊（重庆城市管理职业学院）：第6章；
周益嘉（重庆电子工程职业学院）：第7章；
路焕新（重庆城市管理职业学院）：第8章；
韩　玲（重庆城市管理职业学院）：第9章第一节；
彭君禧（重庆城市管理职业学院）：第9章第二节；
孙玉中（重庆城市管理职业学院）：第10章。

本书是重庆市高等职业院校专业能力（骨干专业）民政管理专业建设项目成果。在编写过程中，作者所在单位和其他兄弟院校以及中国轻工业出版社的领导给予了大力支持和帮助，重庆含宪律师事务所刘彪、重庆福润德养老产业有限公司高艳萍等行业专家提供了部分案例和建议，在此一并向他们表示衷心的感谢！

由于编者经验不足、水平有限，书中疏漏之处在所难免，恳请同行专家和广大读者批评指正。

编　者

2017年10月

目录

6 竞争法

7 消费者权益保护法与产品质量法

8 知识产权法

9 会计法和税法

10 票据法和证券法

1 经济法概述

案例导读

反不正当竞争法修订草案提请三审 拟规定不得进行网上虚假交易

10月31日，十二届全国人大常委会第三十次会议听取了全国人大法律委员会副主任委员张鸣起所作的关于反不正当竞争法修订草案审议结果的报告。

张鸣起说，为鼓励和保护公平竞争，制止不正当竞争行为，维护市场竞争秩序，针对实践中出现的新情况、新问题，对反不正当竞争法进行修改是必要的，修订草案已经比较成熟，现在出台是必要的、适时的。

二审稿规定，经营者不得对其商品作虚假或者引人误解的商业宣传，欺骗、误导消费者。有的常委会组成人员提出，电子商务领域虚假宣传的问题较为严重，甚至出现了专门组织虚假交易帮助他人进行虚假宣传以牟取不正当利益的情况，严重扰乱了正常的市场竞争秩序，建议对相关规定进行充实完善。此次提交审议的三审稿进行了以下修改：一是对虚假宣传的具体内容予以细化，明确经营者不得对其商品的“销售状况”“用户评价”等作虚假或者引人误解的商业宣传，欺骗、误导消费者；二是增加一款规定，明确经营者不得通过组织虚假交易等方式，帮助其他经营者进行虚假或者引人误解的商业宣传。

二审稿对经营者擅自使用他人商品特有的名称、包装、装潢等混淆商品来源的不正当竞争行为作了禁止性规定，有的常委会委员提出，仿冒他人商业标识构成混淆商品来源的不正当竞争行为，一般以被仿冒的标识在相关领域中有一定影响、为相关公众所知悉为前提，建议对此予以明确。为此，三审稿在相关标识前增加了“有一定影响”的限定。

（材料来源：人民日报2017年11月1日，记者：王比学，http://www.npc.gov.cn/npc/xinwen/lfgz/rdlf.htm）

学习目标

- 了解经济法的概念和调整范围
- 理解经济法渊源、经济法律关系及其构成
- 掌握经济行为、律事和时效

主要内容

- 经济法的概念和调整范围
- 经济法律关系

1.1 经济法的概念和调整范围

1.1.1 经济法的概念

在市场经济体制下，市场在资源配置中起决定性作用。但是，市场调节具有的自发性和盲目性也有失灵的时候，需要运用“政府之手”来进行干预和调整。在政府干预市场经济的各种手段中，最重要的是制定并实施法律规则，维护国家正常的经济秩序，优化资源的配置。这种法律规则就是经济法。因此，我们可以定义：经济法是调整需要国家干预或协调经济运行过程中所发生的经济关系的法律规范的总称。

1.1.2 经济法的渊源

经济法的渊源，即经济法的表现形式。它是以宪法为统帅的法律规范体系。

1.1.2.1 宪法

宪法是国家的根本大法，具有最高的法律效力。宪法规定国家的基本经济制度，确立了我国社会主义市场经济体制，规定了市场主体的基本经济权利和义务。宪法具有母法地位，是一切经济立法的依据和效力源泉，其他任何经济法律、法规等都不能和它相违背。

1.1.2.2 法律

法律是由全国人民代表大会及其常务委员会制定规范性文件，其地位和效力仅次于宪法，它是经济法最重要形式和渊源。例如，《中华人民共和国保险法》(2016年，简称《保险法》，以下类似)、《证券法》(2016年)等。

1.1.2.3 法规

法规包括行政法规和地方性法规两种。行政法规是由国务院根据宪法和法律制定的规范性文件，其效力低于宪法和法律，高于地方性法规，如《中华人民共和国商标法实施条例》(2014年)、《中华人民共和国公司登记管理条例》(2014年)等。地方性法规是由省、自治区、直辖市以及较大的市的人民代表大会及其常务委员会依据宪法精神和法律制定的规范性文件，如《重庆市招标投标条例》(2016年)等。

1.1.2.4 规章

规章也包括两种，即部门规章和地方性规章。部门规章是指由国务院各部门在本部门的权限范围内制定的规范性文件，如财政部发布的《会计从业资格管理办法》(2013年)等。地方性规章是指省、自治区、直辖市以及较大的市的人民政府根据法律、法规在其职权范围内制定的规范性文件，如《深圳市社会医疗保险办法》(2013年)等。

1.1.2.5 司法解释

司法解释指最高人民法院、最高人民检察院就经济法的适用所作的解释。司法解释对各级司法机关的司法活动具有约束力。例如，《最高人民法院关于适用〈中华人民共和国合同法〉若干问题的解释(二)》(2009年)、《最高人民法院最高人民检察院关于办理危害食品安全刑事案件适用法律若干问题的解释》(2013年)等。

1.1.2.6 国际条约

我国同外国缔结或者我国批准加入的国际条约、协定，也是我国经济法的表现形式之一，如《世界版权公约》《联合国国际货物销售合同公约》《中华人民共和国政府和加拿大政府关于对所得避免双重征税和防止偷漏税的协定》等。

1.1.3 经济法的调整范围

1.1.3.1 市场主体调控关系

市场主体是指在市场经济活动中从事经营行为的人，是市场经济中最基本的要素，包括法人企业、非法人企业、其他经济组织和个人。市场主体调控关系是指国家对市场主体自身运作及其经济活动进行调节和控制所形成的经济关系。市场主体作为利益主体，其经济行为的主要目的就是盈利，在经济活动中往往存在追求利润最大化的倾向。为了防范市场主体的非理性行为，保证市场经济顺利进行，实行生产要素的合理配置和有限资源的充分利用，国家有必要对市场主体及其行为进行适度、合理的干预。相关法律如《公司法》(2013年)、《合伙企业法》(2006年)、《中外合资经营企业法》(2016年)、《企业破产法》(2006年)等。

1.1.3.2 市场运行调控关系

市场运行调控关系，是指国家为了建立社会主义市场经济秩序，维护社会利益、国家利益以及生产经营者和消费者的合法权益而干预市场所发生的经济关系。市场经济要正常运行，必须要有一个良好的市场秩序。经济法作为市场经济的“游戏规则”，其目的就是规范经济运行秩序，维护市场竞争秩序，确保公平竞争，促进生产要素和资源的合理配置。相关法律如《合同法》(1999年)、《反不正当竞争法》(1993年)、《消费者权益保护法》(2014年)等。

1.1.3.3 宏观经济调控关系

宏观经济调控关系指国家从社会公共利益出发，为了确保社会经济的长远和可持续发展，对有关国计民生及其他重大经济因素，实行全局性的调节和控制，从而与其他市场经济主体所形成的经济关系。相关法律如《预算法》(2014年)、《政府采购法》(2014年)、《会计法》(2000年)、《税收征收管理法》(2015年)等。

1.2 经济法律关系

1.2.1 经济法律关系的概念

法律关系是一类特殊的社会关系，即法律在调整人们行为的过程中所形成的权利义务关系，它由三个基本要素构成，即法律关系主体、法律关系内容和法律关系客体。这三要素应同时具备，才构成了法律关系。因此，这三者的有机统一又称为法律关系的构成。

经济法律关系即指经济法在调整人们的经济行为以及国家对市场经济活动进行干预的过程中所形成的权利义务关系。经济法律关系同样由主体、内容和客体三要素构成。

1.2.2 经济法律关系的构成

1.2.2.1 经济法律关系主体

(1) 经济法律关系主体的概念

经济法律关系主体是指在经济管理、协调过程以及经济活动中依法独立享有经济权利和承担经济义务的人。享有经济权利的人称为权利主体，承担经济义务的人称为义务主体。

经济法律关系主体必须具备一定的主体资格，即能够以自己的名义享有经济权利、承担经济义务。只有具有经济法主体资格的人，才能参与经济法律关系，享有经济权利和承担经济义务。未取得经济法主体资格的组织不能参与经济法律关系，不能享有经济权利和承担经济义务，其经济行为不产生法律效力，不受法律保护。

经济法主体资格的获得有两种途径：一般采用法律规定一定条件或规定一定程序成立的方式予以确认，如公民、法人和其他经营实体以及政府市场监管部门等；少数通过授权取得，如政府指定有关部门代表国家作为经济活动的一方当事人。

（2）经济法律关系主体的分类

经济法律关系主体具有复杂性，其范围非常广泛，归纳起来主要分为经济管理主体和经济活动主体两大类。

经济管理主体主要指负有经济管理职责的国家机关，包括各级政府及政府部门，如国务院及其承担经济管理职责的各部、委、行、署、局等。此外，由法律法规授权承担一定经济管理职责的其他组织也能成为经济管理主体。

经济活动主体是指为了实现自身利益，从事经济活动的组织和个人。

1）企业组织。企业组织是指拥有自己的财产，具有一定的组织机构和组织形式，以营利为目的，以自己的名义从事生产、流通和服务活动的经济实体。这是最主要和最重要的经济法律关系主体，包括法人企业（如有限责任公司等）和非法人企业（如合伙企业、个人独资企业等）。

2）事业单位。事业单位是指由国家财政或者其他单位拨款作为主要经费来源，不以营利为目的，从事公共事业的文化、体育、卫生等组织。它们一般都具有法人地位。

3）社会组织。社会组织又称民间组织、非营利组织或者非政府组织（NGO），是人们基于共同目的，根据自愿原则依法结成的不以营利为目的的组织。我国社会组织包括社会团体、民办非企业单位和基金会三大类。

4）公民个人。公民个人作为经济法律关系主体体现在多方面：一是公民个人作为经营者，从事营利活动而参与经济法律关系；二是作为劳动者，参与劳动法律关系；三是作为消费者，参与消费法律关系；四是作为国家公民，参与社会保障法律关系。

5）农村承包经营户、个体工商户。农村承包经营户、个体工商户既不同于公民个人，也不同于一般的企业组织，而是一类特殊的经济法律关系主体。农村承包经营户、个体工商户从事营利行为，没有自己名义下的财产，它们以"户"的名义进行经营活动，其责任也由"户"承担。

6）企业分支机构。企业分支机构虽不具有独立的法律人格，但也会作为经济法律关系主体参与某些经济法律关系。

此外，国家和国家机关作为整体除作为经济管理的主体外，在一定的条件下也会进行直接的经济活动，从而成为经济活动主体，如发行国债、出让国有土地使用权等。

1.2.2.2 经济法律关系的内容

经济法律关系的内容是指经济法律关系主体享有的经济权利（职权）和承担的经济义务（职责），它直接体现出经济法律关系主体的利益和要求，是经济法律关系的核心。

（1）经济权利

经济权利是指经济法律关系主体依法享有的从事一定经济行为或者要求他人进行一定经济行为的资格。经济权利主要有以下几类：

1）经济职权。经济职权是指国家机关及其工作人员依法进行经济管理活动的权力。经济职权具有法定性、权威性，即经济职权必须有法律依据，必须依法行使；同时，国家机关及其工作人员依法行使经济职权时，其他主体应当遵守、配合和服从。

2）物权。物权是权利人基于物的归属和利用而享有的权利。我国《物权法》(2007年）规定，物权是指权利人依法对特定的物享有直接支配和排他的权利，包括所有权、用益物权和担保物权。所有权是指所有人依法对自己的财产享有的占有、使用、收益和处分的权利。用益物权是指用益物权人对他人所有的财产，依法享有占有、使用和收益的权利。担保物权是指担保物权人在债务人不履行到期债务或者发生当事人约定的实现担保物权的情形，依法享有就担保财产优先受偿的权利。

3）经营管理权。经营管理权即指企业在生产经营过程中依法所享有的决定经营事项和内部管理事项的权利。经营管理权包括经营权和管理权。经营权是企业决定自己有关经营事项的权利，如经营决策权、投资决策权、物资采购权、产品销售权、企业资产处置权等；管理权是企业对内部事务的决定权，如内部机构设置权、人事管理权、工资分配权等。

4）债权。债权是指按照合同约定或者依照法律规定，一方当事人（债权人）请求另一方当事人为一定行为或者不为一定行为的权利。债权包括合同债权、不当得利债权、无因管理债权和基于先行为的债权。合同债权是最常见最重要的债权。

5）知识产权。知识产权即指权利人依法对其智力成果所享有的权利总称。知识产权是一个开放的体系，除著作权、专利权和商标权等传统的知识产权之外，还包括厂商名称权、地理标记权、集成电路布图设计权、商业秘密权等权利。随着信息技术与网络技术的发展，这个体系还在扩大。

6）保护请求权。保护请求权是一种救济性的权利，它是指权利人的合法权益受到不法侵害时，有权请求侵害人停止侵害、赔偿损失并要求有关国家机关保护其合法权益的权利。保护请求权主要包括停止侵害请求权、赔偿请求权、主管机关保护请求权、仲裁请求权、诉讼权利等。

（2）经济义务

经济义务与经济权利相对应，是指经济法律关系主体依法承担的为满足他人的权利而应当或者必须进行一定经济行为的责任。

经济义务按其来源有三种：一是法定义务，即由法律直接规定义务主体在一定的范围内作出一定行为，如纳税义务等；二是约定义务，即由合同当事人约定相互之间的义务，如买卖合同约定出卖人有向买受人交付标的物的义务，买受人有向出卖人支付价金的义务等；三是因违法或者违约所引起的义务，也是法律责任，如侵权行为所引起的赔偿责任等。

1.2.2.3 经济法律关系的客体

经济法律关系客体是经济权利和经济义务所共同指向的对象，是经济权利义务关系形成的载体。经济法律关系的客体包括物、行为和非物质财富。

（1）物

法律意义上的“物”，是指为人们控制和支配、具有一定经济价值的物质形态。物可以分为很多种类，如天然物与劳动产品、生产资料与生活资料、流通物与限制流通物、种类物与特定物、可分物与不可分物、主物与从物等，而我国《物权法》明确将物分为不动产和动产。

不动产指土地以及地上附着物，这些物是不能移动的，其移动将不再是该不动产。除土地之外，房屋、桥梁、铁路等地上建筑物均属于不动产，地里尚未收割的庄稼、林木等也都属于不动产。动产指除不动产以外的物，如汽车、衣服、食物等，其中，货币和有价证券属于特殊的动产。这里的货币指国家的法定货币，它是国家最重要的经济杠杆，我国的法定货币为人民币；有价证券主要包括票据（如汇票、本票、支票）、股票和债券等。

（2）行为

行为是指经济法律关系主体为达到一定的经济目的，实现其权利和义务所进行的经济活动。包括经济管理行为、完成一定工作行为和提供一定劳务行为等。

经济管理行为是指经济法律关系主体行使经济管理职权进行经济管理活动的行为，如市场管理行为、质量监督行为、税收征收管理行为、金融监管行为等。完成一定工作的行为是指经济法律关系主体的一方，利用自己的资金和技术设备为对方完成一定的工作任务，对方根据完成工作的质量和数量情况支付相应报酬，如加工承揽行为、建筑安装行为、勘察设计行为等。提供一定劳务的行为是指经济法律关系主体一方为对方提供一定劳务或服务，满足对方的需求，由对方支付一定报酬的行为，如运输、仓储保管等。

（3）智力成果

智力成果是指能够为人们带来经济价值的创造性劳动成果和经济信息。智力成果可分为创造性成果和识别性标记，创造性成果包括作品、发明、实用新型、外观设计、商业秘密、集成电路、计算机软件等；识别性标记包括商标、商号、地理标记等。

此外，权利也可能成为经济法律关系的客体，如在土地使用权出让或者转让法律关系中、农村土地承包经营权流转法律关系中，其客体分别是土地使用权和农村土地承包经营权。

1.2.3 经济法律关系的产生、变更和终止

1.2.3.1 经济法律关系的产生、变更和终止的概念

随着经济的不断进行，经济法律关系总是处于产生、变更和终止的循环运动中。经济法调整市场经济的作用就是在这种循环运动中实现的。

经济法律关系的产生是指根据经济法律规定，基于一定的事实，在相关主体之间形成经济权利和经济义务关系。经济法律关系的变更是指根据经济法律规定，基于一定的事实，经济法律关系的主体、内容或者客体三要素发生变化。经济法律关系的变更既可以是经济法律关系三要素之一变化，也可以是几个要素同时变化。经济法律关系的终止是指根据经济法律规定，由于一定的事实，相关主体之间的经济权利和经济义务关系消灭。

经济法律关系的产生、变更和终止需要两个基本条件：一是经济法律规范，即法律对该经济领域进行了调整；二是经济法律事实，即法律所假定的情况出现。

1.2.3.2 经济法律事实

经济法律事实是指由经济法律规定，能够引起经济法律关系产生、变更、终止的客观情况。根据经济法律事实与经济法律关系主体意志是否有关，可以将经济法律事实分为经济行为、事件和时效。

（1）经济行为

经济行为是指经济法律关系主体在意志支配下所进行的能够引起经济法律关系产生、变更、终止的活动。根据经济行为的目的，可以将其分为法律行为和事实行为。

法律行为是指经济法律关系主体为追求一定的经济法律关系产生、变更或者终止而实施的行为，如订立合同的行为，其目的就是要在当事人之间建立合同关系。

事实行为是指经济法律关系主体并非为追求一定的经济法律关系产生、变更或者终止而实施

的行为，但该行为的后果却使相关主体之间产生了经济法律关系，如创作行为的目的并非追求著作权法律关系，但作品一旦产生，作者就会对它享有著作权，形成著作权法律关系。

（2）事件

事件是不以当事人的意志为转移、能够引起经济法律关系产生、变更和终止的客观事实，包括自然现象和社会现象。自然现象是自然力按照自然规律运动的结果，如地震、海啸、泥石流等自然灾害以及人的出生、死亡等；社会现象主要指当事人无法预料的社会行动，如罢工、骚乱、战争等。

（3）时效

时效是指一定的事实状态经过一定的时间导致一定的法律后果的法律制度，即当事人占有财产或者不行使权利的状态持续到法律规定的时间后便取得权利或者丧失权利。时效由法律直接规定，不能由当事人约定，可以分为取得时效和消灭时效，我国《民法总则》（2017年）规定的诉讼时效属于消灭时效。

《民法总则》第188条规定："向人民法院请求保护民事权利的诉讼时效期间为三年。法律另有规定的，依照其规定。诉讼时效期间自权利人知道或者应当知道权利受到损害以及义务人之日起计算。法律另有规定的，依照其规定。但是自权利受到损害之日起超过二十年的，人民法院不予保护；有特殊情况的，人民法院可以根据权利人的申请决定延长。"在诉讼时效期间的最后六个月内，因不可抗力或者其他客观障碍不能行使请求权，诉讼时效中止。从中止时效的原因消除之日起，诉讼时效期间继续计算。诉讼时效因权利人提出履行请求、义务人同意履行或者提起诉讼、仲裁等情形而中断，从中断、有关程序终结时起，诉讼时效期间重新计算。

诉讼时效届满，权利人丧失了请求人民法院保护其权利的权利，但是其实体权利并未消灭。《民法总则》第192条规定："诉讼时效期间届满的，义务人可以提出不履行义务的抗辩。诉讼时效期间届满后，义务人同意履行的，不得以诉讼时效期间届满为由抗辩；义务人已自愿履行的，不得请求返还。"

阅读专栏

七个问题，让你了解民法总则草案有多重要

历经全国人大常委会三审后，备受关注的民法总则草案8日提交十二届全国人大五次会议审议。

作为民法典的开篇之作，民法总则涉及经济和社会生活的方方面面。通过下面这七个人们在生活中可能遇到的问题，一起来了解一下其重要性。

问题1：出手救人造成损害要不要赔偿？

"路见不平一声吼，紧急关头显身手"。但见义勇为者受了损害，责任谁来负？紧急救助时不慎给受助人造成伤害，是否还要承担民事责任？

"为匡正社会风气，鼓励见义勇为的行为，草案规定，因自愿实施紧急救助行为造成受助人损害的，救助人不承担民事责任。"全国人大常委会副委员长李建国在向大会作关于民法总则草案的说明时说。

草案同时规定，救助人因重大过失造成受助人不应有的重大损害的，承担适当的民事责任。

全国人大代表马瑞强表示，与三审稿相比，草案在原来规定的“救助人有重大过失”的基础上，又增加了受助人遭受“不应有的重大损害”作为需要救助人担责的前提。这相当于进一步限定了需要救助人担责的条件，对救助人利益的保护更加完整、全面，同时又兼顾了受助人的利益。

此外，根据民法总则草案的规定，因保护他人民事权益而使自己受到损害的，由侵权人承担民事责任，受益人可以给予适当补偿。没有侵权人、侵权人逃逸或者无力承担民事责任，受害人请求补偿的，受益人应当给予适当补偿。

全国人大代表孙宪忠认为，这是针对当前我国见义勇为引发纠纷的案例实际，在法律上赋予见义勇为者一种请求权。

问题 2：如何保护个人信息？

“您好，请问您是车牌号××××的车主×先生吗？”“您好，您在×××小区的房子考虑出售吗？”接到陌生人来电，却能准确报出你的个人信息，这里面就有问题。

对此，民法总则草案规定，自然人的个人信息受法律保护。任何组织和个人应当确保依法取得的个人信息安全，不得非法收集、使用、加工、传输个人信息，不得非法买卖、提供或者公开个人信息。

“许多企业根据掌握的个人信息向客户提供更加精准的服务，问题就在于要把正当使用和非法使用区别开来，并且严格界定使用个人信息的途径。”全国人大代表韩德云说。与三审稿相比，草案新增了“任何组织和个人应当确保依法取得的个人信息安全”的表述，就是要对合法和非法使用进行区别，强调要遵循合理使用与安全使用的原则。

问题 3：民事诉讼时效能否延长？

诉讼时效，是一项提醒人们不要“躺在权利上睡大觉”的制度。根据现行民法通则规定，一般诉讼时效期间为二年。但随着社会发展，经济交易方式和类型不断创新，要求延长诉讼时效期间的呼声也越来越高。

对此，民法总则草案规定，向人民法院请求保护民事权利的诉讼时效期间为三年。法律另有规定的，依照其规定。

“我觉得增加到三年是合适的。”韩德云说，“如果诉讼时效进一步延长，对证据的保护要求也更高，让诉讼难度增加，法院也会面临更大压力。”

此外，草案还规定，未成年人遭受性侵害的损害赔偿请求权的诉讼时效期间，自受害人年满十八周岁之日起计算。

李建国表示，这给受性侵害的未成年人成年后提供了寻求法律救济的机会，保护未成年人权益。

问题 4：胎儿能继承遗产吗？

中国裁判文书网刊登了这样一起案例：女儿尚在娘胎中，父亲因工伤不幸去世。家人获得工伤保险金后，却并未给女儿留存。几年后，女儿一纸诉状将母亲等人告上法庭。

根据我国现行民法通则规定，民事权利始于出生终于死亡，意味着胎儿只有在出生后才有民事权利。不过，现行继承法规定，遗产分割时，应当保留胎儿的继承份额。胎儿出生时是死体的，保留的份额按法定继承办理。

胎儿的利益究竟如何界定和保护？民法总则草案给出了明确答案：涉及遗产继承、接受赠与等胎儿利益保护的，胎儿视为具有民事权利能力。但是胎儿出生时为死体的，其民事权利能力自始不存在。

全国政协委员侯欣一认为，承认胎儿的民事权利是中国传统法律文化的特征，将对胎儿民事权益保护起到实实在在的作用。

问题5：“熊孩子”乱买东西算不算数？

日前，一则“孩子偷用母亲手机打赏网红25万”的新闻引发热议。事实上，随着现代生活和教育水平的提高，儿童的生理和心智发育水平较以往有了新的变化。偷拿手机“发红包”“买装备”之类的事情越来越多，也让人们开始重视限制民事行为能力人的年龄标准问题。

现行法律规定，十周岁以上的未成年人为限制民事行为能力人。而民法总则草案将这一标准降低至六周岁，规定六周岁以上的未成年人实施民事法律行为由其法定代理人代理或者经其法定代理人同意、追认，但是可以独立实施纯获利益的民事法律行为或者与其年龄、智力相适应的民事法律行为。

也就是说，儿童买东西到底算不算数，一方面要看其年龄，另一方面也要看其行为与其年龄和智力是否相适应。

在全国人大常委会三次审议过程中，一些常委会组成人员对草案规定的“六周岁”提出了意见，社会各界也有一些不同看法。限制民事行为能力人的年龄底线究竟定在几周岁，仍在讨论中。

全国政协委员韩兴旺认为，地处偏僻、经济社会欠发达地区的青少年信息接收渠道窄、启蒙教育起步晚，与东中部发达地区特别是大城市的同龄儿有差异。“限制民事行为能力人年龄的调整应当充分考虑到地区差异等。”

问题6：网游装备被盗法律管不管？

一方面，互联网改变人类生活，信息数据所承载的价值日益增大；另一方面也出现了诸如“QQ币”“网游装备”等网络虚拟财产。在这种背景下，数据、网络虚拟财产是否能够得到法律保护？

民法总则草案在“民事权利”一章中专门提出，法律对数据、网络虚拟财产的保护有规定的，依照其规定。

“将数据和网络虚拟财产写入民法典，一方面顺应了经济社会和人民生活发展的现实需要，另一方面也为虚拟财产多样化后进一步加强民法意义上的保护奠定了基础。”全国政协委员刘红宇表示。

问题7：村委会到底是什么民事身份？

“我们村委会没有法人身份，如果借不到组织机构代码，就没法签合同。希望在制定民法总则的时候，能给村委会一个法人身份。”这是来自宁夏银川兴庆区大兴镇新水桥村村支书王绍利的呼声。近年来，各地不少村子引入公司化运营机制，建立新型农村集体经济组织。但因为没有法律上的“名分”，村委会在很多经济活动中无所适从。

针对这些情况，民法总则草案专门设立了“特别法人”，其中就包括农村集体经济组织法人和基层群众性自治组织法人。居民委员会、村民委员会具有基层群众性自治组织法人资格，可以从事为履行职能所需要的民事活动。

全国人大代表李大进认为，在民法总则草案中赋予村委会等基层组织清晰的法律地位，有助于进一步确定其权、责、利，切实解决实际操作层面的问题，帮助他们更好开展经济民事活动。

（材料来源：新华社，2017年3月8日，“新华视点”记者：罗沙、杨维汉、丁小溪）

1.2.4 经济法律责任

经济法律责任是指行为人因违反经济法律规定而应承担的不利法律后果，包括民事责任、行政责任和刑事责任。

1.2.4.1 民事责任

民事责任是指行为人因违反经济法律法规规定或者合同约定，所应承担的不利的民事法律后果。根据《民法总则》第179条的规定，承担民事责任的方式主要有：停止侵害；排除妨碍；消除危险；返还财产；恢复原状；修理、重作、更换；继续履行；赔偿损失；支付违约金；消除影响、恢复名誉；赔礼道歉。这些方式，可以单独适用，也可以合并适用。法律规定惩罚性赔偿的，依照其规定。

1.2.4.2 行政责任

行政责任是指行为人因违反经济法律法规，损害公共利益，所应承担的不利的行政法律后果。承担行政责任的方式包括行政处罚和行政处分。行政处罚主要适用于经济活动主体，根据我国《行政处罚法》的规定，行政处罚有如下几种：警告；罚款；没收违法所得、没收非法财物；责令停产、停业；暂扣或者吊销许可证、暂扣或者吊销执照；行政拘留；法律、行政法规规定的其他行政处罚。行政处分主要适用于国家工作人员，根据我国《公务员法》规定，行政处分主要有：警告、记过、记大过、降级、撤职、开除。

1.2.4.3 刑事责任

刑事责任是指行为人违反经济法律法规构成犯罪的，依法应承担的刑事法律后果。承担刑事责任的方式为刑罚，分为主刑和附加刑。主刑包括管制、拘役、有期徒刑、无期徒刑和死刑；附加刑包括罚金、没收财产、剥夺政治权利、驱逐出境（适用于外国人）。单位犯罪的，对单位判处罚金，并对直接负责的主管人员和其他直接责任人员判处刑罚。

本章小结

本章主要介绍了经济法的概念、调整范围和经济法律关系。涉及知识点包括经济法定义、经济法渊源、经济法的调整范围、经济法律关系及其构成、经济法律关系的产生、变更和终止和经济法律事实。

学习经济法律关系，在了解概念的基础上，要求能够理解法律关系主体的定义，区分经济管理主体和经济活动主体，并在具体的法律关系中确定法律关系主体的法律地位。了解经济权利（职权）的各种形态和义务的来源。了解经济法律关系的客体类型，并形成法律上“物”、不动产和动产、行为以及智力成果的概念。了解经济法律关系的产生、变更和终止需要具备的经济法律规范和经济法律事实两个基本条件，重点掌握经济行为、事件和时效的概念，理解事实行为和事件的区别，熟悉《民法总则》有关时效制度的规定。

思考与练习

一、单项选择题

1．下列由国务院制定的是（　）。

A．法律　B．行政法规　C．地方性法规　D．部门规章

2．全国人民代表大会及其常务委员会制定的规范性文件是（　）。

A．法律　B．行政法规　C．司法解释　D．部门规章

3.《公司法》调整的经济关系属于下列哪一类？（　）

A．宏观经济调控关系　B．市场交易调控关系

C．市场运行调控关系　D．市场主体调控关系

4．关于法律关系主体，下列说法正确的是（　）。

A．国家机关只能作为经济管理主体

B．企业分支机构不能成为法律关系主体

C．社会组织能够成为法律关系主体

D．未成年人不能成为法律关系主体

5．国家机关及其工作人员依法进行经济管理活动的权力是（　）。

A．经营管理权　B．经济职权

C．保护请求权　D．经营决策权

6．当事人要求有关国家机关保护其合法权益的权利属于（　）。

A．债权　B．经营管理权　C．经济职权　D．保护请求权

7．纳税义务属于（　）。

A．法定义务　B．约定义务　C．违法引起的义务　D．违约引起的义务

8．货币属于以下哪一种法律关系客体？（　）

A．物　B．行为　C．智力成果　D．权利

9．下列有关法律事实的说法，正确的是（　）。

A．自然人的出生和法人的设立都属于行为

B．自然人的出生和法人的设立都属于事件

C．自然人的出生属于行为，法人的设立属于事件

D．自然人的出生属于事件，法人的设立属于行为

10．惩罚性赔偿属于承担以下哪种责任？（　）

A．民事责任　B．行政责任　C．刑事责任　D．道德责任

二、多项选择题

1．下列不属于行政法规的是（　）。

A．国务院制定的《中华人民共和国公司登记管理条例》（2014年）

B．国务院制定的《社会救助暂行办法》（2014年）

C．重庆市人大常委会通过的《重庆市招标投标条例》（2016年）

D．财政部发布的《会计从业资格管理办法》（2013年）

2．下列不以营利为目的单位或者组织有（　）。

A．公司　　B．公办学校　　C．非法人企业　　D．民办非企业单位

3．下列说法错误的是（　）。

A．见义勇为属于法律行为　　B．订立合同是法律行为

C．缴纳税款是事实行为　　D．战争是事实行为

4．关于诉讼时效，下列说法正确的是（　）。

A．诉讼时效中止只能发生在诉讼时效期间的最后六个月内

B．诉讼时效中断只能发生在诉讼时效期间的最后六个月内

C．诉讼时效中止可能发生在诉讼时效期间的任何时候

D．诉讼时效中断可能发生在诉讼时效期间的任何时候

5．下列属于承担行政责任的形式有（　）。

A．罚款　　B．罚金　　C．没收违法所得　　D．赔偿经济损失

三、简答题

1．什么是经济法？

2．简述经济法律关系概念。

3．简述经济法律关系主体的概念。

4．什么是经济权利？经济权利主要有哪几类？

5．简述我国诉讼时效制度。

6．简述民事责任及其承担方式。

2 公司法

案例导读

中静实业（集团）有限公司与上海电力实业有限公司、中国水利电力物资有限公司、上海新能源环保工程有限公司、上海联合产权交易所股权转让纠纷案

（一）基本案情

民营企业中静实业（集团）有限公司（以下简称中静公司）、国有企业上海电力实业有限公司（以下简称电力公司）系上海新能源环保工程有限公司（以下简称新能源公司）的股东，分别持股38.2%、61.8%。2012年2月15日，新能源公司通过股东大会决议：同意电力公司转让其所持股份，转让价以评估价为依据；中静公司不放弃优先购买权。5月25日，新能源公司将股权公开转让材料报送某产权交易所。6月1日，产权交易所公告新能源公司61.8%股权转让的信息。7月2日，中静公司向产权交易所发函称，根据框架协议及补充协议，系争转让股权信息披露遗漏、权属存在争议，中静公司享有优先购买权，请求产权交易所暂停挂牌交易，重新披露信息。7月3日，中国水利电力物资有限公司（以下简称水利公司）与电力公司通过产权交易所签订产权交易合同。9月11日，新能源公司向水利公司出具出资证明书，并将其列入公司股东名册，但未能办理工商变更登记。中静公司诉至法院，认为电力公司擅自转让股份侵害了其优先购买权，请求判令中静公司对电力公司转让给水利公司的新能源公司61.8%股权享有优先购买权，并以转让价48 691 000元行使优先购买权。

（二）裁判结果

上海市黄浦区人民法院一审认为：股东优先购买权是公司法赋予股东的法定权利。《中华人民共和国公司法》第七十一条规定："有限责任公司的股东之间可以相互转让其全部或者部分股权。股东向股东以外的人转让股权，应当经其他股东过半数同意。股东应就其股权转让事项书面通知其他股东征求同意，其他股东自接到书面通知之日起满三十日未答复的，视为同意转让。其他股东半数以上不同意转让的，不同意的股东应当购买该转让的股权；不购买的，视为同意转让。经股东同意转让的股权，在同等条件下，其他股东有优先购买权。两个以上股东主张行使优先购买权的，协商确定各自的购买比例；协商不成的，按照转让时各自的出资比例行使优先购买权。公司章程对股权转让另有规定的，从其规定。"本案中，中静公司未明示放弃优先购买权，且在股权交易前向产权交易所提出了异议，产权交易所在对中静公司提出的异议未予答复，且未告知交易是否如期进行的情况下，直接将电力公司股权拍卖给水利公司，侵害了中静公司的优先购买权，电力公司与水利公司的股权转让合同不发生效力。判决：中静公司对电力公司转让给水利公司的61.8%新能源公司的股权享有优先购买权。电力公司、水利公司上诉后，上海市第二中级人民法院判决驳回上诉，维持原判。

（资料来源：最高人民法院网站，http：//www.court.gov.cn/zixun-xiangqing-19202.html）

学习目标

- 了解公司法的基本原理
- 理解公司设立、公司组织机构、公司股东与股份、公司资本的含义
- 熟悉并掌握公司章程、公司登记以及公司治理结构等公司法律制度

主要内容

- 公司含义与公司法概念
- 有限责任公司
- 股份有限公司
- 公司债券
- 公司财务、会计
- 公司合并、分立、增资、减资、解散和清算

2.1 公司法概述

2.1.1 公司的含义

公司是指依照公司法由股东共同出资设立，以营利为目的的企业法人。公司作为企业法人，有独立的法人财产，享有法人财产权，以其全部资产对其债务承担责任。公司股东依法享有资产收益、参与重大决策和选择管理者等权利，以其出资额或所持股份为限对公司承担责任。公司可以按照一定的标准进行分类。

以公司资本结构和股东对公司债务承担责任的方式为标准，可将公司分为有限责任公司和股份有限公司。有限责任公司又称有限公司，是股东以其认缴的出资额为限对公司承担责任，公司以其全部财产对公司的债务承担责任的公司。股份有限公司又称股份公司，是将其全部资本分为等额股份，股东以其认购的股份为限对公司承担责任，公司以其全部财产对公司的债务承担责任的公司。

以公司之间的控制与被控制的关系，可将公司分为母公司和子公司。当公司之间存在控制与被控制的关系时，处于控制地位的是母公司，处于被控制地位的是子公司。母、子公司之间虽然存在控制与被控制的组织关系，但它们都具有独立的法人资格，在法律上是彼此独立的企业。《公司法》第14条第2款规定："公司可以设立子公司，子公司具有法人资格，依法独立承担民事责任。"

以公司之间的管理与被管理的关系，公司可分为总公司和分公司。分公司是公司依法设立的以本公司名义进行经营活动，其法律后果由本公司承受的分支机构。相对分公司而言，公司称为本公司或总公司。本质上，总公司和分公司是公司内部组织关系，不是公司间的关系。《公司法》第14条第1款规定："公司可以设立分公司。设立分公司，应当向公司登记机关申请登记，领取营业执照。分公司不具有法人资格，其民事责任由总公司承担。"

2.1.2 公司法概念

公司法是调整公司的组织和运行的法律规范的总称，包括《公司法》和其他有关公司的法

律、法规、规章、司法解释，以及所有散见于其他法律法规之中调整有关公司的法律规范。

我国《公司法》由第八届全国人大常委会第5次会议于1993年12月29日通过，自1994年7月1日起施行。此后，《公司法》于1999年、2004年进行了两次小的修订。2005年10月27日，在进行了大规模的修订后，第十届全国人大常委会18次会议重新颁布《公司法》，于2006年1月1日起施行。2013年12月28日第十二届全国人民代表大会常务委员会第六次会议通过《关于修改〈中华人民共和国海洋环境保护法〉等七部法律的决定》，对《公司法》再次修改。修改后的《公司法》共13章218条，于2014年3月1日起实施。

2.2 有限责任公司

2.2.1 有限责任公司的设立

2.2.1.1 设立条件

设立有限责任公司，应当具备《公司法》规定的条件。

1）股东符合法定人数。《公司法》规定有限责任公司由五十个以下股东出资设立。股东可以是自然人，也可以是法人。

2）有符合公司章程规定的全体股东认缴的出资额。《公司法》对有限责任公司的注册资本数额不作一般性的要求，由公司章程规定。在公司登记机关登记的全体股东认缴的出资额构成有限责任公司的注册资本。法律、行政法规以及国务院决定对有限责任公司注册资本实缴、注册资本最低限额另有规定的，从其规定。

股东可以用货币出资，也可以用实物、知识产权、土地使用权等可以用货币估价并可以依法转让的非货币财产作价出资；但是，法律、行政法规规定不得作为出资的财产除外。根据《公司登记管理条例》，股东不得以劳务、信用、自然人姓名、商誉、特许经营权或者设定担保的财产等作价出资。对作为出资的非货币财产应当评估作价，核实财产，不得高估或者低估作价。法律、行政法规对评估作价有规定的，从其规定。公司的注册资本和实收资本应当以人民币表示，法律、行政法规另有规定的除外。

股东应当按期足额缴纳公司章程中规定的各自所认缴的出资额。股东以货币出资的，应当将货币出资足额存入有限责任公司在银行开设的账户；以非货币财产出资的，应当依法办理其财产权的转移手续。股东不按规定缴纳出资的，除应当向公司足额缴纳外，还应当向已按期足额缴纳出资的股东承担违约责任。

有限责任公司成立后，应当向股东签发出资证明书。出资证明书应当载明公司名称、公司成立日期、公司注册资本、股东的姓名或者名称、缴纳的出资额和出资日期、出资证明书的编号和核发日期等事项，并由公司盖章。有限责任公司成立后，发现作为设立公司出资的非货币财产的实际价额显著低于公司章程所定价额的，应当由交付该出资的股东补足其差额；公司设立时的其他股东承担连带责任。公司成立后，股东不得抽逃出资。有限责任公司应当置备股东名册，记载股东的姓名或者名称及住所、出资额和出资证明书编号。记载于股东名册的股东，可以依股东名册主张行使股东权利。公司应当将股东的姓名或者名称向公司登记机关登记；登记事项发生变更的，应当办理变更登记。未经登记或者变更登记的，不得对抗第三人。

3）股东共同制定公司章程。公司章程是记载公司组织、活动基本准则的公开性法律文件。

设立公司必须由股东共同依法制定公司章程。有限责任公司章程应当载明公司名称和住所、公司经营范围、公司注册资本、股东的姓名或者名称、股东的出资方式、出资额和出资时间、公司的机构及其产生办法、职权、议事规则、公司法定代表人以及股东会会议认为需要规定的其他事项。股东应当在公司章程上签名、盖章。公司章程对公司、股东、董事、监事、高级管理人员具有约束力。

4）有公司名称，建立符合有限责任公司要求的组织机构。有限责任公司必须在公司名称中标明有限责任公司或者有限公司字样。公司只能使用一个名称。经公司登记机关核准登记的公司名称受法律保护。同时，公司还应当依法设置其组织机构，包括股东会、董事会或执行董事、监事会或监事、经理等。

5）有公司住所。住所是公司进行经营活动的中心场所，同时也是发生纠纷时确定诉讼及行政管辖的依据，是向公司送达文件的法定地址。一个公司可以有多个经营场所，但登记的住所只能有一个。公司以其主要办事机构所在地为住所，并应当在其公司登记机管辖区内。

2.2.1.2 设立程序

（1）公司名称预先核准

公司名称是公司法律人格的文字符号，是其区别于其他公司、企业的识别标志。公司名称应当符合国家有关规定。公司名称应当依次由字号（商号）、行业或者经营特点、组织形式三部分组成，并冠以企业所在地县级以上行政区划名称。字号由两个以上的字组成，公司可以选择。企业有正当理由可以使用本地或者异地地名作字号，但不得使用县以上行政区划名称作字号。非国有公司可以使用投资人姓名作字号。公司名称不得含有下列内容和文字：

1）有损于国家、社会公共利益的。

2）可能对公众造成欺骗或者误解的。

3）外国国家（地区）名称、国际组织名称。

4）政党名称、党政军机关名称、群众组织名称、社会团体名称及部队番号。

5）汉语拼音字母（外文名称中使用的除外）、数字。

6）其他法律、行政法规规定禁止的。

设立公司应当申请名称预先核准。法律、行政法规规定设立公司必须报经审批或者公司经营范围中有法律、行政法规规定设立公司必须报经审批的项目的，应当在报送审批前办理公司名称预先核准，并以公司登记机关核准的公司名称报送审批。

申请名称预先核准，应当由全体股东或发起人指定的代表或者共同委托的代理人向公司登记机关提出申请。申请名称预先核准应当提交法定文件。经审核，公司登记机关作出准予公司名称预先核准决定的，应当出具《企业名称预先核准通知书》。公司登记机关作出不予名称预先核准决定的，应当出具《企业名称驳回通知书》，说明不予核准的理由，并告知申请人享有依法申请行政复议或者提起行政诉讼的权利。

预先核准的公司名称保留期为6个月。在保留期内，预先核准的公司名称不得用于从事经营活动，不得转让。

（2）申请与登记

设立有限责任公司，应当由全体股东指定的代表或者共同委托的代理人向公司登记机关申请设立登记。设立国有独资公司，应当由国务院或者地方人民政府授权的本级人民政府国有资产监督管理机构作为申请人，申请设立登记。法律、行政法规或者国务院决定规定设立有限责任公司必须报经批准的，应当自批准之日起90日内向公司登记机关申请设立登记；逾期申请设立登记的，申请人应当报批准机关确认原批准文件的效力或者另行报批。

申请设立有限责任公司，应当向公司登记机关提交下列文件：

1）公司法定代表人签署的设立登记申请书。

2）全体股东指定代表或者共同委托代理人的证明。

3）公司章程。

4）股东的主体资格证明或者自然人身份证明。

5）载明公司董事、监事、经理的姓名、住所的文件以及有关委派、选举或者聘用的证明。

6）公司法定代表人任职文件和身份证明。

7）企业名称预先核准通知书。

8）公司住所证明。

9）国家工商行政管理总局规定要求提交的其他文件。

法律、行政法规或者国务院决定规定设立有限责任公司必须报经批准的，还应当提交有关批准文件。

公司登记机关经审核，对符合《公司法》及其他法律法规规定的，作出准予公司设立登记决定，出具《准予设立登记通知书》，发给公司《企业法人营业执照》；公司登记机关作出不予登记决定的，应当出具《登记驳回通知书》，并说明不予登记的理由，告知申请人享有依法申请行政复议或者提起行政诉讼的权利。

公司营业执照签发日期为公司成立日期。公司凭《企业法人营业执照》刻制印章，开立银行账户，申请纳税登记。公司的《企业法人营业执照》正本应当置于公司住所营业场所的醒目位置。公司可以根据业务需要向公司登记机关申请核发营业执照若干副本。任何单位和个人不得伪造、涂改、出租、出借、转让营业执照。

阅读专栏

厦门查处用虚假材料骗取登记案

厦门融灿贸易有限公司在2014年1月13日、2月28日及5月22日，3次冒用“柯春宜”的名义进行工商变更登记，使用了“柯春宜”的身份证复印件和股东会决议、股权转让协议等相关文件伪造“柯春宜”的签名。经柯春宜投诉，工商部门查实，相关签名不是柯春宜书写，融灿公司在变更登记中所用的柯春宜身份证是柯春宜2011年丢失的。

2014年3月4日，厦门成鸿贸易有限公司向工商部门申请办理股东及法定代表人变更，股东由杨丽芳、郑章贵变更为黄秀钗、王振铃，法定代表人由杨丽芳变更为黄秀钗。2014年3月6日，工商部门依法予以核准登记并备案。

后经黄秀钗举报，工商部门查实，黄秀钗的身份证于2013年8月24日丢失，成鸿公司变更材料中的身份证信息是黄秀钗丢失的证件，属于身份证件被冒用。黄秀钗在完全不知情的情况下成为当事人股东及法定代表人，没有在变更材料上签过名字，也不知道当事人公司及股东，更没签过股权转让协议。

由于成鸿公司已被厦门市国家税务机关及地方税务机关列为非正常纳税户，导致黄秀钗合法担任法定代表人的忠信（厦门）进出口有限公司的纳税诚信等级也受到严重影响，进而影响该公司的进出口业务。

处罚结果：对融灿公司处罚款20万元，并撤销所涉3次变更登记；对成鸿公司罚款20万元，撤销变更登记。

（材料来源：中国工商报，国家工商总局门户网站：www.saic.gov.cn，2015年4月22日）

2.2.2 有限责任公司的组织机构

有限责任公司的组织机构包括股东会、董事会、监事会及高级管理人员等。

2.2.2.1 股东会

有限公司股东会由全体股东组成。股东会是公司的权力机构，对公司的重大问题进行决策。股东会依照《公司法》行使下列职权：

1）决定公司的经营方针和投资计划；

2）选举和更换非由职工代表担任的董事、监事，决定有关董事、监事的报酬事项；

3）审议批准董事会的报告；

4）审议批准监事会或者监事的报告；

5）审议批准公司的年度财务预算方案、决算方案；

6）审议批准公司的利润分配方案和弥补亏损方案；

7）对公司增加或者减少注册资本作出决议；

8）对发行公司债券作出决议；

9）对公司合并、分立、解散、清算或者变更公司形式作出决议；

10）修改公司章程；

11）公司章程规定的其他职权。

对上述事项股东以书面形式一致表示同意的，可以不召开股东会会议，直接作出决定，并由全体股东在决定文件上签名、盖章。

股东会会议分为定期会议和临时会议。定期会议应当按照公司章程的规定按时召开。代表十分之一以上表决权的股东，三分之一以上的董事，监事会或者不设监事会的公司的监事提议召开临时会议的，应当召开临时会议。

首次股东会会议由出资最多的股东召集和主持，以后的股东会会议，公司设立董事会的，由董事会召集，董事长主持；董事长不能或者不履行职务的，由副董事长主持；副董事长不能或者不履行职务的，由半数以上董事共同推举一名董事主持。公司不设董事会的，股东会会议由执行董事召集和主持。董事会或者执行董事不能或者不履行召集股东会会议职责的，由监事会或者不设监事会的公司的监事召集和主持；监事会或者监事不召集和主持的，代表十分之一以上表决权的股东可以自行召集和主持。

召开股东会会议，应当于会议召开十五日以前通知全体股东，但公司章程另有规定或者全体股东另有约定的除外。股东会应当对所议事项的决定作成会议记录，出席会议的股东应当在会议记录上签名。

股东会会议作出决议时，由股东按照出资比例行使表决权，但公司章程另有规定的除外。股东会的议事方式和表决程序，除《公司法》有规定的外，由公司章程规定。股东会会议作出修改公司章程、增加或者减少注册资本的决议，以及公司合并、分立、解散或者变更公司形式的决议，必须经代表三分之二以上表决权的股东通过。

2.2.2.2 董事会和高级管理人员

有限责任公司设董事会（依法不设董事会者除外），其成员为三人至十三人。两个以上的国有企业或者其他两个以上的国有投资主体投资设立的有限责任公司，其董事会成员中应当有公司职工代表；其他有限责任公司董事会成员中也可以有公司职工代表。董事会中的职工代表由公司职工通过职工代表大会、职工大会或者其他形式民主选举产生。董事会设董事长一人，可以设副董事长。董事长、副董事长的产生办法由公司章程规定。

公司高级管理人员，是指公司的经理、副经理、财务负责人，上市公司董事会秘书和公司章程规定的其他人员。

根据《公司法》的规定，有下列情形之一的，不得担任公司的董事、监事、高级管理人员：

1）无民事行为能力或者限制民事行为能力。

2）因贪污、贿赂、侵占财产、挪用财产或者破坏社会主义市场经济秩序，被判处刑罚，执行期满未逾五年，或者因犯罪被剥夺政治权利，执行期满未逾五年。

3）担任破产清算的公司、企业的董事或者厂长、经理，对该公司、企业的破产负有个人责任的，自该公司、企业破产清算完结之日起未逾三年。

4）担任因违法被吊销营业执照、责令关闭的公司、企业的法定代表人，并负有个人责任的，自该公司、企业被吊销营业执照之日起未逾三年。

5）个人所负数额较大的债务到期未清偿。

公司违反上述规定选举、委派董事、监事或者聘任高级管理人员的，该选举、委派或者聘任无效。董事、监事、高级管理人员在任职期间出现上述情形的，公司应当解除其职务。

董事任期由公司章程规定，但每届任期不得超过三年。董事任期届满，连选可以连任。董事任期届满未及时改选，或者董事在任期内辞职导致董事会成员低于法定人数的，在改选出的董事就任前，原董事仍应当依照法律、行政法规和公司章程的规定，履行董事职务。

董事会对股东会负责，行使下列职权：召集股东会会议，并向股东会报告工作；执行股东会的决议；决定公司的经营计划和投资方案；制定公司的年度财务预算方案、决算方案；制定公司的利润分配方案和弥补亏损方案；制定公司增加或者减少注册资本以及发行公司债券的方案；制定公司合并、分立、变更公司形式、解散的方案；决定公司内部管理机构的设置；决定聘任或者解聘公司经理及其报酬事项，并根据经理的提名决定聘任或者解聘公司副经理、财务负责人及其报酬事项；制定公司的基本管理制度；公司章程规定的其他职权。

董事会会议由董事长召集和主持；董事长不能或者不履行职务的，由副董事长召集和主持；副董事长不能或者不履行职务的，由半数以上董事共同推举一名董事召集和主持。

董事会的议事方式和表决程序，除《公司法》有规定的外，由公司章程规定。董事会决议的表决，实行一人一票。董事会应当对所议事项的决定作成会议记录，出席会议的董事应当在会议记录上签名。

有限责任公司可以设经理，由董事会决定聘任或者解聘。经理对董事会负责，行使下列职权：主持公司的生产经营管理工作，组织实施董事会决议；组织实施公司年度经营计划和投资方案；拟订公司内部管理机构设置方案；拟定公司的基本管理制度；制定公司的具体规章；提请聘任或者解聘公司副经理、财务负责人；决定聘任或者解聘除应由董事会决定聘任或者解聘以外的负责管理人员；董事会授予的其他职权。公司章程也可以对经理职权另行规定。经理列席董事会会议。

股东人数较少或者规模较小的有限责任公司，可以设一名执行董事，不设立董事会。执行董事可以兼任公司经理，其职权由公司章程规定。

2.2.2.3 监事会

有限责任公司设立监事会，其成员不得少于三人。股东人数较少或者规模较小的有限责任公司，可以设一至二名监事，不设立监事会。监事会应当包括股东代表和适当比例的公司职工代表，其中职工代表的比例不得低于三分之一，具体比例由公司章程规定。监事会中的职工代表由公司职工通过职工代表大会、职工大会或者其他形式民主选举产生。监事会设主席一人，由全体监事过半数选举产生。监事会主席召集和主持监事会会议；监事会主席不能或者不履行职务的，由半数以上监事共同推举一名监事召集和主持监事会会议。董事、高级管理人员不得兼任监事。

监事的任期每届为三年，监事任期届满，连选可以连任。监事任期届满未及时改选，或者监事在任期内辞职导致监事会成员低于法定人数的，在改选出的监事就任前，原监事仍应当依照法律、行政法规和公司章程的规定，履行监事职务。

监事会、不设监事会的公司的监事行使下列职权：检查公司财务；对董事、高级管理人员执行公司职务的行为进行监督，对违反法律、行政法规、公司章程或者股东会决议的董事、高级管理人员提出罢免的建议；当董事、高级管理人员的行为损害公司的利益时，要求董事、高级管理人员予以纠正；提议召开临时股东会会议，在董事会不履行本法规定的召集和主持股东会会议职责时召集和主持股东会会议；向股东会会议提出提案；依照《公司法》第152条的规定，对董事、高级管理人员提起诉讼；公司章程规定的其他职权。监事可以列席董事会会议，并对董事会决议事项提出质询或者建议。

监事会、不设监事会的公司的监事发现公司经营情况异常，可以进行调查；必要时，可以聘请会计师事务所等协助其工作，费用由公司承担。

监事会每年度至少召开一次会议，监事可以提议召开临时监事会会议。监事会的议事方式和表决程序，除《公司法》有规定的外，由公司章程规定。监事会决议应当经半数以上监事通过。监事会应当对所议事项的决定作成会议记录，出席会议的监事应当在会议记录上签名。

2.2.3 一人公司

一人公司是指只有一个自然人股东或者一个法人股东的有限责任公司。《公司法》对一人公司作了特殊规定，没有特殊规定的，适用有关有限责任公司的一般规定。

根据《公司法》的规定，一个自然人只能投资设立一个一人公司，而且该一人公司不能投资设立新的一人公司。

一人公司应当在公司登记中注明自然人独资或者法人独资，并在公司营业执照中载明。一人公司章程由股东制定。一人公司不设股东会，股东会职权由股东行使，当股东行使相应职权作出决定时，应当采用书面形式，并由股东签字后置备于公司。

一人公司应当在每一会计年度终了时编制财务会计报告，并经会计师事务所审计。一人公司的股东不能证明公司财产独立于股东自己财产的，应当对公司债务承担连带责任。

2.2.4 国有独资公司

国有独资公司，是指国家单独出资、由国务院或者地方人民政府委托本级人民政府国有资产监督管理机构履行出资人职责的有限责任公司。《公司法》对国有独资公司作了特殊规定，没有特殊规定的，适用有关有限责任公司的一般规定。

国有独资公司章程由国有资产监督管理机构制定，或者由董事会制定报国有资产监督管理机构批准。

国有独资公司不设股东会，由国有资产监督管理机构行使股东会职权。国有资产监督管理机构可以授权公司董事会行使股东会的部分职权，决定公司的重大事项，但公司的合并、分立、解散、增减注册资本和发行公司债券，必须由国有资产监督管理机构决定：其中，国务院有关规定确定的重要国有独资公司的合并、分立、解散、申请破产，应当由国有资产监督管理机构审核后，报本级人民政府批准。

国有独资公司设立董事会，依照法律规定的有限责任公司董事会的职权和国有资产监督管理机构的授权行使职权。董事每届任期不得超过三年。董事会成员中应当有公司职工代表。董事会成员由国有资产监督管理机构委派；但是，董事会成员中的职工代表由公司职工代表大会选举产生。董事会设董事长一人，可以设副董事长。董事长、副董事长由国有资产监督管理机构从董事会成员中指定。

国有独资公司设经理，由董事会聘任或者解聘。国有独资公司经理的职权与普通有限责任公司相同。经国有资产监督管理机构同意，董事会成员可以兼任经理。

国有独资公司的董事长、副董事长、董事、高级管理人员，未经国有资产监督管理机构同意，不得在其他有限责任公司、股份有限公司或者其他经济组织兼职。

国有独资公司监事会成员不得少于五人，其中职工代表的比例不得低于三分之一，具体比例由公司章程规定。监事会成员由国有资产监督管理机构委派；但是，监事会中的职工代表由公司职工代表大会选举产生。监事会主席由国有资产监督管理机构从监事会成员中指定。国有独资公司监事会的职权包括：检查公司财务；对董事、高级管理人员执行公司职务的行为进行监督，对违反法律、行政法规、公司章程或者股东会决议的董事、高级管理人员提出罢免的建议；当董事、高级管理人员的行为损害公司的利益时，要求董事、高级管理人员予以纠正；以及国务院规定的其他职权。

2.2.5 有限责任公司的股权转让

有限责任公司的股东可以转让其股权，但受到一定的限制。《公司法》规定，有限责任公司的股东之间可以相互转让其全部或者部分股权；股东向股东以外的人转让股权，应当经其他股东过半数同意，应就其股权转让事项书面通知其他股东征求同意，其他股东自接到书面通知之日起满三十日未答复的，视为同意转让。其他股东半数以上不同意转让的，不同意的股东应当购买该转让的股权；不购买的，视为同意转让。经股东同意转让的股权，在同等条件下，其他股东有优先购买权。两个以上股东主张行使优先购买权的，协商确定各自的购买比例；协商不成的，按照转让时各自的出资比例行使优先购买权。公司章程也可以对股权转让另行规定。

人民法院依照法律规定的强制执行程序转让股东的股权时，应当通知公司及全体股东，其他股东在同等条件下有优先购买权。其他股东自人民法院通知之日起满二十日不行使优先购买权的，视为放弃优先购买权。自然人股东死亡后，其合法继承人可以继承股东资格，但公司章程另有规定的除外。

股东转让股权后，公司应当注销原股东的出资证明书，向新股东签发出资证明书，并相应修改公司章程和股东名册中有关股东及其出资额的记载。公司章程的该项修改不需再由股东会表决。

有下列情形之一的，对股东会该项决议投反对票的股东可以请求公司按照合理的价格收购其股权：公司连续五年不向股东分配利润，而公司该五年连续盈利，并且符合法律规定的分配利润条件的；公司合并、分立、转让主要财产的；公司章程规定的营业期限届满或者章程规定的其他解散事由出现，股东会会议通过决议修改章程使公司存续的。自股东会会议决议通过之日起六十日内，股东与公司不能达成股权收购协议的，股东可以自股东会会议决议通过之日起90日内向人民法院提起诉讼。

阅读专栏

股东之间承包协议的效力认定

案由：

A、B系公司C的股东，各占50%的股权。2008年12月A与B就公司C的经营管理相关事宜签订了《承包经营协议》，协议约定公司C由股东B独立承包经营，承包期限为10年，承包费用为每年20万元，B对公司C实行独立经营，自主管理，自负盈亏，自担风险，并承担经营期间的一切法律责任，并约定除承包费外，其他利润归B所有。上述合同签订后，B向A每年支付承包费20万元至2016年。2016年2月A向人民法院提起诉讼，认为B以公司C名义对外恶意借债、未经A的同意将公司C转租给其他公司损害股东A的利益，并且未提取法定公积金、弥补亏损违反公司法的强制性规定等为由，认为《承包经营协议》无效。

评析：

关于该案中《承包经营协议》的效力问题，有观点认为，公司股东之间就公司经营管理事宜达成的协议，是以“协议替代治理”，忽略了公司的组织性，架空了公司法，在一定程度上对债权人的债权造成损害。同时在公司未提取法定公积金、弥补亏损的基础上就向发包股东以支付承包费的名义分红，违背有关公司财务会计制度中的强制性规定，应认定为无效。但笔者认为全体股东之间就公司经营管理签订的协议，具有股东会决议的性质，系全体股东的真实意思表示，在不违反法律法规的禁止性规定的情况下，应为有效。

按照我国《公司法》的规定，涉及公司的重大事项必须召开股东会或董事会，通过相关程序，形成股东会决议。我国《公司法》第四十条至四十三条对股东会的召集、通知、表决、程序等进行了规定，是公司内部治理结构与治理方式的重要保障。同时《公司法》第三十七条第二款也规定对前款所列事项股东以书面形式一致表示同意的，可以不召开股东会会议，直接作出决定，并由全体股东在决定文件上签名、盖章。该条实际上赋予了全体股东之间就公司经营、管理、利润分配等签订的协议是经全体股东一致同意作出的决策，是全体股东的真实意思表示，具有股东会决议的性质，并不违反法律法规的禁止性规定，符合《公司法》的相关规定，也未对公司内部的治理结构和权限造成不利影响。本案协议中虽然约定了由承包股东自主管理、自负盈亏、自担风险，并承担经营期间的一切法律责任，系发包股东对公司经营管理权的让渡，但发包股东的股东资格并未丧失，对外仍应承担相应的股东责任、履行股东义务，如出资不足、不实的补充责任、违约责任，公司解散后的清算义务等。该承包协议是公司内部股东之间的约定，对第三人不发生法律效力，公司作为独立主体也并未丧失其作为当事人对外作出决定、履行相关义务，并未对公司独立人格造成影响。本案中，双方约定的承包费是由承包股东向发包股东支付，并不是公司向发包股东支付，仅就其承包费的性质来看是承包股东的个人债务，与公司无关。如承包股东未按照协议的约定支付承包费，承包股东应以其个人全部财产承担责任。承包股东以公司名义对外经营，按照相关法律规定需履行相关的义务，如提取法定公积金、依法纳税等，如公司未履行，公司应承担相应的责任，股东以其享有的股份承担有限责任。如承包股东滥用股东权利损害公司、债权人的利益，依照《公司法》的相关规定承担责任，这是对股东行为的禁止性规定，在任何公司运营中都有可能发生，而并不是股东间协议的存在导致公司、债权人利益的损害。

从国家层面来看，为促进经济的发展，国家鼓励民众创新和创业，放松对公司设立、经营的管制，注重鼓励股东参与公司治理和保护股东权，股东之间就公司经营治理的协议也会更加频繁，因股东间协议更加便于股东所有权与管理权的协调与平衡，特别在股东数量较少的公司，从司法层面肯定其效力，使得公司决策更加灵活，更能适应市场的变化。

（材料来源：南岸法院，重庆法院网，作者：吕金伟，发布时间：2017年4月13日，http://cqfy.chinacourt.org/article/detail/2017/04/id/2742230.shtml）

2.3 股份有限公司

2.3.1 股份有限公司的设立

2.3.1.1 设立方式

《公司法》规定股份有限公司的设立方式有发起设立和募集设立两种。

发起设立，是指由发起人认购公司应发行的全部股份而设立公司。其设立程序主要有以下几个步骤：①签订发起人协议；②订立公司章程；③发起人认足全部股份；④发起人缴纳股款；⑤选举公司董事会和监事会；⑥申请设立登记。

募集设立，是指由发起人认购公司应发行股份的一部分，其余部分向社会公开募集而设立公司。其设立程序主要有以下几个步骤：①发起人拟订公司章程；②发起人认购符合规定数额的股份；③公开募集股份；④发起人缴纳股款；⑤召开创立大会；⑥申请设立登记。

2.3.1.2 设立条件

1）发起人符合法定人数。设立股份有限公司，应当有2人以上200人以下为发起人，其中需半数以上在中国境内有住所。发起人可以是自然人，也可以是法人。

2）有符合公司章程规定的全体发起人认购的股本总额或者募集的实收股本总额。股份有限公司采取发起设立方式设立的，注册资本为在公司登记机关登记的全体发起人认购的股本总额。发起人应当书面认足公司章程规定其认购的股份，并按照公司章程规定缴纳出资。以非货币财产出资的，应当依法办理其财产权的转移手续。发起人不依照前款规定缴纳出资的，应当按照发起人协议承担违约责任。在发起人认购的股份缴足前，不得向他人募集股份。发起人认足公司章程规定的出资后，应当选举董事会和监事会，由董事会向公司登记机关报送公司章程以及法律、行政法规规定的其他文件，申请设立登记。

股份有限公司采取募集方式设立的，注册资本为在公司登记机关登记的实收股本总额。法律、行政法规以及国务院决定对股份有限公司注册资本实缴、注册资本最低限额另有规定的，从其规定。以募集设立方式设立股份有限公司的，发起人认购的股份不得少于公司股份总数的百分之三十五；但是，法律、行政法规另有规定的，从其规定。发起人向社会公开募集股份，必须公告招股说明书，并制作认股书。招股说明书应当附有发起人制定的公司章程；认股书由认股人填写认购股数、金额、住所，并签名、盖章。认股人按照所认购股数缴纳股款。

3）股份发行、筹办事项符合法律规定。

4）发起人制定公司章程，并由创立大会通过。股份有限公司章程应当载明公司名称和住所、公司经营范围、公司设立方式、公司股份总数、每股金额和注册资本、发起人的姓名或者名称、认购的股份数、出资方式和出资时间、董事会的组成、职权和议事规则、公司法定代表人、监事会的组成、职权和议事规则、公司利润分配办法、公司的解散事由与清算办法、公司的通知和公告办法以及股东大会会议认为需要规定的其他事项。

5）有公司名称，建立符合股份有限公司要求的组织机构。

6）有公司住所。

2.3.1.3 创立大会

创立大会是以募集设立方式设立股份有限公司过程中的一个临时性组织机构。创立大会行使下列职权：

1）审议发起人关于公司筹办情况的报告。

2）通过公司章程。

3）选举董事会成员。

4）选举监事会成员。

5）对公司的设立费用进行审核。

6）对发起人用于抵作股款的财产的作价进行审核。

7）发生不可抗力或者经营条件发生重大变化直接影响公司设立的，可以作出不设立公司的决议。

按照《公司法》规定，发起人应当自股款缴足之日起30日内主持召开公司创立大会。创立大会由发起人、认股人组成。发行的股份超过招股说明书规定的截止期限尚未募足的，或者发行股份的股款缴足后，发起人在30日内未召开创立大会的，认股人可以按照所缴股款并加算银行同期存款利息，要求发起人返还。发起人应当在创立大会召开15日前将会议日期通知各认股人或者予以公告。

创立大会应有代表股份总数过半数的发起人、认股人出席，方可举行。创立大会所作出的决议，必须经出席会议的认股人所持表决权过半数通过。

2.3.1.4 设立登记

1）公司名称预先核准。要求和有限责任公司相同。

2）申请与登记。设立股份有限公司，应当由董事会向公司登记机关申请设立登记。以募集方式设立股份有限公司的，应当于创立大会结束后30日内向公司登记机关申请设立登记。

申请设立股份有限公司，应当向公司登记机关提交下列文件：

1）公司法定代表人签署的设立登记申请书；

2）董事会指定代表或者共同委托代理人的证明；

3）公司章程；

4）依法设立的验资机构出具的验资证明；

5）发起人首次出资是非货币财产的，应当在公司设立登记时提交已办理其财产权转移手续的证明文件；

6）发起人的主体资格证明或者自然人身份证明；

7）载明公司董事、监事、经理姓名、住所的文件以及有关委派、选举或者聘用的证明；

8）公司法定代表人任职文件和身份证明；

9）企业名称预先核准通知书；

10）公司住所证明；

11）国家工商行政管理总局规定要求提交的其他文件。

以募集方式设立股份有限公司的，应当提交创立大会的会议记录；以募集方式设立股份有限公司公开发行股票的，还应当提交国务院证券监督管理机构的核准文件。

法律、行政法规或者国务院决定规定设立股份有限公司必须报经批准的，应当提交有关批准件。公司申请登记的经营范围中属于法律、行政法规或者国务院决定规定在登记前须经批准的项目的，应当在申请登记前报经国家有关部门批准，并向公司登记机关提交有关批准文件。

2.3.1.5 发起人在公司设立过程中的责任

股份有限公司的发起人应当承担下列责任：①公司不能成立时，对设立行为所产生的债务和费用负连带责任；②公司不能成立时，对认股人已缴纳的股款，负返还股款并加算银行同期存款利息的连带责任；③在公司设立过程中，由于发起人的过失致使公司利益受到损害的，应当对公司承担赔偿责任。

股份有限公司成立后，发起人未按照公司章程的规定缴足出资的，应当补缴；其他发起人承担连带责任。股份有限公司成立后，发现作为设立公司出资的非货币财产的实际价额显著低于公司章程所定价额的，应当由交付该出资的发起人补足其差额；其他发起人承担连带责任。

发起人、认股人缴纳股款或者交付抵作股款的出资后，除未按期募足股份、发起人未按期召开创立大会或者创立大会决议不设立公司的情形外，不得抽回其股本。

2.3.2 股份有限公司的组织机构

2.3.2.1 股东大会

1）股东大会的性质、组成和职权。股东大会是股份有限公司的最高权力机关，由全体股东组成，股份有限公司必须设立这一机关。股东大会的职权与有限责任公司股东会的职权基本相同。

2）股东大会的召开。股东大会分为年会和临时会议两种。年会应当每年召开一次，通常在会计年度终了后的6个月之内召开。如果出现了下列情形，应当在两个月内召开临时股东大会：①董事人数不足公司法规定的人数或者公司章程所定人数的三分之二时；②公司未弥补亏损达股本总数的三分之一时；③持有公司股份10%以上的股东请求时；④董事会认为必要时；⑤监事会提议召开时；⑥公司章程规定的其他情形。

股东大会会议由董事会召集，董事长主持；董事长不能履行职务或者不履行职务的，由副董事长主持；副董事长不能履行职务或者不履行职务的，由半数以上董事共同推举一名董事主持。

召开股东大会会议，应于会议召开二十日（临时股东大会为十五日）前通知各股东；发行无记名股票的，应当于会议召开三十日前进行公告。持无记名股票的股东要出席股东大会的，应当于会议召开五日之前至股东大会闭会时将股票交存于公司，否则不得出席会议。

3）股东大会的决议。股东出席股东大会会议，所持每一股份有一表决权。股东大会作出决议，必须经出席会议的股东所持表决权过半数通过。但是，股东大会作出修改公司章程、增加或者减少注册资本的决议，以及公司合并、分立、解散或者变更公司形式的决议，必须经出席会议的股东所持表决权的三分之二以上通过。

股东大会应当对所议事项的决定作成会议记录，主持人、出席会议的董事应当在会议记录上签名。会议记录应当与出席股东的签名册及代理出席的委托书一并保存，供股东查阅。

股东大会选举董事、监事，可以依照公司章程的规定或者股东大会的决议，实行累积投票制。累积投票制，是指股东大会选举董事或者监事时，每一股份拥有与应选董事或者监事人数相同的表决权，股东拥有的表决权可以集中使用。累积投票制的功能就在于限制大股东对选举过程的操纵，保障中小股东有可能选出自己信任的董事或监事。

2.3.2.2 董事会和经理

股份有限公司设董事会，董事会是股份有限公司必设的业务执行和经营意思决定机关，对股东大会负责。其成员为5人至19人。董事会成员中可以有公司职工代表。董事会中的职工代表由公司职工通过职工代表大会、职工大会或者其他形式民主选举产生。董事会设董事长1人，可以设副董事长。董事长和副董事长由董事会以全体董事的过半数选举产生。

股份有限公司董事的任期、董事会的职权与有限责任公司相同。但除此以外，董事会还负责：公司申请设立登记；选举董事长和副董事长；申办新股发行的手续；备置公司文书（如公司章程、股东名册、财务会计报告等）以供股东查阅。

董事会设董事长一人，可以设副董事长。董事长和副董事长由董事会以全体董事的过半数选举产生。董事长召集和主持董事会会议，检查董事会决议的实施情况。副董事长协助董事长工作，董事长不能或者不履行职务的，由副董事长履行职务：副董事长不能或者不履行职务的，由半数以上董事共同推举一名董事履行职务。

董事会每年度至少召开两次会议，每次会议应当于会议召开10日前通知全体董事和监事。代表1/10以上表决权的股东、1/3以上董事或者监事会，可以提议召开董事会临时会议。董事长应当自接到提议后10日内，召集和主持董事会会议。董事会会议应有过半数的董事出席方可举行。董事会作出决议，必须经全体董事的过半数通过。董事会决议的表决，实行一人一票。董事会会议，应由董事本人出席；董事因故不能出席，可以书面委托其他董事代为出席，委托书中应载明授权范围。董事会应当对会议所议事项的决定作成会议记录，出席会议的董事应当在会议记录上签名。董事应当对董事会的决议承担责任。董事会的决议违反法律、行政法规或者公司章程、股东大会决议，致使公司遭受严重损失的，参与决议的董事对公司负赔偿责任。但经证明在表决时曾表明异议并记载于会议记录的，该董事可以免除责任。

经理是对股份有限公司日常经营管理负有全责的高级管理人员，由董事会聘任或解聘，对董事会负责。

2.3.2.3 监事会

股份有限公司设监事会，其成员不得少于3人。监事会应当包括不低于1/3比例的公司职工代表，具体比例由公司章程规定。监事会中的职工代表由公司职工通过职工代表大会、职工大会或者其他形式民主选举产生。

监事会设主席一人，可以设副主席。监事会主席和副主席由全体监事过半数选举产生。监事会主席召集和主持监事会会议；监事会主席不能履行职务或者不履行职务的，由监事会副主席召集和主持监事会会议；监事会副主席不能履行职务或者不履行职务的，由半数以上监事共同推举一名监事召集和主持监事会会议。董事、高级管理人员不得兼任监事。

股份有限公司监事的任期、监事会的职权与有限责任公司相同。监事会行使职权所必需的费用，由公司承担。

监事会每6个月至少召开一次会议。监事可以提议召开临时监事会会议。监事会的议事方式和表决程序，除法律有规定的外，由公司章程规定。监事会决议应当经半数以上监事通过。监事会应当对所议事项的决定作成会议记录，出席会议的监事应当在会议记录上签名。

监事会是股份有限公司必设的监督机关，负责监督公司的财务及业务执行情况。其组成、职权以及议事规则与有限责任公司基本相同。董事、高级管理人员不得兼任监事。

2.3.3 股份发行与转让

股份有限公司的基本特征之一，便是注册资本划分为金额相等的股份，是公司资本最基本的构成单位。每一股份所代表的金额相等；持有股份数量代表股东享有权益的范围；股票是股份证券化的形式，是股份有限公司签发的证明股东所持股份的凭证。

股份的发行，实行公平、公正的原则，同种类的每一股份应当具有同等权利。同次发行的同种类股票，每股的发行条件和价格应当相同；任何单位或者个人所认购的股份，每股应当支付相同价额。股票发行价格可以按票面金额，也可以超过票面金额，但不得低于票面金额。股票采用纸面形式或者国务院证券监督管理机构规定的其他形式。

公司发行的股票，可以为记名股票，也可以为无记名股票。记名股票被盗、遗失或者灭失，股东可以依照《中华人民共和国民事诉讼法》规定的公示催告程序，请求人民法院宣告该股票失效。人民法院宣告该股票失效后，股东可以向公司申请补发股票。无记名股票不得补发。发起人的股票，应当标明发起人股票字样。公司发行新股，依照公司章程的规定由股东大会或者董事会对新股种类及数额、新股发行价格、新股发行的起止日期、向原有股东发行新股的种类及数额等事项作出决议。

公司经国务院证券监督管理机构核准公开发行新股时，必须公告新股招股说明书和财务会计报告，并制作认股书。公司公开发行新股应当由依法设立的证券公司承销，签订承销协议，并同银行签订代收股款协议。公司发行新股，可以根据公司经营情况和财务状况，确定其作价方案。公司发行新股募足股款后，必须向公司登记机关办理变更登记，并公告。

股东持有的股份可以依法转让。股份转让实行自由转让的原则。股东转让其股份，应当在依法设立的证券交易场所进行或者按照国务院规定的其他方式进行。但是为了保护公司、股东及债权人的利益，我国公司法对股份转让规定了以下限制：

1）发起人持有的本公司股份，自公司成立之日起1年内不得转让。公司公开发行股份前已发行的股份，自公司股票在证券交易所上市交易之日起1年内不得转让。

2）公司的董事、监事、高级管理人员应当向公司申报所持有的本公司的股份及其变动情况，在任职期间每年转让的股份不得超过其所持有本公司股份总数的百分之二十五；所持本公司股份自公司股票上市交易之日起一年内不得转让。上述人员离职后半年内，不得转让其所持有的本公司股份。

3）公司不得收购本公司股份，以下四种情形除外：①减少公司注册资本；②与持有本公司股份的其他公司合并；③将股份奖励给本公司职工；④股东因对股东大会作出的公司合并、分立决议持异议，要求公司收购其股份。

此外，公司也不得接受本公司的股票为质押权的标的。

山东海汇生物工程股份有限公司诉谢宜豪股权转让纠纷案

【案情】

原告：山东海汇生物工程股份有限公司（以下简称山东海汇股份公司）

被告：谢宜豪

第三人：青岛市农业高新技术风险投资中心

青岛海汇生物化学制药有限公司（以下简称青岛海汇公司）系由青岛生物化学制药有限公司于2003年更名而来，更名时的股东为山东海汇股份公司和青岛阳光电器工程公司。原告山东海汇股份公司于2004年2月6日与被告谢宜豪签订股权转让协定，将其持有的青岛海汇公司的17.4%股权以3 131 535元的价格转让给被告。与此同时，原告还将其持有的50.91%、21.92%的股权分别以10 627 731元、3 945 734元的价格转让给孙吉芹、侯海军，青岛阳光电器工程公司将其持有的全部股权以30万元的价格转让给孙吉芹。2004年2月8日，青岛海汇公司召开股东会修改了公司章程，将股东姓名和出资方式及出资金额作出了修改，明确被告以3 131 535元的出资额成为股东，持股比例为17.4%。被告在股东会形成的章程修正案上签名。2004年3月23日，青岛海汇公司将本次股权变更的情况向工商机关进行了登记。2004年3月26日，被告与第三人签订股权转让协议，约定将其持有的全部青岛海汇公司的股份以3 131 535元的价格转让给第三人，同时，孙吉芹将其60.68%的股权又转让给了山东海汇股份公司。青岛海汇公司于2004年3月28日召开股东会，修改章程，确认了第三人的出资份额和股东地位，第三人在股东会形成的章程修正案上盖章确认。此后，第三人作为青岛海汇公司的股东多次在该公司的股东会决议、章程修正案、对外合作合同等重要文件上签章，行使股东权。

原告与被告、被告与第三人之间签订的股权转让协议均约定转让金的支付期限为协议生效后的30日内，而协议经各方盖章代表签字后生效。

原告诉称，上述股权转让以后，被告和第三人均未向原告支付转让金，故诉请法院判令解除原、被告之间的股权转让协议，第三人将其持有的青岛海汇公司的17.4%股份返还给原告，赔偿原告的律师费12万元。

被告辩称，原告事隔5年后行使解除权已经过除斥期间，关于要求保护其民事权利的请求已过诉讼时效。其提起诉讼有悖诚实信用原则，法院对其诉讼请求应予驳回。

【审判】

山东省青岛市崂山区人民法院一审认为，山东海汇股份公司、被告以及第三人各方先后签订的股权转让合同是当事人的真实意思表示，不违反法律、行政法规的强制规定，应对当事人发生法律拘束力。本案争议的焦点在于被告未履行支付股权转让金的义务，山东海汇股份公司是否有权解除合同，进而要求第三人返还其转让的青岛海汇公司17.4%的股权。被告未能按照山东双方约定的期间履行付款义务，山东海汇股份公司本应享有解除合同的权利，但是在本案中，山东海汇股份公司于2004年3月28日后即与第三人共同成为目标公司的股东，双方曾经多次共同召开股东会，商讨公司经营事宜，却从未与被告以及第三人交涉支付转让金事宜，事隔5年，令被告以及第三人产生了合理信赖，认为山东海汇股份公司已不行使该解除权。现山东海汇股份公司起诉主张解除合同，返还股权，有违诚实信用原则，予以驳回。

宣判后，山东海汇股份公司不服，提起上诉。

山东省青岛市中级人民法院经审理认为一审认定事实清楚，判决结果无误，遂判决驳回上诉，维持原判。

（材料来源：中国司法案例网http://anli.court.gov.cn/sfal/index/index.html）

2.3.4 上市公司组织机构的特别规定

上市公司，是指其股票在证券交易所上市交易的股份有限公司。上市公司的组织机构除应当符合《公司法》有关股份公司一般规定之外，还应当符合以下特别规定：

1）上市公司在一年内购买、出售重大资产或者担保金额超过公司资产总额百分之三十的，应当由股东大会作出决议，并经出席会议的股东所持表决权的三分之二以上通过。

2）上市公司设立独立董事，具体办法由国务院规定。

3）上市公司设董事会秘书，负责公司股东大会和董事会会议的筹备、文件保管以及公司股东资料的管理，办理信息披露事务等事宜。上市公司必须依照法律、行政法规的规定，公开其财务状况、经营情况及重大诉讼，在每会计年度内半年公布一次财务会计报告。

4）上市公司董事与董事会会议决议事项所涉及的企业有关联关系的，不得对该项决议行使表决权，也不得代理其他董事行使表决权。该董事会会议由过半数的无关联关系董事出席即可举行，董事会会议所作决议须经无关联关系董事过半数通过。出席董事会的无关联关系董事人数不足三人的，应将该事项提交上市公司股东大会审议。

2.4 公司债券

2.4.1 公司债券的概念

公司债券，是指公司依照法定程序发行、约定在一定期限还本付息的有价证券。公司债券可以为记名债券，也可以为无记名债券。记名债券是指债券上记载债权人的姓名或名称及相关信息，并将这些信息在公司债券存根簿上载明的公司债券。无记名债券是指债券上不记载持有人的姓名或名称及相关信息，也不将这些信息在公司债券存根簿上载明的公司债券。

2.4.2 公司债券的发行与转让

2.4.2.1 公司债券的发行

公司发行公司债券应当符合《证券法》规定的发行条件。发行公司债券的申请经国务院授权的部门核准后，应当公告公司债券募集办法。公司债券募集办法中应当载明下列主要事项：

1）公司名称；

2）债券募集资金的用途；

3）债券总额和债券的票面金额；

4）债券利率的确定方式；

5）还本付息的期限和方式；

6）债券担保情况；

7）债券的发行价格、发行的起止日期；

8）公司净资产额；

9）已发行的尚未到期的公司债券总额；

10）公司债券的承销机构。

公司以实物券方式发行公司债券的，必须在债券上载明公司名称、债券票面金额、利率、偿还期限等事项，并由法定代表人签名，公司盖章。

公司发行公司债券应当置备公司债券存根簿。发行记名公司债券的，应当在公司债券存根簿上载明债券持有人的姓名或者名称及住所、债券持有人取得债券的日期及债券的编号、债券总额、债券的票面金额、利率、还本付息的期限和方式、债券的发行日期等事项。发行无记名公司债券的，应当在公司债券存根簿上载明债券总额、利率、偿还期限和方式、发行日期及债券的编号。

记名公司债券的登记结算机构也应当建立债券登记、存管、付息、兑付等相关制度。

2.4.2.2 公司债券的转让

公司债券可以依法转让，转让价格由转让人与受让人约定。记名债券与不记名债券的转让规则不一样。记名公司债券，由债券持有人以背书方式或者法律、行政法规规定的其他方式转让；转让后由公司将受让人的姓名或者名称及住所记载于公司债券存根簿。无记名公司债券的转让，由债券持有人将该债券交付给受让人后即发生转让的效力。公司债券在证券交易所上市交易的，按照证券交易所的交易规则转让。

2.4.2.3 可转换公司债券

可转换公司债券，是指可以转换为公司股票的公司债券。上市公司经股东大会决议可以发行可转换为股票的公司债券，并在公司债券募集办法中规定具体的转换办法。上市公司发行可转换为股票的公司债券，应当报国务院证券监督管理机构核准。

发行可转换为股票的公司债券，应当在债券上标明可转换公司债券字样，并在公司债券存根簿上载明可转换公司债券的数额。发行可转换为股票的公司债券的，公司应当按照其转换办法向债券持有人换发股票，但债券持有人对转换股票或者不转换股票有选择权。

2.5 公司财务、会计

公司应当依照法律、行政法规和国务院财政部门的规定建立本公司的财务、会计制度。公司应当依法设立会计账簿，除法定的会计账簿外，不得另立会计账簿。对公司资产，不得以任何个人名义开立账户存储。

2.5.1 财务报告和会计审计

我国《公司法》规定，公司应当在每一会计年度终了时编制财务会计报告，并依法经会计师事务所审计。财务会计报告应当依照法律、行政法规和国务院财政部门的规定制作。有限责任公司应当依照公司章程规定的期限将财务会计报告送交各股东。股份有限公司的财务会计报告应当在召开股东大会年会的二十日前置备于本公司，供股东查阅；公开发行股票的股份有限公司必须公告其财务会计报告。

公司聘用、解聘承办公司审计业务的会计师事务所，依照公司章程的规定，由股东会、股东大会或者董事会决定。公司股东会、股东大会或者董事会就解聘会计师事务所进行表决时，应当允许会计师事务所陈述意见。会计师事务所审计时，公司应当向聘用的会计师事务所提供真实、完整的会计凭证、会计账簿、财务会计报告及其他会计资料，不得拒绝、隐匿、谎报。

2.5.2 利润分配

公司利润分配是指公司税后利润分配。按照《公司法》规定，公司分配当年税后利润时，应当提取利润的百分之十列入公司法定公积金。公司法定公积金累计额为公司注册资本的百分之五十以上的，可以不再提取。公司的公积金用于弥补公司的亏损、扩大公司生产经营或者转为增加公司资本。法定公积金转为资本时，所留存的该项公积金不得少于转增前公司注册资本的百分之二十五。

公司的法定公积金不足以弥补以前年度亏损的，在提取法定公积金之前，应当先用当年利润弥补亏损。

公司从税后利润中提取法定公积金后，经股东会或者股东大会决议，还可以从税后利润中提取任意公积金。

公司弥补亏损和提取公积金后所余税后利润，有限责任公司按照股东实缴的出资比例或者公司章程规定的方式分配；股份有限公司按照股东持有的股份比例分配，但股份有限公司章程规定不按持股比例分配的除外。股东会、股东大会或者董事会违反规定，在公司弥补亏损和提取法定公积金之前向股东分配利润的，股东必须将违反规定分配的利润退还公司。公司持有的本公司股份不得分配利润。

股份有限公司以超过股票票面金额的发行价格发行股份所得的溢价款以及国务院财政部门规定列入资本公积金的其他收入，应当列为公司资本公积金。资本公积金不得用于弥补公司的亏损。

2.5.3 公司经营管理中的几个特殊关系

在公司的经营管理过程中，股东或者投资人通过一定途径与公司形成特殊的关系，对公司具有重大影响，甚至控制公司的经营管理，主要包括控股股东、实际控制人和关联关系。

（1）控股股东

控股股东，是指其出资额占有限责任公司资本总额百分之五十以上或者其持有的股份占股份有限公司股本总额百分之五十以上的股东；出资额或者持有股份的比例虽然不足百分之五十，但依其出资额或者持有的股份所享有的表决权已足以对股东会、股东大会的决议产生重大影响的股东。

（2）实际控制人

实际控制人，是指虽不是公司的股东，但通过投资关系、协议或者其他安排，能够实际支配公司行为的人。

（3）关联关系

关联关系，是指公司控股股东、实际控制人、董事、监事、高级管理人员与其直接或者间接控制的企业之间的关系，以及可能导致公司利益转移的其他关系。但是，国家控股的企业之间不仅因为同受国家控股而具有关联关系。

年报抽查暴露上市公司八大会计问题

证监会9日发布的《2015年上市公司年报会计监管报告》（以下简称《报告》）中披露，总体而言，上市公司能够较好地理解并执行企业会计准则、内控规范和相关信息披露规则，但仍有部分公司存在会计确认与计量不正确、财务及内控信息披露不规范的问题，具体存在八个主要问题。据介绍，对于年报审阅中发现的问题线索，证监会将与交易所、有关证监局配合，进一步了解情况，在此基础上认定上市公司存在违反会计准则和内控规范要求的，按照有关监管安排进行处理。

截至2016年4月30日，沪深两市2015年已上市的2827家公司（其中A股2808家）均按时披露了2015年年度财务报告。为掌握上市公司执行会计准则、内部控制和财务信息披露规范的情况，前期证监会会计部抽查审阅了563家上市公司2015年年度报告和内部控制报告，在此基础上形成了上述《报告》。

年报分析发现，上市公司执行企业会计准则、内部控制和财务信息披露规范存在的主要问题有：

一是部分公司对外投资性质的认定与分类不正确，对信托计划、资产管理计划等结构化主体投资、委托受托经营、处于清算中的子公司等是否纳入合并报表范围的判断不合理；少数公司对企业合并及股权处置的会计处理不符合准则规定。

二是在卖方提供信贷支持销售产品、土地一级开发、网络游戏等新型销售模式和特殊行业，收入确认时点不一致的现象较为普遍。关于收入确认的会计政策披露不规范问题也较为突出。部分公司对收入确认会计政策的披露较为原则，未结合公司生产经营特点进行描述，对借壳上市等导致公司主营业务发生根本变化的，收入确认政策披露未作相应调整。

三是对修订后职工薪酬准则执行不到位，部分公司对辞退福利和离职后福利的分类不正确，相关信息披露不符合规范要求。

四是金融负债的确认不充分，针对认购有限期限劣后级信托计划、附回购条款的增资或签发卖出期权等新型金融工具或交易，部分公司未就清偿或回购义务确认金融负债。一些对应收账款进行保理的公司，未充分考虑仍保留的风险，仅凭与金融机构签订的形式上无追索权的保理协议就提前终止确认应收账款。

五是部分公司递延所得税资产或负债的确认不正确，本期会计利润与所得税费用的调整过程信息披露不充分、不到位。

六是部分公司对资产减值的计提不充分，也有部分亏损公司大幅提高减值计提标准，存在“洗大澡”的嫌疑。

七是部分公司对股份支付准则的理解和执行不到位，对负有回购义务的限制性股票，未在授予日就回购义务确认负债；对于非控股股东授予职工公司股份的股份支付，少数公司认为非控股股东不属于企业集团范畴，未将其作为集团内股份支付处理。

八是部分公司披露的内控评价报告的内容与格式未严格遵守相关编报要求，内控缺陷的认定标准、评价结论表述不适当，内控缺陷及其整改情况披露不充分。部分公司内控审计意见类型不恰当，强调事项段使用不规范。

证监会新闻发言人邓舸9日在发布会上指出，针对年报审阅中发现的上市公司执行会计准则、内部控制规范以及财务信息披露规则中存在的问题，证监会将继续做好四方面工作。

一是发布年报会计监管报告，向市场传递关于执行会计准则、内部控制规范和财务信息披露规则等方面的监管标准，引导上市公司切实提高财务信息披露质量。

二是对于年报审阅中发现的问题线索，与交易所、有关证监局等一线监管部门配合进一步了解情况，在此基础上认定上市公司存在违反会计准则和内控规范要求的，按照有关监管安排进行处理。

三是针对会计准则具体规范不明确、实务中存在争议的问题，加强调研，推动财政部制定准则指引；针对会计准则执行中的理解和操作问题，逐步制定发布有关监管口径，同时以案例指导的形式，提升上市公司理解和运用准则的能力。

四是基于市场的信息需求和资本市场改革要求，完善多层次资本市场信息披露规范体系，重点加强上市公司会计政策、会计估计披露，改进财务信息的更正披露要求，完善非经常性损益的认定与列报。

（材料来源：上海证券报2016年9月10日，新华网http://news.xinhuanet.com/fortune/2016-09/10/c_129276041.htm）

2.6 公司合并、分立、增资、减资、解散和清算

2.6.1 公司合并、分立

公司合并是指两个以上的公司合并为一个公司的情形。公司合并可以采取吸收合并或者新设合并。一个公司吸收其他公司为吸收合并，被吸收的公司解散。两个以上公司合并设立一个新的公司为新设合并，合并各方解散。

公司合并，应当由合并各方签订合并协议，并编制资产负债表及财产清单。公司应当自作出合并决议之日起十日内通知债权人，并于三十日内在报纸上公告。债权人自接到通知书之日起三十日内，未接到通知书的自公告之日起四十五日内，可以要求公司清偿债务或者提供相应的担保。公司合并时，合并各方的债权、债务，应当由合并后存续的公司或者新设的公司承继。

公司分立是指一个公司分立为两个以上公司的情形。分立以后的两个以上公司均具有法人主体资格。公司分立，其财产作相应的分割，同时编制资产负债表及财产清单。公司应当自作出分立决议之日起十日内通知债权人，并于三十日内在报纸上公告。公司分立前的债务由分立后的公司承担连带责任。但是，公司在分立前与债权人就债务清偿达成的书面协议另有约定的除外。

公司合并或者分立，登记事项发生变更的，应当依法向公司登记机关办理变更登记；公司解散的，应当依法办理公司注销登记；设立新公司的，应当依法办理公司设立登记。

2.6.2 公司增资、减资

公司增资、减资是指公司注册资本的增加或者减少。公司增加或者减少注册资本，应当依法向公司登记机关办理变更登记。

《公司法》规定，公司需要减少注册资本时，必须编制资产负债表及财产清单。公司应当自

作出减少注册资本决议之日起十日内通知债权人，并于三十日内在报纸上公告。债权人自接到通知书之日起三十日内，未接到通知书的自公告之日起四十五日内，有权要求公司清偿债务或者提供相应的担保。

公司增加注册资本时，股东认缴新增资本、认购新股的出资，依照《公司法》设立公司的有关规定执行。

2.6.3 公司解散和清算

2.6.3.1 公司解散

公司解散是指已成立的公司基于一定的事由而使公司法律主体资格归于消灭的行为。《公司法》对公司解散的原因作了列举式的规定：

1）公司章程规定的营业期限届满或者公司章程规定的其他解散事由出现。公司有这种情形的，可以通过修改公司章程而存续。

2）股东会或者股东大会决议解散。

3）因公司合并或者分立需要解散。

4）依法被吊销营业执照、责令关闭或者被撤销。

5）股东请求人民法院解散。公司经营管理发生严重困难，继续存续会使股东利益受到重大损失，通过其他途径不能解决的，持有公司全部股东表决权百分之十以上的股东，可以请求人民法院解散公司。

2.6.3.2 公司清算

公司除因合并或者分立解散外，都应当在解散事由出现之日起十五日内成立清算组，开始清算。有限责任公司的清算组由股东组成，股份有限公司的清算组由董事或者股东大会确定的人员组成。逾期不成立清算组进行清算的，债权人可以申请人民法院指定有关人员组成清算组进行清算。人民法院应当受理该申请，并及时组织清算组进行清算。

清算组是一个临时机构，负责公司清算期间有关事宜，并对公司财产进行处理。清算组在清算期间行使下列职权：

1）清理公司财产，分别编制资产负债表和财产清单。

2）通知、公告债权人。

3）处理与清算有关的公司未了结的业务。

4）清缴所欠税款以及清算过程中产生的税款。

5）清理债权、债务。

6）处理公司清偿债务后的剩余财产。

7）代表公司参与民事诉讼活动。

清算组成员应当忠于职守，依法履行清算义务，不得利用职权收受贿赂或者其他非法收入，不得侵占公司财产。清算组成员因故意或者重大过失给公司或者债权人造成损失的，应当承担赔偿责任。

清算组应当自成立之日起十日内通知债权人，并于六十日内在报纸上公告。债权人应当自接到通知书之日起三十日内，未接到通知书的自公告之日起四十五日内，向清算组申报其债权。债权人申报债权，应当说明债权的有关事项，并提供证明材料。清算组应当对债权进行登记。在申报债权期间，清算组不得对债权人进行清偿。清算期间，公司存续，但不得开展与清算无关的经营活动。

清算组在清理公司财产、编制资产负债表和财产清单后，应当制定清算方案，并报股东会、股东大会或者人民法院确认。清算组发现公司财产不足清偿债务的，应当依法向人民法院申请宣告破产。公司经人民法院裁定宣告破产后，清算组应当将清算事务移交给人民法院，依照有关企业破产的法律实施破产清算。

公司财产在分别支付清算费用、职工的工资、社会保险费用和法定补偿金，缴纳所欠税款，清偿公司债务后的剩余财产，有限责任公司按照股东的出资比例分配，股份有限公司按照股东持有的股份比例分配。公司财产在清偿前，不得分配给股东。

公司清算结束后，清算组应当制作清算报告，报股东会、股东大会或者人民法院确认，并报送公司登记机关，申请注销公司登记，公告公司终止。

本章小结

公司法是调整公司在设立、经营、终止以及内部管理过程中发生的经济关系的法律规范的总称。我国的公司分为有限责任公司和股份有限公司两类。本章详细介绍了我国两种公司的法律制度。有限责任公司的设立、组织机构、国有独资公司的法律制度；股份有限公司的设立、资本、公司股份发行与转让等法律制度。

学习本章内容需要明确公司法的一般规定和不同公司形态的特别要求，理解公司法的基本法律术语，重点掌握有限责任公司和股份有限公司的异同。

在实务中，需要熟悉公司、股东、公司高级管理人员以及相关主体的权利和义务，系统理解相关制度和规则，尤其要理解公司章程的法律地位及其与公司法的关系。

思考与练习

一、单项选择题

1．关于公司，下列说法错误的是（　　）。

A．公司可以设立子公司，子公司具有法人资格

B．公司可以设立分公司，分公司具有法人资格

C．公司可以设立一人公司，一人公司具有法人资格

D．外国公司在中国境内设立的分支机构不具有中国法人资格

2．下列不能作为股东出资的是（　　）。

A．实物　　B．土地使用权　　C．特许经营权　　D．知识产权

3．公司名称中可以使用的是（　　）。

A．国际组织名称　　B．群众组织名称

C．社会团体名称　　D．投资人姓名

4．关于股东会临时会议，下列说法错误的是（　　）。

A．十分之一以上的股东提议召开临时会议的，应当召开临时会议

B．三分之一以上的董事提议召开临时会议的，应当召开临时会议

C．监事会提议召开临时会议的，应当召开临时会议

D．不设监事会的公司的监事提议召开临时会议的，应当召开临时会议

5．关于有限责任公司股东转让股权的说法正确的是（　）。

A．股东向股东以外的人转让股权，应当经其他股东一致同意

B．其他股东自接到股权转让事项书面通知之日起满三十日未答复的，视为不同意转让

C．不同意转让的股东应当购买转让的股权

D．公司章程对转让股权的规定与《公司法》规定不一样的，按照《公司法》办理

6．关于创立大会，下列说法正确的是（　）。

A．发起人应当自股份认购之日起三十日内主持召开公司创立大会

B．创立大会应有代表股份总数过半数的发起人、认股人出席，方可举行

C．创立大会所作出的决议，必须经出席会议的发起人、认股人所持表决权过半数通过

D．发起人应当在创立大会召开十日前将会议日期通知各认股人或者予以公告

7．关于股票，下列说法正确的是（　）。

A．股份的发行，实行公平、公正的原则，每一股份应当具有同等权利

B．股票发行价格可以按票面金额，也可以超过票面金额或者低于票面金额

C．股票被盗、遗失或者灭失，股东可以通过法定程序向公司申请补发

D．发起人的股票，应当标明发起人股票字样

8．关于公司分配当年税后利润，下列说法正确的是（　）。

A．应当提取利润的百分之十列入公司法定公积金

B．公司的法定公积金不足以弥补以前年度亏损的，在提取法定公积金之后，再用当年利润弥补亏损

C．提取法定公积金后，还应当从税后利润中提取任意公积金

D．有限责任公司弥补亏损和提取公积金后所余税后利润，按照股东认缴的出资比例分配

9．下列说法错误的是（　）。

A．公司合并时，各方的债权、债务，应当由合并后存续的公司或者新设的公司承继

B．公司分立前的债务由分立后的公司承担连带责任

C．公司需要减少注册资本时，必须编制资产负债表及财产清单

D．公司应当自作出减少注册资本决议之日起三十日内通知债权人，并于报纸上公告

10．关于公司清算，下列说法正确的是（　）。

A．公司应当在解散事由出现之日起十日内成立清算组，开始清算

B．公司的清算组由董事组成

C．公司财产应依次支付清算费用、所欠税款、职工的工资、社会保险费用和法定补偿金、公司债务、股东分配

D．清算期间，公司存续，但不得开展新的经营活动，只能了结清算前已经开始尚未结束的业务活动

二、多项选择题

1. 下列关于设立有限责任公司的条件，说法正确的是（　　）。
   A．2个以上50个以下股东出资设立
   B．有符合公司章程规定的全体股东实缴的出资额
   C．股东共同制定公司章程
   D．有公司名称，建立符合有限责任公司要求的组织机构
   E．有公司住所
2. 下列关于有限公司股东会的说法，正确的是（　　）。
   A．三分之二以上股东以书面形式表示同意的，可以不召开股东会会议，直接作出决定
   B．首次股东会会议由出资最多的股东召集和主持
   C．股东会应当对所议事项的决定作成会议记录，全体股东应当在会议记录上签名
   D．公司章程可以规定股东按照出资比例行使表决权，也可以规定按照其他方式行使表决权
   E．股东会会议作出增加注册资本的决议，必须经代表三分之二以上表决权的股东通过
3. 股份有限公司股东持有的股份可以依法转让，但是，（　　）。
   A．发起人持有的本公司股份，自公司成立之日起1年内不得转让
   B．公司公开发行股份前已发行的股份，自公司股票在证券交易所上市交易之日起1年内不得转让
   C．公司的高级管理人员持有的本公司股份，自任职之日起1年内不得转让
   D．公司的高级管理人员所持本公司股份自公司股票上市交易之日起1年内不得转让
   E．公司的高级管理人员离职后1年内，不得转让其所持有的本公司股份
4. 上市公司必须依照法律、行政法规的规定，公开其（　　）。
   A．财务状况　　B．经营情况　　C．重大诉讼
   D．投资计划　　E．重要合同
5. 清算组在清算期间行使下列职权（　　）。
   A．清理公司财产，分别编制资产负债表和财产清单
   B．履行公司未完成的合同
   C．清缴所欠税款
   D．处理公司清偿债务后的剩余财产
   E．代表公司参与民事诉讼活动

三、简答题

1. 简述有限责任公司章程的基本内容。
2. 简述公司名称不得含有的内容和文字。
3. 简述不得担任公司的董事、监事、高级管理人员的具体情形。
4. 简述股份有限公司的设立条件。
5. 简述发起人在公司设立过程中的责任。
6. 简述控股股东。
7. 简述公司解散的原因。

3 合伙企业法与个人独资企业法

案例导读

黄某与遵义市某采矿厂、苏某合伙纠纷案

（一）基本案情

某采矿厂原系苏某的个人独资企业，于2003年7月31日办理采矿许可证、营业执照。2003年12月20日，黄某与苏某签订合伙协议，约定苏某提供采矿许可证、营业执照等开采手续，由黄某自行投资在现有采区内对4号井开采，自负盈亏、自行承担矿洞安全责任。嗣后，某采矿厂性质虽由个人独资企业变更为合伙企业，合伙人亦多次发生变更。但黄某一直以某采矿厂的采矿许可证、营业执照从事4号井的开采活动，并缴纳办证费、资料费、治安费等共计108 120元。2008年8月1日，某采矿厂因违法转让采矿权被国土资源主管部门处罚。2009年6月8日，某采矿厂因无安全生产许可证被安全生产监督管理部门责令停止开采、限期整改。某采矿厂未对4号井进行技改，致使黄某不能继续开采。黄某提起诉讼，请求判令某采矿厂赔偿损失220万元。

（二）裁判结果

遵义市红花岗区人民法院一审判决驳回黄某的诉讼请求。贵州省遵义市中级人民法院二审认为，黄某与苏某签订合伙协议，在某采矿厂采矿许可开采区域内独立从事采矿活动，未到相关行政主管部门进行审批和变更登记，违反国家关于矿产资源开发利用和保护的审批规定，损害国家关于矿产资源的管理秩序。某采矿厂变更登记为合伙企业后，也未将黄某登记为合伙人。上述行为实为挂靠采矿，合伙协议应为无效，某采矿厂对此具有较大过错。二审法院判决某采矿厂赔偿黄某损失136 620元。

（三）典型意义

矿产资源具有不可再生性。为保护和合理开发矿产资源，取得采矿许可证的企业必须严格执行矿产资源开发利用的法律法规。矿业权人与他人签订合伙协议，但并无实际合伙经营的事实，实施采矿行为一方缴纳挂靠费用，以矿业权人名义自行投资、自负盈亏、自担责任，独立从事矿产资源开采，以达到逃避行政监管的非法目的的，合伙协议应认定无效。矿业权人受到行政处罚，不影响其承担民事责任。人民法院在厘清当事人过错的基础上，根据过错大小确定各方当事人的民事责任，对规范矿业权人依法行使采矿权，维护矿产资源流转秩序具有积极意义。

（材料来源：最高人民法院网，http://www.court.gov.cn/zixun-xiangqing-23431.html，2016年7月12日）

学习目标

- 了解合伙企业与个人独资企业、合伙企业法与个人独资企业法的概念
- 掌握合伙企业与个人独资企业的设立条件及程序，个人独资企业的投资人及事务管理和个人独资企业的解散和清算
- 理解合伙企业的财产，合伙企业事务的执行以及有限合伙企业

主要内容

- 合伙企业法
- 个人独资企业法

3.1 合伙企业法

3.1.1 合伙企业与合伙企业法的概念

3.1.1.1 合伙企业

合伙企业属于非法人组织，不具有法人资格，但是能够依法以自己的名义从事民事活动。我国《合伙企业法》规定，合伙企业是指自然人、法人和其他组织依照《合伙企业法》在中国境内设立的非法人企业，包括普通合伙企业和有限合伙企业两种。普通合伙企业全部由普通合伙人组成，有限合伙企业由普通合伙人和有限合伙人组成。

普通合伙人是指在合伙企业中对合伙企业的债务依法承担无限连带责任的人。《合伙企业法》对普通合伙人承担责任的形式有特别规定的，从其规定。根据《合伙企业法》的规定，国有独资公司、国有企业、上市公司以及公益性的事业单位、社会团体不得成为普通合伙人。有限合伙人以其认缴的出资额为限对合伙企业债务承担责任。

3.1.1.2 合伙企业法

合伙企业法，是指调整合伙企业关系所有的法律规范总称。现行《中华人民共和国合伙企业法》于1997年2月23日第八届全国人民代表大会常务委员会第二十四次会议通过，2006年8月27日第十届全国人民代表大会常务委员会第二十三次会议修订，共6章109条。此外，《中华人民共和国合伙企业登记管理办法》（2014年）、《中华人民共和国民法总则》（2017年）等也都是合伙企业法的重要渊源。

3.1.2 普通合伙企业

3.1.2.1 普通合伙企业的设立

（1）设立条件

根据《合伙企业法》的规定，设立合伙企业应当具备以下条件：

1）有2个以上合伙人。合伙人应当具有完全民事行为能力。

2）有书面合伙协议。合伙协议应当依法由全体合伙人根据自愿、平等、公平、诚实信用原则，协商一致，以书面形式订立，经全体合伙人签名、盖章后生效。合伙协议应当载明合伙企业的名称和主要经营场所的地点、合伙目的和合伙经营范围、合伙人的姓名或者名称、住所、合伙人的出资方式、数额和缴付期限、利润分配、亏损分担方式、合伙事务的执行、入伙与退伙、争

议解决办法、合伙企业的解散与清算以及违约责任等事项。合伙人按照合伙协议享有权利，履行义务。修改或者补充合伙协议，应当经全体合伙人一致同意，除非合伙协议另有约定。

3）有合伙人认缴或者实际缴付的出资。合伙人可以用货币、实物、知识产权、土地使用权或者其他财产权利出资，也可以用劳务出资。合伙人以实物、知识产权、土地使用权或者其他财产权利出资，需要评估作价的，可以由全体合伙人协商确定，也可以由全体合伙人委托法定评估机构评估。合伙人以劳务出资的，其评估办法由全体合伙人协商确定，并在合伙协议中载明。合伙人应当按照合伙协议约定的出资方式、数额和缴付期限，履行出资义务。以非货币财产出资的，依照法律、行政法规的规定，需要办理财产权转移手续的，应当依法办理。合伙人按照合伙协议的约定或者经全体合伙人决定，可以增加或者减少对合伙企业的出资。

4）有合伙企业的名称和生产经营场所。普通合伙企业应当在其名称中标明“普通合伙”字样，其中特殊的普通合伙企业，应当在其名称中标明“特殊普通合伙”字样。

5）法律、行政法规规定的其他条件。

（2）设立登记

设立合伙企业应当按照一定的程序进行登记。合伙企业经依法登记，领取合伙企业营业执照后，方可从事经营活动。根据《合伙企业法》和国务院《合伙企业登记管理办法》的规定，合伙人申请设立合伙企业，应当向企业登记机关提交登记申请书、合伙协议书、合伙人身份证明等文件；合伙企业的经营范围中有属于法律、行政法规规定在登记前须经批准的项目的，该项经营业务应当依法经过批准，并在登记时提交批准文件。

申请人提交的登记申请材料齐全、符合法定形式，企业登记机关能够当场登记的，应予当场登记，发给营业执照。如果不能当场登记的，企业登记机关应当自受理申请之日起二十日内，作出是否登记的决定。予以登记的，发给营业执照；不予登记的，应当给予书面答复，并说明理由。

3.1.2.2 合伙企业的财产

（1）合伙企业财产的构成

根据《合伙企业法》的规定，合伙人的出资、以合伙企业名义取得的收益和依法取得的其他财产，均为合伙企业的财产。合伙人的出资是指全体合伙人“认缴”的财产，而非各合伙人“实际缴纳”的财产，它形成合伙企业的原始财产。以合伙企业名义取得的收益包括以合伙企业名义取得的所有的不动产、动产和无形财产。

合伙人在合伙企业清算前，不得请求分割合伙企业的财产；但是，法律另有规定的除外。合伙人在合伙企业清算前私自转移或者处分合伙企业财产的，合伙企业不得以此对抗善意第三人。

（2）合伙人财产份额的处分

根据《合伙企业法》的规定，合伙协议对合伙人在合伙企业中的财产份额处分有约定的，按照合伙协议处理。合伙协议对合伙人在合伙企业中的财产份额处分没有约定，或者约定不明的，按照《合伙企业法》的规定，合伙人之间可以转让其在合伙企业中的全部或者部分财产份额，但应当通知其他合伙人；合伙人向合伙人以外的人转让其在合伙企业中的全部或者部分财产份额时，须经其他合伙人一致同意；合伙人向合伙人以外的人转让其在合伙企业中的财产份额的，在同等条件下，其他合伙人有优先购买权。此外，合伙人以其在合伙企业中的财产份额出质的，须经其他合伙人一致同意；未经其他合伙人一致同意，其行为无效，由此给善意第三人造成损失的，由行为人依法承担赔偿责任。

合伙人以外的人依法受让合伙人在合伙企业中的财产份额的，经修改合伙协议即成为合伙企业的合伙人，依照《合伙企业法》和修改后的合伙协议享有权利，履行义务。

（3）合伙企业的损益分配

合伙企业的损益分配包括利润分配与亏损分担两个方面。根据《合伙企业法》的规定，合伙企业的利润分配、亏损分担，按照合伙协议的约定办理；合伙协议未约定或者约定不明确的，由合伙人协商决定；协商不成的，由合伙人按照实缴出资比例分配、分担；无法确定出资比例的，由合伙人平均分配、分担。合伙协议不得约定将全部利润分配给部分合伙人或者由部分合伙人承担全部亏损。

3.1.2.3 合伙事务执行

（1）事务执行的方式

根据《合伙企业法》的有关规定，合伙事务执行有两种形式：

1）全体合伙人共同执行合伙事务。《合伙企业法》第26条第1款规定："合伙人对执行合伙事务享有同等的权利。"即全体合伙人参与合伙事务的执行。作为合伙人的法人、其他组织执行合伙事务的，由其委派的代表执行。在采取这种形式的合伙企业中，按照合伙协议的约定，各个合伙人都直接参与经营，处理合伙企业的事务，对外代表合伙企业。

2）委托一个或者数个合伙人执行合伙事务。根据《合伙企业法》第26条第2款的规定："按照合伙协议的约定或者经全体合伙人决定，可以委托一个或者数个合伙人对外代表合伙企业，执行合伙事务。"不执行合伙事务的合伙人有权监督执行事务合伙人执行合伙事务的情况。执行事务合伙人应当定期向其他合伙人报告事务执行情况以及合伙企业的经营和财务状况，其执行合伙事务所产生的收益归合伙企业，所产生的费用和亏损由合伙企业承担。合伙人为了解合伙企业的经营状况和财务状况，有权查阅合伙企业会计账簿等财务资料。

合伙人分别执行合伙事务的，执行事务合伙人可以对其他合伙人执行的事务提出异议，并暂停该项事务的执行；如果发生争议，按照合伙协议约定或者法律规定的表决办法由全体合伙人作出决定。受委托执行合伙事务的合伙人不按照合伙协议或者全体合伙人的决定执行事务的，其他合伙人可以决定撤销该委托。

在执行合伙事务中，合伙人不得自营或者同他人合作经营与本合伙企业相竞争的业务；除合伙协议另有约定或者经全体合伙人一致同意外，合伙人不得同本合伙企业进行交易；合伙人不得从事损害本合伙企业利益的活动。

（2）合伙企业的决议

根据《合伙企业法》的规定，合伙人对合伙企业有关事项作出决议，按照合伙协议约定的表决办法办理；合伙协议未约定或者约定不明确的，实行合伙人一人一票并经全体合伙人过半数通过的表决办法。但是，对于合伙企业的重大事项的决议，应当经全体合伙人一致同意。根据《合伙企业法》第31条的规定，除合伙协议另有约定外，合伙企业的下列事项应当经全体合伙人一致同意：

1）改变合伙企业的名称；

2）改变合伙企业的经营范围、主要经营场所的地点；

3）处分合伙企业的不动产；

4）转让或者处分合伙企业的知识产权和其他财产权利；

5）以合伙企业名义为他人提供担保；

6）聘任合伙人以外的人担任合伙企业的经营管理人员。

（3）非合伙人参与经营管理

我国《合伙企业法》规定，除合伙协议另有约定外，经全体合伙人一致同意，可以聘任合伙人以外的人担任合伙企业的经营管理人员。被聘任的合伙企业的经营管理人员应当在合伙企业授权范围内履行职务；被聘任的合伙企业的经营管理人员，超越合伙企业授权范围履行职务，或者在履行职务过程中因故意或者重大过失给合伙企业造成损失的，依法承担赔偿责任。

3.1.2.4 合伙企业与第三人的关系

合伙企业与第三人关系，是指合伙企业的外部关系，即合伙企业与合伙人以外的第三人的关系。

合伙企业对合伙人执行合伙事务以及对外代表合伙企业权利的限制，不得对抗善意第三人。

合伙企业对其债务，应先以其全部财产进行清偿；合伙企业不能清偿到期债务的，合伙人承担无限连带责任；合伙人由于承担无限连带责任，清偿数额超过其应分担的亏损比例的，有权向其他合伙人追偿。

合伙人发生与合伙企业无关的债务，相关债权人不得以其债权抵销其对合伙企业的债务；也不得代位行使合伙人在合伙企业中的权利。合伙人的自有财产不足清偿其与合伙企业无关的债务的，该合伙人可以以其从合伙企业中分取的收益用于清偿；债权人也可以依法请求人民法院强制执行该合伙人在合伙企业中的财产份额用于清偿。人民法院强制执行合伙人的财产份额时，应当通知全体合伙人，其他合伙人有优先购买权；其他合伙人未购买，又不同意将该财产份额转让给他人的，依照《合伙企业法》的规定为该合伙人办理退伙或者削减相应财产份额的结算。

3.1.2.5 入伙与退伙

（1）入伙

入伙是指在合伙企业存续期间，合伙人以外的第三人加入合伙，从而取得合伙人资格情形。

根据《合伙企业法》的规定，新合伙人入伙，除合伙协议另有约定外，应当经全体合伙人一致同意，并依法订立书面入伙协议。在订立入伙协议时，原合伙人应当向新合伙人如实告知原合伙企业的经营状况和财务状况。入伙的新合伙人与原合伙人享有同等权利，承担同等责任。入伙协议另有约定的，从其约定。入伙的新合伙人对入伙前合伙企业的债务承担无限连带责任。

（2）退伙

退伙是指合伙人退出合伙企业，从而丧失合伙人资格的情形。退伙可以分为三类：自愿退伙、当然退伙和除名退伙。

1）自愿退伙。自愿退伙，是指合伙人基于自愿的意思表示而退出合伙企业。根据《合伙企业法》第45条的规定，合伙协议约定合伙期限的，在合伙企业存续期间，合伙协议约定的退伙事由出现，或者经全体合伙人一致同意，或者发生合伙人难以继续参加合伙的事由，或者其他合伙人严重违反合伙协议约定的义务，合伙人可以退伙。合伙协议未约定合伙期限的，合伙人在不给合伙企业事务执行造成不利影响的情况下，也可以退伙，但应当提前30日通知其他合伙人。合伙人违反法律有关规定擅自退伙的，应当赔偿由此给合伙企业造成的损失。

2）当然退伙。当然退伙又称法定退伙，是指合伙人因出现法律规定的事由而退出合伙企业。根据《合伙企业法》的规定，合伙人有下列情形之一的，发生当然退伙：作为合伙人的自然人死亡或者被依法宣告死亡；个人丧失偿债能力；作为合伙人的法人或者其他组织依法被吊销营业执照、责令关闭、撤销，或者被宣告破产；法律规定或者合伙协议约定合伙人必须具有相关资格而丧失该资格；合伙人在合伙企业中的全部财产份额被人民法院强制执行。当然退伙以退伙事由实际发生之日为退伙生效日。

合伙人被依法认定为无民事行为能力人或者限制民事行为能力人的，经其他合伙人一致同意，可以依法转为有限合伙人，普通合伙企业依法转为有限合伙企业。其他合伙人未能一致同意的，该无民事行为能力或者限制民事行为能力的合伙人退伙。

合伙人死亡或者被依法宣告死亡的，对该合伙人在合伙企业中的财产份额享有合法继承权的继承人，按照合伙协议的约定或者经全体合伙人一致同意，从继承开始之日起，取得该合伙企业的合伙人资格。合伙人的继承人为无民事行为能力人或者限制民事行为能力人的，经全体合伙人一致同意，可以依法成为有限合伙人，普通合伙企业依法转为有限合伙企业；全体合伙人未能一致同意的，合伙企业应当将被继承合伙人的财产份额退还该继承人。同时，继承人不愿意成为合伙人，或者法律规定或者合伙协议约定合伙人必须具有相关资格，而该继承人未取得该资格，或者继承人具有合伙协议约定不能成为合伙人的其他情形，合伙企业也应当向合伙人的继承人退还被继承合伙人的财产份额。

3）除名退伙。根据《合伙企业法》的规定，合伙人未履行出资义务、因故意或者重大过失给合伙企业造成损失、执行合伙事务时有不正当行为或者发生合伙协议约定的事由，经其他合伙人一致同意，可以决议将其除名。对合伙人的除名决议应当书面通知被除名人，被除名人接到除名通知之日，除名生效，被除名人退伙。被除名人对除名决议有异议的，可以自接到除名通知之日起30日内，向人民法院起诉。

合伙人退伙，其他合伙人应当与该退伙人按照退伙时的合伙企业财产状况进行结算，退还退伙人的财产份额。退伙人对给合伙企业造成的损失负有赔偿责任的，相应扣减其应当赔偿的数额。退伙时有未了结的合伙企业事务的，待该事务了结后进行结算。合伙人退伙以后，对基于其退伙前的原因发生的合伙企业债务，承担无限连带责任。合伙人退伙时，合伙企业财产少于合伙企业债务的，退伙人应当依照合伙企业亏损分担的原则承担相应的亏损。

3.1.2.6 特殊的普通合伙企业

我国《合伙企业法》规定，以专业知识和专门技能为客户提供有偿服务的专业服务机构，可以设立为特殊的普通合伙企业。

特殊的普通合伙企业是指，一个合伙人或者数个合伙人在执业活动中因故意或者重大过失造成合伙企业债务的，应当承担无限责任或者无限连带责任，其他合伙人以其在合伙企业中的财产份额为限承担责任；合伙人在执业活动中非因故意或者重大过失造成的合伙企业债务以及合伙企业的其他债务，由全体合伙人承担无限连带责任的普通合伙企业。特殊的普通合伙企业名称中应当标明“特殊普通合伙”字样。

对于特殊的普通合伙企业，《合伙企业法》有特殊规定的，适用特殊规定；没有特殊规定的，适用《合伙企业法》对普通合伙企业的一般规定。

合伙人执业活动中因故意或者重大过失造成的合伙企业债务，以合伙企业财产对外承担责任后，该合伙人应当按照合伙协议的约定对给合伙企业造成的损失承担赔偿责任。

特殊的普通合伙企业应当建立执业风险基金、办理职业保险。执业风险基金，主要是指为了化解经营风险，特殊的普通合伙企业从其经营收益中提取相应比例的资金留存或者根据相关规定上缴至指定机构所形成的基金。执业风险基金用于偿付合伙人执业活动造成的债务，并单独立户管理。

3.1.3 有限合伙企业

对于有限合伙企业，《合伙企业法》有特别规定的，应当适用特别规定；无特别规定的，适用有关普通合伙企业的规定。

3.1.3.1 有限合伙企业的设立

有限合伙企业应当在名称中标明“有限合伙”字样。在合伙人人数上，有限合伙企业由2个以上50个以下合伙人设立；但是，法律另有规定的除外。有限合伙企业至少应当有1个普通合伙人。《合伙企业法》规定，有限合伙企业仅剩有限合伙人的，应当解散；有限合伙企业仅剩普通合伙人的，应当转为普通合伙企业。

有限合伙企业协议也较普通合伙协议复杂。有限合伙企业协议除符合普通合伙企业合伙协议的规定外，还应当载明下列事项：

1）普通合伙人和有限合伙人的姓名或者名称、住所；

2）执行事务合伙人应具备的条件和选择程序；

3）执行事务合伙人权限与违约处理办法；

4）执行事务合伙人的除名条件和更换程序；

5）有限合伙人入伙、退伙的条件、程序以及相关责任；

6）有限合伙人和普通合伙人相互转变程序。

在有限合伙人出资方面，有限合伙人可以用货币、实物、知识产权、土地使用权或者其他财产权利作价出资，但不得以劳务出资。有限合伙人应当按照合伙协议的约定按期足额缴纳出资；未按期足额缴纳的，应当承担补缴义务，并对其他合伙人承担违约责任。并且，有限合伙企业登记事项中应当载明有限合伙人的姓名或者名称及认缴的出资数额。

3.1.3.2 有限合伙企业的事务执行

在有限合伙企业中，由普通合伙人执行合伙事务，执行事务合伙人可以要求在合伙协议中确定执行事务的报酬及报酬提取方式。有限合伙人不执行合伙事务，不得对外代表有限合伙企业。有限合伙人未经授权以有限合伙企业名义与他人进行交易，给有限合伙企业或者其他合伙人造成损失的，该有限合伙人应当承担赔偿责任。但是，第三人有理由相信有限合伙人为普通合伙人并与其交易的，该有限合伙人对该笔交易承担与普通合伙人同样的责任。

根据《合伙企业法》的规定，有限合伙人的下列行为，不视为执行合伙事务：

1）参与决定普通合伙人入伙、退伙；

2）对企业的经营管理提出建议；

3）参与选择承办有限合伙企业审计业务的会计师事务所；

4）获取经审计的有限合伙企业财务会计报告；

5）对涉及自身利益的情况，查阅有限合伙企业财务会计账簿等财务资料；

6）在有限合伙企业中的利益受到侵害时，向有责任的合伙人主张权利或者提起诉讼；

7）执行事务合伙人怠于行使权利时，督促其行使权利或者为了本企业的利益以自己的名义提起诉讼；

8）依法为本企业提供担保。

与普通合伙不同，有限合伙人可以同本有限合伙企业进行交易，也可以自营或者同他人合作经营与本有限合伙企业相竞争的业务；但是，合伙协议另有约定的除外。

3.1.3.3 有限合伙企业的财产

有限合伙人可以按照合伙协议的约定向合伙人以外的人转让其在有限合伙企业中的财产份额，但应当提前30日通知其他合伙人。但是，根据合伙的特点，有限合伙人对外转让其在有限合伙企业的财产份额时，有限合伙企业的其他合伙人有优先购买权。有限合伙人也可以将其在有限合伙企业中的财产份额出质，但是，有限合伙企业合伙协议可以对有限合伙人的财产份额出质作出约定，如有特殊约定，应按特殊约定进行。

有限合伙人的自有财产不足清偿其与合伙企业无关的债务的，该合伙人可以以其从有限合伙企业中分取的收益用于清偿；债权人也可以依法请求人民法院强制执行该合伙人在有限合伙企业中的财产份额用于清偿。人民法院强制执行有限合伙人的财产份额时，应当通知全体合伙人，在同等条件下，其他合伙人有优先购买权。

在利润分配上，有限合伙企业不得将全部利润分配给部分合伙人；但是，合伙协议另有约定的除外。

3.1.3.4 有限合伙企业的入伙与退伙

《合伙企业法》规定，新入伙的有限合伙人对入伙前有限合伙企业的债务，以其认缴的出资额为限承担责任。

有限合伙人有下列情形之一的，当然退伙：

1）作为合伙人的自然人死亡或者被依法宣告死亡；

2）作为合伙人的法人或者其他组织依法被吊销营业执照、责令关闭、撤销，或者被宣告破产；

3）法律规定或者合伙协议约定合伙人必须具有相关资格而丧失该资格；

4）合伙人在合伙企业中的全部财产份额被人民法院强制执行。

有限合伙人退伙后，对基于其退伙前的原因发生的有限合伙企业债务，以其退伙时从有限合伙企业中取回的财产承担责任。

作为有限合伙人的自然人在有限合伙企业存续期间丧失民事行为能力的，其他合伙人不得因此要求其退伙。作为有限合伙人的自然人死亡、被依法宣告死亡或者作为有限合伙人的法人及其他组织终止时，其继承人或者权利承受人可以依法取得该有限合伙人在有限合伙企业中的资格。

除合伙协议另有约定外，普通合伙人转变为有限合伙人，或者有限合伙人转变为普通合伙人，应当经全体合伙人一致同意。有限合伙人转变为普通合伙人的，对其作为有限合伙人期间有限合伙企业发生的债务承担无限连带责任；普通合伙人转变为有限合伙人的，对其作为普通合伙人期间合伙企业发生的债务承担无限连带责任。

3.1.4 合伙企业的解散和清算

3.1.4.1 合伙企业解散

合伙企业解散，是指合伙期限届满，或者出现合伙协议约定的合伙企业解散事由，或者合伙人协商一致决定，终止合伙企业活动的行为，注销合伙企业登记，使合伙企业主体资格归于消灭的行为。

根据《合伙企业法》的规定，合伙企业有下列情形之一的，应当解散：

1）合伙期限届满，合伙人决定不再经营；

2）合伙协议约定的解散事由出现；

3）全体合伙人决定解散；

4）合伙人已不具备法定人数满30天；

5）合伙协议约定的合伙目的已经实现或者无法实现；

6）依法被吊销营业执照、责令关闭或者被撤销；

7）法律、行政法规规定的其他原因。

3.1.4.2 合伙企业清算

根据《合伙企业法》的规定，合伙企业解散，应当由清算人进行清算。清算人由全体合伙人担任；经全体合伙人过半数同意，可以自合伙企业解散事由出现后15日内指定一个或者数个合伙人，或者委托第三人，担任清算人。自合伙企业解散事由出现之日起15日内未确定清算人的，合伙人或者其他利害关系人可以申请人民法院指定清算人。清算人在清算期间执行下列事务：

1）清理合伙企业财产，分别编制资产负债表和财产清单；

2）处理与清算有关的合伙企业未了结事务；

3）清缴所欠税款；

4）清理债权、债务；

5）处理合伙企业清偿债务后的剩余财产；

6）代表合伙企业参加诉讼或者仲裁活动。

清算人自被确定之日起10日内将合伙企业解散事项通知债权人，并于60日内在报纸上公告。债权人应当自接到通知书之日起30日内，未接到通知书的自公告之日起45日内，向清算人申报债权。债权人申报债权，应当说明债权的有关事项，并提供证明材料。清算人应当对债权进行登记。清算期间，合伙企业存续，但不得开展与清算无关的经营活动。

对于合伙企业财产，在支付清算费用和职工工资、社会保险费用、法定补偿金以及缴纳所欠税款、清偿债务后，剩余财产依照《合伙企业法》关于利润分配和亏损分担的规定进行分配。如果合伙企业不能清偿到期债务的，债权人可以依法向人民法院提出破产清算申请，也可以要求普通合伙人清偿。合伙企业依法被宣告破产的，普通合伙人对合伙企业债务仍应承担无限连带责任。

清算结束，清算人应当编制清算报告，经全体合伙人签名、盖章后，在15日内向企业登记机关报送清算报告，申请办理合伙企业注销登记。合伙企业注销后，原普通合伙人对合伙企业存续期间的债务仍应承担无限连带责任。

3.2 个人独资企业法

3.2.1 个人独资企业和个人独资企业法概念

3.2.1.1 个人独资企业

个人独资企业是指依照《中华人民共和国个人独资企业法》在中国境内设立，由一个自然人投资，财产为投资人个人所有，投资人以其个人财产对企业债务承担无限责任的经营实体。个人独资企业是非法人企业，不具有法人资格。但是，个人独资企业具有独立的主体地位，可以自己的名义从事经济活动。

3.2.1.2 个人独资企业法的概念

个人独资企业法，是指调整个人独资企业的各种法律规范的总称。现行《中华人民共和国个人独资企业法》（以下简称《个人独资企业法》）于1999年8月30日第九届全国人大常委会第十一次会议通过，自2000年1月1日起施行。此外，《个人独资企业法》渊源还包括《民法总则》等法律法规的相关规定。

3.2.2 个人独资企业的设立

3.2.2.1 设立条件

根据《个人独资企业法》第8条的规定，设立个人独资企业应当具备下列条件：

1）投资人为一个自然人；

2）有合法的企业名称；

3）有投资人申报的出资；

4）有固定的生产经营场所和必要的生产经营条件；

5）有必要的从业人员。

3.2.2.2 设立程序

申请设立个人独资企业，应当由投资人或者其委托的代理人向个人独资企业所在地的登记机关提交设立申请书、投资人身份证明、生产经营场所使用证明等文件。委托代理人申请设立登记时，应当出具投资人的委托书和代理人的合法证明。个人独资企业设立申请书应当载明下列事项：

1）企业的名称和住所；

2）投资人的姓名和居所；

3）投资人的出资额和出资方式；

4）经营范围。

个人独资企业不得从事法律、行政法规禁止经营的业务；从事法律、行政法规规定须报经有关部门审批的业务，应当在申请设立登记时提交有关部门的批准文件。个人独资企业的名称应当与其责任形式及从事的营业相符合。

登记机关应当在收到设立申请文件之日起15日内，对符合法律规定条件的，予以登记，发给营业执照；对不符合本法规定条件的，不予登记，并应当给予书面答复，说明理由。个人独资企业的营业执照的签发日期，为个人独资企业成立日期。在领取个人独资企业营业执照前，投资人不得以个人独资企业名义从事经营活动。

个人独资企业设立分支机构，应当由投资人或者其委托的代理人向分支机构所在地的登记机关申请登记，领取营业执照。分支机构经核准登记后，应将登记情况报该分支机构隶属的个人独资企业的登记机关备案。分支机构的民事责任由设立该分支机构的个人独资企业承担。

个人独资企业存续期间登记事项发生变更的，应当在作出变更决定之日起的15日内依法向登记机关申请办理变更登记。

3.2.3 个人独资企业的投资人及事务管理

3.2.3.1 投资人

个人独资企业的投资人为具有中国国籍的自然人。但是，法律、行政法规禁止从事营利性活动的人，不得作为投资人申请设立个人独资企业。个人独资企业投资人对本企业的财产依法享有所有权，其有关权利可以依法进行转让或继承。个人独资企业投资人对本企业以其个人财产承担无限责任。但是，个人独资企业投资人在申请企业设立登记时明确以其家庭共有财产作为个人出资的，应当依法以家庭共有财产对企业债务承担无限责任。

3.2.3.2 事务管理

个人独资企业投资人可以自行管理企业事务，也可以委托或者聘用其他具有民事行为能力的人负责企业的事务管理。投资人委托或者聘用他人管理个人独资企业事务，应当与受托人或者被聘用的人签订书面合同，明确委托的具体内容和授予的权利范围。投资人对受托人或者被聘用的人员职权的限制，不得对抗善意第三人。

受托人或者被聘用的人员应当履行诚信、勤勉义务，按照与投资人签订的合同负责个人独资企业的事务管理。在进行个人独资企业事务管理中，投资人委托或者聘用的管理个人独资企业事务的人员不得有下列行为：

1）利用职务上的便利，索取或者收受贿赂；

2）利用职务或者工作上的便利侵占企业财产；

3）挪用企业的资金归个人使用或者借贷给他人；

4）擅自将企业资金以个人名义或者以他人名义开立账户存储；

5）擅自以企业财产提供担保；

6）未经投资人同意，从事与本企业相竞争的业务；

7）未经投资人同意，同本企业订立合同或者进行交易；

8）未经投资人同意，擅自将企业商标或者其他知识产权转让给他人使用；

9）泄露本企业的商业秘密；

10）法律、行政法规禁止的其他行为。

3.2.4 个人独资企业的解散和清算

3.2.4.1 个人独资企业的解散

根据《个人独资企业法》的规定，个人独资企业有下列情形之一时，应当解散：

1）投资人决定解散；

2）投资人死亡或者被宣告死亡，无继承人或者继承人决定放弃继承；

3）被依法吊销营业执照；

4）法律、行政法规规定的其他情形。

3.2.4.2 个人独资企业的清算

个人独资企业解散的，由投资人自行清算或者由债权人申请人民法院指定清算人进行清算。清算期间，个人独资企业不得开展与清算目的无关的经营活动。

投资人自行清算的，应当在清算前15日内书面通知债权人，无法通知的，应当予以公告。债权人应当在接到通知之日起30日内，未接到通知的应当在公告之日起60日内，向投资人申报债权。个人独资企业解散后，原投资人对个人独资企业存续期间的债务仍应承担偿还责任，但债权人在五年内未向债务人提出偿债请求的，该责任消灭。

个人独资企业解散的，其财产应当按照下列顺序进行清偿：①所欠职工工资和社会保险费用；②所欠税款；③其他债务。在按照该顺序清偿债务前，投资人不得转移、隐匿财产。个人独资企业财产不足以清偿债务的，投资人应当以其个人的其他财产予以清偿。

个人独资企业清算结束后，投资人或者人民法院指定的清算人应当编制清算报告，并于15日内到登记机关办理注销登记。

本章小结

本章介绍了我国合伙企业法律制度和个人独资企业法律制度的主要内容。涉及的知识点包括合伙企业和个人独资企业的概念、设立条件和程序、事务管理、解散清算以及合伙人、个人独资企业投资人的权利义务等法律制度。

本章内容需要重点掌握合伙企业和个人独资企业的设立条件和程序、事务管理等法律制度，正确理解合伙人之间的无限连带责任和个人独资企业投资人的无限责任的含义。

在实务中，能够理解合伙协议的法律意义，准确分析合伙企业、个人独资企业的内部和外部关系，区别普通合伙人与有限合伙人的区别及其权利义务的差别。能够运用《合伙企业法》和《个人独资企业法》相关规定分析处理合伙企业、个人独资企业的矛盾和纠纷。

思考与练习

一、单项选择题

1．下列说法正确的是（　　）。

　A．合伙企业能够以自己的名义从事民事活动，具有法人资格

　B．普通合伙企业全部由普通合伙人组成

　C．有限合伙企业全部由有限合伙人组成

　D．国有企业不得成为合伙人

2．关于设立普通合伙企业的条件，说法错误的是（　　）。

　A．有2个以上50个以下的合伙人

　B．有书面合伙协议

　C．有合伙人认缴或者实际缴付的出资

　D．有合伙企业的名称和生产经营场所

3．合伙协议对普通合伙人在合伙企业中的财产份额处分没有约定，或者约定不明的，依照《合伙企业法》的规定处理（　　）。

　A．合伙人之间转让其在合伙企业中的全部或者部分财产份额，应当得到其他合伙人同意

　B．合伙人向合伙人以外的人转让其在合伙企业中的财产份额时，须经过半数合伙人同意

　C．合伙人向合伙人以外的人转让其在合伙企业中的财产份额的，在同等条件下，其他合伙人有优先购买权

　D．合伙人以其在合伙企业中的财产份额出质的，但应当通知其他合伙人

4．关于普通合伙事务的执行，下列说法错误的是（　　）。

　A．不执行合伙事务的合伙人有权监督执行事务合伙人执行合伙事务的情况

　B．合伙人不得自营或者同他人合作经营与本合伙企业相竞争的业务

　C．合伙人不得同本合伙企业进行交易

　D．合伙人不得从事损害本合伙企业利益的活动

5．合伙人对合伙企业有关事项作出决议，合伙协议没有约定的，以下合法的是（　）。

A．合伙人一人一票

B．经出席会议的合伙人过半数通过

C．出售合伙企业的房产，经出席会议的合伙人一致同意

D．以合伙企业名义为他人提供担保，经全体合伙人一致同意

6．关于合伙企业与第三人关系的说法，正确的是（　）。

A．合伙企业对合伙人执行合伙事务以及对外代表合伙企业权利的限制，不得对抗善意第三人

B．合伙人发生与合伙企业无关的债务，相关债权人可以以其债权抵销其对合伙企业的债务

C．合伙人的自有财产不足清偿其与合伙企业无关的债务的，该合伙人不得以其从合伙企业中分取的收益用于清偿；

D．人民法院强制执行合伙人的财产份额时，其他合伙人未购买的，该财产份额可以转让给合伙人以外的人

7．合伙协议对合伙人以外的第三人加入合伙没有约定的，关于新普通合伙人入伙的说法错误的是（　）。

A．订立书面入伙协议

B．经三分之二以上的合伙人同意

C．入伙的新合伙人与原合伙人享有同等权利，承担同等责任

D．入伙的新合伙人对入伙前合伙企业的债务承担无限连带责任

8．下列哪种情形出现，普通合伙人当然退伙？（　）

A．合伙协议约定的退伙事由出现

B．其他合伙人严重违反合伙协议约定的义务

C．合伙人破产

D．合伙人未履行出资义务，其他合伙人一致同意将其除名

9．下列有关有限合伙的说法，正确的是（　）。

A．有限合伙企业由2个以上合伙人设立

B．有限合伙人可以对外代表有限合伙企业

C．有限合伙人可以同本有限合伙企业进行交易

D．有限合伙人不得将其在有限合伙企业中的财产份额出质

10．下列关于个人独资企业的说法，正确的是（　）。

A．个人独资企业的投资人可以是自然人，也可以是法人

B．个人独资企业投资人对本企业的财产依法享有所有权

C．个人独资企业具有独立的法人主体资格

D．个人独资企业投资人对本企业以其出资额为限承担有限责任

二、多项选择题

1．下列不得成为普通合伙人的是（　）。

A．国有独资公司　　B．国有企业

C．公立学校　　D．社会团体

2．下列可以作为有限合伙人出资的是（　　），合伙人可以用货币、实物、土地使用权或者其他财产权利出资，也可以用劳务出资。

A．知识产权　　B．机器设备

C．劳务　　D．宅基地使用权

3．下列哪些属于自愿退伙情形？（　　）

A．个人丧失偿债能力

B．发生合伙人难以继续参加合伙的事由

C．合伙协议约定的退伙事由出现

D．合伙人的自然人死亡

4．关于有限合伙企业，下列说法正确的是（　　）。

A．有限合伙企业仅剩有限合伙人的，应当解散

B．有限合伙人未经授权不得以有限合伙企业名义与他人进行交易

C．有限合伙人可以自营或者同他人合作经营与本有限合伙企业相竞争的业务

D．有限合伙人退伙后，对其退伙前的有限合伙企业债务，承担无限连带责任

5．下列关于个人独资企业的说法，正确的是（　　）。

A．个人独资企业不得设立分支机构

B．投资人对受托人或者被聘用的人员职权的限制，不得对抗善意第三人

C．在领取个人独资企业营业执照前，投资人不得以个人独资企业名义从事经营活动

D．个人独资企业解散后，债权人在五年内未向原投资人提出偿债请求的，原投资人的偿还责任消灭

三、简答题

1．简述普通合伙企业的设立条件。

2．简述普通合伙人的出资要求。

3．简述合伙企业应当经全体合伙人一致同意才能决定的事项。

4．简述当然退伙的具体情形。

5．简述合伙企业解散的原因。

6．简述申请设立个人独资企业所要提交的材料。

4 外商投资企业法

案例导读

外商直接投资不是“万能药”

约翰，一位八十多岁的老人，在近五十年的时间里专门从事跨国公司领域的研究工作。在他的主旨演讲中，不仅全面阐述了自己对外商直接投资在全球化大背景下的发展趋势和面临的机遇，同时还对政府如何制定更有效的投资政策提出了许多建议。

他认为，外商直接投资政策必须成为总体宏观调控和微观管理政策的一部分，以适于推动适当的发展并将全球化利益增加到最大限度。此前，业界曾经出现关于外商直接投资功过的争论。约翰在关于政策的效应建议中指出，在21世纪初，应重点关注外商直接投资的外溢效果，如对本国资源、能力和企业家精神的影响。在制定对外投资政策的结构方面，他认为，外商直接投资政策必须灵活和适当，以确保外商直接投资以有效、社会可接受的方式进行。必须认识到境外投资者变更位置的需要，特别是东道国在培养国内企业家精神和个人组织全球变化中的激励与管制机制的日益重要性。这一点对于整个吸引投资来说非常重要。

同时，由于人力资产和实体资产所包含的知识，成为国家经济发展越来越重要的组成部分，外商直接投资政策必须致力于寻求获取、创造和提高创新能力与人力资源能力成本效益的方法。此外，制定政策还应该考虑潜在竞争国对于外商直接投资方面的政策，并建议外商直接投资政策应尽可能全面和透明。

“虽然外商直接投资能帮助一个国家更好地获得全球化利益，并促进发展，但它不是促进经济发展的万能药，因此国家应提高其利用本国资源的能力”。约翰的这一观点其实是让国内企业要处理好吸引外来技术与开拓自主知识产权的关系。他认为，政策决策者应努力吸取过去成功和失败的经验，以及其他国家的经验，但不应受那些成功、失败经验的制约或控制，以制定最适合自身情况与需要的宏观经济和战略，并确保建立适当的体制和机构执行这些战略。

（材料来源：http://china.findlaw.cn/gongsifalv/zhaoshang/wsdz/wstz/46349.html，2013年3月25日）

学习目标

- 了解外商投资企业法的基本概念和特征
- 理解外商投资企业中组织机构的运行
- 掌握中外合资经营企业法律制度、中外合作经营企业法律制度、外资企业法律制度的设立条件和程序、注册资本和出资制度注册资本与投资总额

主要内容

- 外商投资企业设立条件和程序、注册资本和出资制度注册资本与投资总额
- 外商投资企业事务管理
- 外商投资企业解散与清算

4.1 外商投资企业法概述

4.1.1 外商投资企业

（1）外商投资企业概念

外商投资企业是指由外国企业、经济组织或者个人依照中国法律，在中国境内以直接投资方式参与或者独立设立的各类企业的总称。

（2）外商投资企业的分类

1）合资经营企业（股份式合营企业，Equity joint venture）。

2）合作经营企业（契约式合营企业，Contractual joint venture）。

3）外商独资企业（外资企业，Foreign investment enterprises）。

（3）外商投资企业的特征

1）企业资本全部或者部分属于外国投资者；区别于完全由中国投资者举办的企业。

2）企业为依照中国法律设立，并在中国境内的企业。

4.1.2 外商投资企业法

（1）外商投资企业法概念

调整外商投资企业在组织经营和管理过程中发生的各种经济关系的法律规范的总称。我国外商投资企业法主要包括《中华人民共和国中外合资经营企业法》(2016年)、《中华人民共和国中外合作经营企业法》(2016年)、《中华人民共和国外资企业法》(2016年)。

（2）外商投资企业法的调整对象

我国外商投资企业法的调整对象为外国私人在中国大陆直接投资举办企业的关系，包括：

1）直接投资关系；

2）外国私人投资关系（private investment）；

3）投资方式和经营组织形式的多样性；

4）只调整在中国境内举办“三资”企业的关系；

5）华侨、港澳台同胞在大陆投资举办企业参照适用外商投资企业法的规定。

（3）外商投资企业法的原则

1）维护国家主权和经济利益的原则。

2）平等互利，保护外国投资者的合法权益的原则。

3）参照国际惯例的原则。

4.2 中外合资经营企业法

4.2.1 中外合资经营企业的概念及特征

（1）合营企业的概念

中外合资经营企业，简称合营企业，是指外国公司、企业和其他经济组织或个人，依照中华人民共和国法律和行政法规，按照平等互利的原则，经中国政府批准，在中国境内同中国公司、企业或其他经济组织共同投资、共同经营、共负盈亏的企业法人组织。

（2）合营企业的法律特征

1）合营企业至少有一方为外国投资者，同样也至少有一方是中国投资者。但中方的个人不能成为中外合营企业中方的当事人。外国投资者可以是公司、企业、其他经济组织、团体或个人。中国投资者可以是公司、企业或者是其他经济组织。

2）中外双方共同投资，其中外方投资比例一般不得少于25%，否则，不享受合营企业的待遇。

3）合营企业是中外双方投资者共同投资、共同经营、共负盈亏。合营企业是经中国政府批准设立的中国法人，必须遵守中华人民共和国的法律、行政法规，并受中国法律、行政法规的保护。中国法人是适用中国法律的基点。

4.2.2 中外合资经营企业的设立

4.2.2.1 设立合营企业的条件

（1）所设立的中外合资经营企业，应当能够促进中国经济的发展和科学技术水平的提高，有利于社会主义现代化建设。申请设立合营企业，必须符合下列一项或多项要求：

1）采用先进技术设备和科学管理方法，能增加产品品种，提高产品质量和产量，节约能源和材料；

2）有利于技术改造，能做到投资少、见效快、收益大；

3）能扩大产品出口，增加外汇投入；

4）能培训技术人员和经营管理人员。

（2）申请设立合营企业有下列情况之一的，不予批准：

1）有损中国主权的；

2）违反中国法律的；

3）不符合中国国民经济发展要求的；

4）造成环境污染的；

5）签订的协议、合同、章程显属不公平，损害合营一方权益的。

4.2.2.2 合营企业的设立程序

根据我国法律、法规规定，申请设立合营企业的程序如下：

（1）立项申请与审批

在中国境内设立合营企业，首先应由中国合营者向企业主管部门呈报拟与外国合营者设立合营企业的项目建议书和初步可行性研究报告。上述文件给企业主管部门审查同意并转报审批机构批准后，合营各方才能进行正式谈判，并编制可行性研究报告，签订合营企业协议、合同和章程。

（2）设立合营企业申请与审批

申请设立合营企业，由中国合营者向审批机构报送下列文件后将文件制作完毕后，送有关审批机构审批：

1）设立合资企业的申请书。

2）合营各方编制的可行性研究报告，即对合资项目在技术上和经济上是否可行的论证文件。

3）设立合营企业的协议、合同和章程。协议是合营各方对某些要点和原则达成一致意见的文件：合同是合资双方就相互权利和义务关系达成一致的文件；章程是合资双方共同确认的企业的宗旨、组织原则和经营管理方法等事项的文件。

4）合营各方委派的董事长、副董事长、董事人选名单。

5）中方企业的主管部门及所在地的省、自治区、直辖市人民政府对设立该合资企业签署的意见。

国家对外经济贸易主管部门是申请设立合营企业的审批机构。凡是具备以下条件的，国家对外经济贸易主管部门可委托有关省、自治区、直辖市人民政府和国务院有关部局（以下简称受托机构）审批：

1）投资总额在国务院规定的金额内，中国合营者的资金来源已落实的。

2）不需要国家增拨原材料，不影响燃料、动力、运输、外贸出口配额等的全国平衡的。受托机构批准设立合营企业后，应当报国家对外经济贸易主管部门备案，并由国家对外经济贸易主管部门发给批准证书。

审批机构自接到中国合营者按规定报送的全部文件之日起，3个月内决定批准或不批准。审批机关如发现文件有不当之处，可要求修改，直到符合规定为止，否则不予批准。

（3）设立中外合资经营企业的登记

1）登记的申请。合营企业在收到国家对外经济贸易主管部门颁发的批准证书后，应当在30日内向登记主管机关提出办理开业登记的申请。国家工商行政管理局或各级地方工商行政管理机关是合资企业申请开业登记的主管机关。合营企业申请开业登记，应当提交的文件包括：国家对外经济贸易主管部门颁发的批准证书；合营各方签订的合同和章程；资金信用证明、验资证明或资金担保；企业主要负责人的身份证明；住所和使用场所使用证明；其他有关文件、证件。

合营企业登记注册的主要事项有：名称、住所、经营范围、法定代表人、经营方式、注册资本、经营期限、分支机构等。

2）登记的核准。登记主管机构应当在收到合营企业的登记申请后30天内，作出核准登记或不予核准登记的决定。合营企业核准登记后，就可领取《企业法人营业执照》，凭营业执照可开立银行账户、刻制公章，办理纳税登记等。合营企业领取营业执照后即告成立，取得中国法人资格，其合法权益受法律保护。国家对合营企业不实行国有化和征收，在特殊情况下，根据社会公共利益的需要，对合营企业可以依法律程序实行征收，并给予相应补偿。

4.2.2.3 中外合资经营企业的资本

（1）注册资本与投资总额

注册资本是指为设立合营企业在工商行政管理机关登记的资本总额，是合营各方认缴的出资额之和。合营企业在合营期内不得减少注册资本，可增加。增加注册资本应由合营企业董事会会议通过，并报原审批机关批准，向原登记管理机构办理变更登记手续。经合营他方同意，并经审批机关批准，合营一方可以向第三者转让其全部或部分出资额；合营一方转让其全部或部分出资额时，合营他方有优先购买权。合营一方向第三者转让出资额的条件，不得比向合营他方转让的条件优惠。

投资总额，是指合营各方在生产经营中实际投入的资金总额，是合营企业实际所需要的基本建设资金和生产流动资金的总和。

（2）出资比例

出资比例是指合营各方在注册资本中所占的份额。我国法律规定，在合营企业的注册资本中，外国合营者的投资比例一般不低于25%。

（3）出资方式

1）现金出资。外方投资者以现金出资时，只能以外币缴付出资，按缴款当月国家公布的外汇牌价折算。中方投资者可使用人民币缴付出资。中外投资者任何一方均不得以合营企业的名义取得贷款作为出资，也不得以合营企业或合营他方的财产和权益为其出资担保。

2）实物出资。实物出资一般是以机器设备、原材料、建筑物、厂房等作为投资。中外投资者用作投资的实物，必须为自己所有，且未设立任何担保物权，并应当出具其拥有所有权和处置权的有效证明。作为外国合营者出资的机器设备或其他物料，必须符合下列各项条件：为合营企业生产所必不可少的；中国不能生产，虽能生产，但价格过高或在技术性能和供应时间上不能保证需要的；作价不得高于同类机器设备或其他物料当时国际市场价格。

3）工业产权、专有技术出资。作为外国合营者出资的工业产权、专有技术必须符合下列条件之一：能生产中国急需的新产品或出口适销产品的；能显著改进现有产品的性能、质量、提高生产效率的；能显著节约原材料、燃料、动力的。合营各方以工业产权、专有技术出资，必须是合营者自己所有并且未设立任何担保物权，出资者应当出具拥有所有权和处置权的有效证明。外国合营者作为出资的机器设备或其他物料，工业产权或专有技术，应经中国合营者的企业主管部门审查同意，报审批机关批准。

4）场地使用权。提供场地使用权是中国合营者投资的方式之一。如果场地使用权未作为中国合营者投资的一部分，合营企业应向中国政府缴纳场地使用费。如果场地使用权作为中国合营者投资的，其作价的金额应与取得同类场地使用权应缴纳的使用费相同。

（4）出资期限

根据1987年12月30日国务院批、1988年1月1日对外经济贸易部、国家工商行政管理局发布的《中外合资经营企业合营各方出资的若干规定》的规定，合营各方应当在合同中约定出资的期限，并按约定期限缴清各自的出资。

合营合同中规定一次缴清出资的，合营各方应当从营业执照签发之日起6个月内缴清；合同中规定分期缴付出资的，合资各方的每一次出资不得低于各自认缴出资额的15%，并在营业执照签发之日起3个月内缴清。合资各方未能在上述期限内缴付出资的，视合营企业为自动解散，合营企业批准证书自动失效。

合营各方缴付第一期出资后，超过合同规定的其他任何一期出资期限3个月，仍未出资或出资不足的，工商行政管理机关应当会同原审批机关发出通知，要求合营各方在1个月内缴清出资；如未按上述通知期限缴清出资的，原审批机构有权撤销批准证书。

合营一方未按合同规定如期缴付出资的，即构成违约。守约方可催违约方在1个月内缴清出资。如违约方逾期仍未缴清的，视其自动退出合营企业。守约方可依法要求违约赔偿由此造成的损失。

合营各方缴付出资额后，应由中国注册会计师验证。出具验资报告后，由合营企业据以发给出资证明书。

4.2.3 中外合资经营企业的组织机构

合营企业的组织形式为有限责任公司。合营企业的组织机构是董事会和经营管理机构，或者说是董事会领导下的总经理负责制。

4.2.3.1 董事会

（1）董事会的法律地位

董事会是合营企业的最高权力机构，其职权是按合营企业章程的规定，讨论决定合资企业的一切重大问题，其中包括：企业发展规划、生产经营活动方案、收支预算、利润分配、劳动工资，以及企业高级管理人员的任命和解聘等。

（2）董事会的组成

董事会人数由各方协商确定，但不得少于3人。董事由合营各方按分配名额委派，任期为4年，经委派可连任。董事会设董事长1人，副董事长1至2人，由合资各方协商确定或由董事会选举产生。董事长是合营企业的法定代表人。

（3）董事会的会议

董事会会议每年至少召开一次。由董事长召集并主持。经1/3以上董事提议，可召开董事会临时会议。举行董事会会议的地方，一般应在企业章程中确定的法定地址举行。

（4）董事会的议事规则

董事会会议应当有2/3以上董事出席方能议事；有关经营中的问题采取简单多数即过半数通过或采取2/3多数通过的规则；有关章程修改、企业终止或解散、注册资金增加或转让、与其他经济组织合并等重大问题，采取全体董事一致通过方可决议的规则。

4.2.3.2 经理

合营企业在董事会之下设经营管理机构、负责企业日常经营管理工作。经营管理机构设总经理1人，副总经理若干人，其他高级管理人员若干人。总经理、副总经理、总工程师、总会计师等均由董事会任命或聘用，中国公民和外国公民都可担任。通常总会计师由中国公民担任。

总经理的职责是执行董事会的各项决议，组织领导日常经营管理工作，对外代表企业，对内任免下属人员，行使董事会授予的职权。副总经理协助总经理工作。

4.2.4 中外合资经营企业的经营管理

4.2.4.1 合营企业的生产经营管理

（1）合营企业的计划

合营企业有权在合营合同规定的经营范围和生产规模内，自行确定生产经营计划，并为实现这一生产经营计划，可自主筹措、运用资金，同其他企业签订经济合同。合营企业主管部门和各级计划部门，不得对合营企业下达指令性生产经营计划。

（2）合营企业的物资购买

合营企业在批准经营范围内所需的机器设备、原材料、燃料、配套运输工具等和有权自行决定在国内外直接购买。但在同等条件下，应尽量先在中国购买。合营企业在国内购买物资的价格，除国家另有规定外，应与国内企业同等看待，并以人民币支付。

（3）合营企业的产品销售

合营企业的产品按批准的合同和章程规定的比例，可以在中国销售，也可以在国际市场上销售。合营企业的产品，属于中国急需的或中国需要进口的，可以在中国国内市场销售为主。合营企业在中国国内销售的产品，除经国家物价管理部门批准，可以参照国际市场价格定价的以外，应执行国家规定价格，实行按质论价，收取人民币。

中国政府鼓励合营企业向国外销售产品。合营企业出口产品的价格，由合营企业自行制定，报企业主管部门备案。有些产品需经国家外贸部门统一协调平衡价格的，应按有关规定执行。

4.2.4.2 合营企业的财务、利润分配、外汇管理

合营企业应执行国家统一的财务会计制度，根据中国有关的法律和财务会计制度的规定，制定适合本企业的财务会计制度，并报当地财政、税务机关备案。合营企业会计采用国际通行

的权责发生制和借贷记账法。合营企业的下列文件、证件、报表、需经中国注册会计师验证和出具证明：①合营各方的出资证明书；②合营企业的年度会计报表；③合营企业清算的会计报表。

合营企业依照国家有关税收法律和行政法规的规定，可以享受减税、免税的优惠待遇。合营企业的税后利润按下列顺序分配：①支付各项赔偿金、违约金、滞纳金、罚息、罚款；②弥补企业以前年度的亏损；③提取储备基金、企业发展基金、职工奖励及福利基金；④向投资者分配利润。合营企业税后利润中可向出资人分配的利润，按照合营企业各方出资比例进行分配。

合营企业应凭营业执照在国家外汇管理机关允许经营外汇业务的银行或其他金融机构开立外汇账户。合营企业有关外汇事宜，应遵照中华人民共和国外汇管理条例办理。

4.2.4.3 合营企业的劳动管理

合营企业可以根据生产经营需要，自行确定其机构设置和人员编制；自行招收、招聘经营管理人员和职工，通过考核，择优录用。合营企业实行劳动合同制，职工的工资水平由董事会确定，并根据企业经济效益逐步加以调整。

4.2.5 中外合资经营企业的合营期限、解散与清算

4.2.5.1 合营企业的合营期限

1）合营企业的合营期限，一般项目原则上为10年至30年。投资大、建设周期长、资金利润率低的项目以及外国合营者提供先进技术或者关键技术生产尖端产品的项目，或者在国际上有竞争能力的产品项目，其合营期限可以延长到50年。经国务院批准的，可以在50年以上。

2）对于属于国家鼓励投资和允许投资项目的合营企业，除上述行业外，合营各方可以在合同中约定合营期限，也可以不约定合营期限。

3）约定合营期限的合营企业，合营各方同意延长合营期限的，应当在距合营期限届满6个月前向审批机关提出申请。经批准，合营期限可以延长。

4.2.5.2 合营企业的解散

合营企业在发生下列情况时解散：

1）合营期限届满；

2）企业发生严重亏损，无力继续经营；

3）合营一方不履行合营企业协议、合同、章程规定的义务，致使企业无法继续经营；

4）因自然灾害、战争等不可抗力遭受严重损失，无法继续经营；

5）合营企业未达到其经营目的，同时又无发展前途；

6）合营企业合同、章程所规定的其他解散原因已经出现。

属于第2、4、5、6项情况的，由董事会提出解散申请书，报审批机构批准。属于第3项情况的，由履行合同的一方提出申请，报审批机构批准，不履行合营企业协议、合同、章程规定的义务一方，应当对合营企业由此造成的损失负赔偿责任。

4.2.5.3 合营企业的清算

1）合营企业的清算应当按照外商投资企业清算办法的规定成立清算委员会，由清算委员会负责清算事宜。

2）清算委员会的成员一般应当在合营企业的董事中选任。董事不能担任或者不适合担任清算委员会成员时，合营企业可以聘请中国的注册会计师、律师担任。审批机关认为必要时，可以

派人进行监督。

3）合营企业以全部资产对其债务承担责任。

4.3 中外合作经营企业法

4.3.1 中外合作经营企业的概念及特点

（1）中外合作企业的概念

中外合作经营企业亦称契约式合营企业。它是由外国公司、企业和其他经济组织或者个人同中国的公司、企业或者其他经济组织，依照中国的法律和行政法规，经中国政府批准，设在中国境内的，由双方通过合作经营企业合同约定各自的权利和义务的企业。

（2）中外合作企业的法律特征

中外合作经营企业与中外合资经营企业相比较，具有以下特征：

1）合营企业属于股权式的合营，投资各方共同投资、共同经营、按各自的出资比例共担风险，共负盈亏。而合作企业属于契约式的合营，通过签订合同具体确定各方的权利和义务。

2）合营企业的组织形式一般为有限责任公司，具有中国法人资格的企业。而合作企业可以举办具有中国法人资格的企业，也可以举办不具有中国法人资格的企业。

3）合营企业的经营管理机构是董事会及其领导下的经营管理机构。合作企业的经营管理机构具有多样性，可以采用董事会制，也可以采用联合管理委员会制，还可以采用委托管理制。

4）合营企业只有在依法终止时，外国合营者才能收回自己的资本，在合营企业的存续期间内，外国合营者是不能收回自己的资本的。而合作企业中的外国合作者一定条件下可以先行回收投资。

5）合营企业是在毛利润扣除所得税和按规定提取各项基金后，将净利润按各方的股权比例进行分配。而合作企业是按合同约定方式和比例分配利润，可以采取净利润分成、产品分成等分配方式。

4.3.2 中外合作经营企业的设立

4.3.2.1 中外合作经营企业的设立条件

申请设立在中国境内举办中外合作经营企业（以下简称合作企业），应当符合国家的发展政策和产业政策，遵守国家关于指导外商投资方向的规定。

在中国境内设立合作企业，应当至少符合下列条件之一：①投资总额在国务院规定由国务院授权的部门或者地方人民政府审批的投资限额以内的；②自筹资金，并且不需要国家平衡建设、生产条件的；③产品出口不需要领取国家有关主管部门发放的出口配额、许可证，或者虽需要领取，但在报送项目建议书前已征得国家有关主管部门同意的。

有下列情形之一时，不予批准：①损害国家主权或者社会公共利益的；②危害国家安全的；③对环境造成污染损害的；④有违反法律、行政法规或者国家产业政策的其他情形的。

4.3.2.2 中外合作经营企业的设立程序

1）由中国合作者向审批机关报送有关文件。

2）审查批准机关审批。审批机关自收到全部文件之日起45日内决定是否批准。

3）向工商行政管理机关申请登记。审批机关审批后颁发批准证书，合作企业应自接到批准证书之日起30天内向工商行政管理机关申请登记，领取营业执照。并在领取营业执照30日内，向税务机关办理税务登记。

4.3.2.3 中外合作经营企业的投资规定

（1）投资方式

中外合作者的投资或提供的合作条件可以是现金、实物、土地使用权、工业产权、非专利技术和其他财产权利。

合作企业的出资过程比较灵活、简便。合作各方的出资不必折算为货币形式，不必对合作各方的投资或合作条件计算出资额和各方的出资比例。合作各方只需在合同中确定各方的合作条件即可。中外合作者的投资或提供的合作条件，由中国注册会计师或有关机构验证并出具证明。

（2）外商投资先行回收

外国合作者在合作期限内，同时符合下列条件的，可以先行回收投资：

1）中外合作经营者在合作企业合同中约定合作期满时，合作企业的全部固定资产无偿归中国合作者所有；

2）对于税前回收投资的，必须向财政税务机关提出申请，并由财政税务机关依法审查批准；

3）中外合作者应当依照有关法律的规定和合作企业合同的约定，对合作企业的债务承担责任；

4）外国合作者提出先行回收投资的申请，并具体说明先行回收投资的总额、期限和方式，经财政税务机关审查同意后，报审查批准机关审批；

5）外国合作者在合作企业的亏损弥补之后，才能先行回收投资。

外国合作者在可以通过多种方式先行收回投资，按照投资或者提供合作条件进行分配的基础上，可以在合作企业合同中约定扩大外国合作者的收益分配比例；经财政税务机关审查批准，也可以在合作企业缴纳所得税前回收投资。

4.3.3 中外合作经营企业的组织机构

依据《合作企业法》的规定，合作企业的组织机构可以采取董事会制、联合管理制、委托管理制。

（1）董事会制

具有法人资格的合作企业，一般实行董事会制。董事会是合作企业的最高权力机构，决定合作企业的重大问题。董事会制实行董事会领导下的总经理负责制，董事会决定任命或聘用总经理负责合作企业的日常管理工作，总经理对董事会负责。

（2）联合管理制

联合管理制是不具有法人资格的合作企业常采用的管理方式。联合管理机构由合作各方的代表组成，是合作企业最高权力机构。联合管理机构中的主任和副主任，分别由双方合作者担任。联合管理机构可以决定任命或聘请总经理负责合作企业的日常管理工作，总经理对联合管理机构负责。

（3）委托管理制

委托管理制是合作企业委托合作一方或合作者以外的第三方对合作企业进行管理的管理方式。合作企业如委托中方或外方一方管理的，需经中外合作者各方同意，并以受托方全面负责企业的经营管理，合作他方不得参与企业经营活动。合作企业如委托第三方经营管理的，须经董事会或联合管理机构一致同意，并与受托方订立委托管理合同，由受托方独立行使企业经营管理权。合作企业成立后，改为委托中外合作者以外第三人经营管理的，属企业重大变更，须连同第三方的资信证明文件，一并报审批机构审批，并向工商行政管理机关办理变更登记手续。

4.3.4 中外合作经营企业的期限和解散

（1）中外合作经营企业的合营期限

合作企业合同约定外国合作者先行回收投资，并且投资已经回收完毕的，合作企业期限届满不再延长。但是，外国合作者增加投资的，经合作各方协商同意，可以向审查批准机关申请延长合作期限。在届满前180天向审查批准机关申请，收到30日内决定批准或不批准。

（2）中外合作经营企业的解散

合作企业在下列情况下解散：

1）合作期限届满；

2）合作企业发生严重亏损，或者因不可抗力遭受严重损失，无力继续经营；

3）中外合作者一方或者数方不履行合作企业合同、章程规定的义务，致使合作企业无法继续经营；

4）合作企业合同、章程中规定的其他解散原因已经出现；

5）合作企业违反法律、行政法规，被依法责令关闭。

如有上述第2）、4）两项所列情况发生的，应当由合作企业的董事会或者联合管理委员会作出决定，报审查批准机关批准。如有第3）项所列情况发生的，不履行合作企业合同、章程规定的义务的中外合作者一方或者数方，应当对履行合同的他方因此遭受的损失承担赔偿责任；履行合同的一方或者数方有权向审查批准机关提出申请，解散合作企业。

合作企业解散，应当依照国家有关法律、行政法规及合作企业合同、章程的规定办理清算事宜。

4.4 外资企业法

4.4.1 外资企业的概念及特征

（1）外资企业的概念

外资企业亦称外商独资经营企业。它是指外国的公司、企业和其他经济组织或个人，依照中国的法律和行政法规，经中国政府批准，设在中国境内的，全部资本由外国投资者投资的企业。

（2）外资企业的特征

1）外资企业是依照中国法律规定，在中国境内设立的法人企业。

2）外资企业的全部资本均由外国投资者投资，并由外国投资者经营管理。

3）外资企业不包括外国企业和其他经济组织在中国境内的分支机构。

4.4.2 外资企业的设立

4.4.2.1 外资企业的设立条件

根据有关法律规定，申请设立外资企业必须具备一个前提：即必须有利于中国国民经济的发展，能够取得显著的经济效益。同时，还须符合下列两个条件之一：①采用先进技术和装备，从事新产品开发，节约能源和原材料，实现产品升级换代，可以替代进口。②年出口产品的产值达到当年全部产品产值的50%以上，实现外汇收支平衡或有余的。

禁止设立外资企业的行业有：新闻、出版、广播、电影、国内商业、对外贸易、保险、邮电通信、中国政府规定禁止设立的其他行业。

限制设立外资企业的行业有：公用事业、交通运输、房地产、信托投资、租赁。

对于申请设立外资企业有损中国主权、危及中国国家安全、违反中国法律、可能造成环境污染的，中国政府不予批准。

4.4.2.2 外资企业的设立程序

设立外资企业的具体步骤是：①先向拟设立外资企业所在地的县级或县级以上人民政府提交报告。②通过外资企业所在地县级或县级以上政府向审批机构提出申请。并报送申请书、可行性研究报告、章程等。③审批机构自接到申请之日起90天内决定批准或不批准。如予批准就发给批准证书。④外国投资者应自收到批准证书之日起30天内向工商行政管理机关申请登记，领取营业执照。并在领取营业执照后的30天内向税务机关办理税务登记。

4.4.2.3 外资企业的注册资本与外国投资者的出资

（1）外资企业的注册资本

外资企业的注册资本要与其经营规模相适应，注册资本与投资总额的比例应当符合中国的有关规定，目前参照中外合资经营企业的有关规定执行。

外资企业在经营期限内不得减少其注册资本，但因投资总额和生产经营规模等发生变化，去全额须减少注册资本的，须经审批机关批准。外资企业注册资本的增加、转让、抵押、转让等，须经审批机关批准，并向工商行政管理机关备案。

（2）外国投资者的出资

1）出资方式：外币、机器设备、工业产权、专有技术以及外商在中国境内已办企业的利润。

2）出资期限：可以分期缴付。最后一期出资应在营业执照签发之日起3年内缴清。第一期出资不得少于认缴出资额的15%，在外资企业营业执照签发之日起90天内缴清。

外国投资者在外资企业营业执照签发之日起90天内交付第一期出资的，逾期30天不缴付的，外资企业批准证书自动失效。并到工商管理部门注销营业执照或有工商管理部门吊销执照。

外国投资者缴付每期出资后，外资企业应当聘请中国的注册会计师验证，并出具验资报告。报审批机关和工商行政管理机关备案。

4.4.3 外资企业的组织机构及经营管理

4.4.3.1 外资企业的组织机构

外资企业的组织形式为有限责任公司，经批准也可以为其他责任形式。外资企业为其他责任形式的，外国投资者对企业的责任适用有关中国法律和法规的规定。

外资企业的组织机构可以由外国投资者根据企业不同的经营内容、经营规模、经营方式自行设置，中国政府不加干涉。

4.4.3.2 外资企业的经营管理

外资企业的财务会计管理按照中国国家统一的财务会计制度，制定本企业的财务会计制度。

外资企业的年度会计报表和清算会计报表，应当依照中国财政、税务机关的规定编制，并聘请中国的注册会计师进行验资并出具报告。以外币编制会计报表的，应当同时编报外币折合人民币的会计报表。

4.4.4 外资企业的经营期限、终止和清算

4.4.4.1 外资企业的经营期限

外资企业的经营期限，根据不同行业和企业的具体情况，由外国投资者在设立外资企业的申请书中拟定，并由审批机关批准，经营期限从营业执照签发之日起计算。

外资企业经营期满需要延长经营期限的，应当在距经营期满180天前向审批机关报送延长经营期限的申请书，审批机关应当在收到申请书之日起30天内决定批准或者不批准。外资企业经批准延长经营期限的，应当自收到批准延长期限文件之日起30天内，向工商行政管理机关办理变更登记手续。

4.4.4.2 外资企业的终止

根据《外资企业法》的规定，外资企业有下列情形之一的，应予终止：

1）经营期限届满；

2）经营不善、严重亏损，外国投资者决定解散；

3）因自然灾害、战争等不可抗力而遭受严重损失，无法继续经营；

4）破产；

5）违反中国法律、法规，危害社会公共利益被依法撤销；

6）外资企业章程规定的其他解散事由已经出现。

外资企业如存在上述第2）项、第3）项、第6）项所列情形，应当自行提交终止申请书，报审批机关核准。审批机关作出核准的日期为企业的终止日期。

4.4.4.3 外资企业的清算

外资企业终止后，应当进行清算，外资企业除因破产或者依法撤销而予终止的，应当在终止之日起15日内对外公告通知债权人，并在终止公告发出之日起15日内提出清算程序，原则和清算委会人选，报审批机关审核后进行清算。清算委员会应由外资企业的法定代表人、债权人代表以及有关主管机关的代表组成，并聘请中国的注册会计师、律师等参加。

外资企业清算结束，应向工商行政管理机关办理注销登记手续，缴销营业执照。

外资企业因破产终止的，参照中国法律、法规的规定进行清算。外资企业被依法解散的，依照中国有关规定进行清算。

本章小结

本章介绍了外商投资企业法中涉及的相关概念、特征、制度、程序、管理、运行等。主要包含中外合资经营企业法律制度、中外合作经营企业法律制度、外资企业法律制度的概念、设立条件和程序、注册资本和出资制度注册资本与投资总额，中外合资经营企业法律制度、中外合作经营企业法律制度、外资企业法律制度中企业组织机构的运行，中外合资经营企业法律制度、中外合作经营企业法律制度、外资企业法律制度中企业的事务管理，中外合资经营企业法律制度、中外合作经营企业法律制度、外资企业法律制度中企业的解散与清算。

外商投资企业的主要特点在于投资人可以是具有外国国籍的自然人或法人，也可以是中国

国籍的自然人或法人，但企业是属于中国企业，所以，维护外商法定利益的同时也以实现我国合理利用外资为目标。

思考与练习

一、单项选择题

1. 某外国投资者协议购买境内公司股东的股权，将境内公司变更为外商投资企业，该外商投资企业的注册资本为700万美元。根据外国投资者并购境内企业的有关规定，该外商投资企业的投资总额的上限是（　）。

   A. 1 000万美元　　B. 1 400万美元　　C. 1 750万美元　　D. 2 100万美元

2. 根据有关规定，中外合资经营企业的外国投资者出资比例低于注册资本25%的，下列表述中正确的是（　）。

   A. 外国投资者应当自营业执照签发之日起3个月内一次缴清出资
   B. 该企业的设立不需要经过外商投资企业审批机关审批
   C. 该企业不能享受合营企业的优惠待遇
   D. 该企业不能取得法人资格

3. 根据中外合资经营企业法律制度的规定，合营合同规定分期缴付出资的，合营各方第一期的出资额应为（　）。

   A. 不得低于各自认缴出资额的15%　　B. 不得低于各自认缴出资额的25%
   C. 不得低于该企业注册资本的15%　　D. 不得低于该企业注册资本的25%

4. 外国投资者的下列出资方式中，不符合中外合资经营企业法律制度有关规定的是（　）。

   A. 以机器设备出资
   B. 以工业产权出资
   C. 以已出质的专利权出资
   D. 以外币出资

5. 某中外合资经营企业的注册资本为500万美元，其中外国合营者认缴出资额为300万美元，中国合营者认缴出资额为200万美元。如果合营企业合同约定分三期缴付出资，则外国合营者第一期缴付的出资额应不低于（　）万美元。

   A. 45　　B. 60　　C. 75　　D. 100

6. 合营企业投资一方未按照合同的规定如期缴付其出资的，守约方应当催告违约方在法定期限内缴付。该法定期限是（　）。

   A. 1个月　　B. 2个月　　C. 3个月　　D. 6个月

7. 下列各项中，其组织形式只能为有限责任公司的外商投资企业是（　）。

   A. 中外合资经营企业　　B. 中外合作经营企业
   C. 外资企业　　D. 外国企业在中国境内的分支机构

8. 下列有关中外合资经营企业与中外合作经营企业共同特点的表述中，符合外商投资企业法律制度规定的是（　）。

   A. 二者的中外投资者均可以是公司、企业、其他经济组织或者个人

B．二者的中外投资者均以其投资额为限对企业的债务承担有限责任

C．二者的注册资本均为在工商行政管理机关登记的中外投资各方认缴的出资额之和

D．二者均由中外投资各方共同投资、共同经营、按各自的出资比例共担风险，共负盈亏

9．根据中外合作经营企业法律制度的规定，下列关于合作企业注册资本的表述中，正确的是（　）。

A．注册资本是合作各方的投资额之和

B．注册资本是合作各方认缴的出资额之和

C．注册资本是合作各方实缴的出资额之和

D．注册资本是合作各方实缴的货币额之和

10．根据《外资企业法》的规定，设立外资企业，由（　）向审批机关提出申请，并报送有关文件。

A．外国投资者

B．外国投资者通过外资企业所在地的县级或者县级以上人民政府

C．外国投资者通过外资企业所在地的市级或者市级以上人民政府

D．外国投资者通过其所在国的驻华机构

二、多项选择题

1．某外商投资企业由外国投资者并购境内企业设立，注册资本800万美元，其中，外国投资者出资180万美元。下列有关该外国投资者出资期限的表述中，符合外国投资者并购境内企业有关规定的有（　）。

A．以现金出资的，应自外商投资企业营业执照颁发之日起3个月内缴清

B．以现金出资的，应自外商投资企业营业执照颁发之日起6个月内缴清

C．以工业产权出资的，应自外商投资企业营业执照颁发之日起6个月内缴清

D．以工业产权出资的，应自外商投资企业营业执照颁发之日起9个月内缴清

2．甲公司是一家中外合资经营企业，注册资本为800万美元，合营企业合同约定合营双方分期缴纳出资，2012年5月1日甲公司取得企业法人营业执照。下列选项中，表述正确的有（　）。

A．在2012年5月1日，甲公司实收资本可以为零

B．在2012年8月1日，甲公司实收资本不得少于120万美元

C．在2014年5月1日，甲公司实收资本不得少于800万美元

D．甲公司的投资总额最多为2 000万美元

3．根据中外合作经营企业法律制度的规定，合作各方的下列出资方式中，正确的有（　）。

A．外国投资者以可自由兑换的外币出资

B．中国投资者以其所有的工业产权作价出资

C．外国投资者以已设定抵押的机器设备作价出资

D．中国投资者以土地使用权作价出资

4．根据《中外合资经营企业法律制度》的规定，下列有关合营企业董事长产生方式表述当中，符合规定的有（　）。

A．合营企业的董事长既可由中方担任，也可由外方担任

B．合营企业的董事长必须由出资最多的一方担任

C．合营企业的董事长由合营双方协商确定或者由董事会选举产生

D．合营企业的董事长由一方担任的，副董事长必须由他方担任

5．中国的甲公司与新加坡的乙公司拟在中国组建一家中外合作经营企业，甲公司出资占70%，乙公司出资占30%。合作合同中约定的下列事项中，符合法律规定的是（　）。

A．合作企业的董事长和副董事长由中方担任，总经理和副总经理由外方担任

B．合作期限为10年

C．中方出资中的30万美元为现金，由中方向银行借贷，合作企业以设备提供担保

D．合作企业前5年的利润分配，中外双方各按50%的比例进行分配，在合作期满时企业全部固定资产无偿归中方所有

三、判断分析题

1．中外合资经营企业的中国合营者将其在合营企业中的出资额全部转让给另一中国公司的行为，在征得外国合营者同意，并经合营企业董事会会议通过的情况下，即发生法律效力。（　）

2．技术水平落后的，不利于节约资源和改善生态环境的外商投资企业项目，根据有关规定，属于禁止类投资项目。（　）

3．具备法人资格的合作企业，为有限责任公司，必须以其投资为限对合作企业承担责任。（　）

4．中外合作经营企业中，经财政税务机关的审查同意并批准，外国合作者也可在合作企业的亏损弥补之前，就能先行回收投资，但企业解散时全部固定资产应无偿归中方合作者所有。（　）

5．外国投资者协议购买境内非外商投资企业的股东的股权或认购境内公司增资，使该境内公司变更设立为外商投资企业，称为资产并购。（　）

5 合同法

案例导读

深圳市对108个类别电子商务合同进行规范用“规则+标准”解决电商发展难题

随着我国电子商务的快速发展，消费者投诉及不断产生的经济纠纷也越来越多。深圳市市场和质量监管委员会采用“规则+标准”的手段制定《深圳市网络交易合同规则》（以下简称《规则》），将消费者关注度较高的产品及服务领域，以“标准”的形式，对108个类别的电子商务合同进行规范，不仅推进了市场与生产领域监管的无缝衔接，而且解决了电子商务与现有合同法之间的矛盾。

据悉，《规则》突破了传统实体合同的监管模式，率先在全国构建了较为完备的实体及虚拟市场合同行政监管体系，并率先在全国引入政府主导的第三方储存机构配合虚拟市场的监管，推进了政府职能的转变。

近年来，伴随着电子商务的发展，电子合同应运而生。签署商事合同的方式，也从以前的“面对面”变成了“背靠背”。电子合同与传统交易条件下的书面合同在形式上差别较大，使商事交易从有形场所转移到网络上，因此，法律对书面合同效力的规定并不完全适用于电子合同。比如，如果电子合同的一方当事人是无民事行为能力人或是限制行为能力人，另一方很难发现，这不仅增加了合同效力的不稳定性因素，也使传统商事交易方式的法律规范受到前所未有的挑战。

与此同时，目前我国对电子合同没有制定专门的法律，相关法律问题都是比照适用《合同法》的有关规定。但是，电子合同毕竟有许多不同于传统合同的地方。探索新的认定电子合同的标准，不仅有助于保护合同双方的利益，对于电子商务健康快速发展更有着特别的意义。

2012年8月，深圳市市场监管局以承担国家电子合同标准研制及应用试点为契机，结合电商平台在合同交易中存在的问题，按照标准化要求，对108个类别的电子合同进行了标准规范研制，为电子商务市场规范及系统应用提供指引。目前，已经实施的《深圳市网络交易合同规则》包括总则、网络交易合同订立和履行、网络交易合同安全保障、附则4个章节，围绕网络交易合同各方权利义务的明确和细化展开，整合了电子签名、电子证据、第三方存储、信息披露、隐私保护、信用管理等相关方面的标准和要求。

2011年年底，深圳市通过质检总局等专家组的考核，电子合同标准研制及应用试点得到顺利验收。专家组认为，《规则》具有条款内容明晰、交易信息透明、监管思路创新、个人信息保密、纠纷处理便捷5个特点，为电商交易各方的活动提供公平公正的依据，保障了交易活动的合法性和完整性，有效维护了消费者的合法权益，也降低了消费者的维权成本。

目前，深圳电子商务产业交易额已超过1.7万亿元，网络零售额跨过千亿大关，跨境电商交易额超300亿美元，成为全国电子商务最为活跃的区域之一。深圳市电子商务服务中心提供的数据显示：2016年1～11月，全市电子商务交易总额、网络零售交易额、跨境电子商务交易额、跨境进口额，分别同比增长17.8%、42.0%、22.1%、18.7%。

目前，通过《规则》规范引导营造电子商务的可信交易环境，吸引了众多电商企业落户深圳。据深圳市众签科技和思萨科技公司负责人介绍，从上游品牌商的电子合同签章到下游分销商的电子合同签署，运用电子合同服务与保全使整个流程快捷高效，既做到商品的正品溯源，也为提高商品质量把关，并保障消费者的利益，三者共赢。

据悉，《规则》得到全国人大常委会《电子商务法》立法专家组及各相关部委的高度重视，为开展《数据电文和电子合同》立法研究提供了技术支撑。一方面，填补了法律法规在网络交易合同监管中的空白，为国家电子商务立法、立标探路，营造了电子商务可信交易环境。另一方面，为网络交易纠纷解决提供证据支持，维护了经营者和消费者的合法权益。（本报记者：沈洪）

（材料来源：http://money.163.com/17/0223/14/CDVGB9B3002580S6.html，2017年2月23日）

学习目标

- 理解合同的概念，合同法的概念，合同的内容
- 掌握合同的订立程序，合同的生效条件，无效合同、可撤销或可变更合同的原因及其法律后果
- 掌握履行抗辩权的概念及适用条件，合同的保全措施的行使要件
- 掌握合同担保的形式，合同的变更、转让和终止，以及承担违约责任的方式

主要内容

- 合同法概述
- 合同的订立
- 合同的效力
- 合同的履行
- 合同的担保
- 合同的变更、转让和终止
- 违约责任

5.1 合同法概述

5.1.1 合同的概念

合同也叫契约，《中华人民共和国合同法》（以下简称《合同法》）第2条规定："合同是平等主体的自然人、法人、其他组织之间设立、变更、终止民事权利义务关系的协议。"

我国《合同法》中的合同的当事人是平等主体的自然人、法人、其他组织，这些当事人尽管在其他各个方面有很大的差别，但在合同法律关系中的法律地位却是平等的。非平等主体之间订立的"合同"或者"协议"不属于《合同法》调整的范围，如有关部门与单位之间订立的计划生育协议、综合治理协议等，因为它们不是平等主体之间的协议。

合同是当事人协商一致的产物或意思表示一致的协议。合同成立必须有两方以上的当事人，他们相互作出意思表示，并且取得一致。如果合同当事人的意思表示不一致，就不会形成合同。

合同（关系）不能等同于合同书，合同书只是用来证明合同（关系）的存在。现实生活中的借条、欠条都可以认定当事人之间的合同关系。

5.1.2 合同的分类

合同的分类是根据不同的标准，将各种合同加以区别和划分。在我国常见的分类有以下几种：

5.1.2.1 有名合同与无名合同

根据合同在法律上有无名称，可分为有名合同与无名合同。凡是法律上已经赋予一定名称的合同就叫作有名合同，又叫典型合同，我国《合同法》分则中规定了买卖、租赁、供用电、水、气、热力合同，赠与合同，借款合同，租赁合同，融资租赁合同等15种合同；《中华人民共和国保险法》规定了财产保险合同和人身保险合同这些都是有名合同。有名合同的订立、履行和纠纷的解决，都应依照法律的有关规定办理。无名合同是法律上没有赋予一定名称的合同，又叫非典型合同，如旅游合同。但无名合同并非没有自己的名称，而是法律对这类合同未明确规定。无名合同的订立、履行和纠纷的解决，可参照与该合同类似的有名合同；没有类似的有名合同可以参照的，则应根据民法关于民事法律行为和合同的一般规定办理。

5.1.2.2 单务合同与双务合同

根据合同当事人中是一方负有义务还是双方互负义务，可分为单务合同与双务合同。只有一方当事人负有义务的合同是单务合同，如赠与、借用合同；双方都负有义务的合同是双务合同，如买卖、租赁、运输合同。在双务合同中，又分为完全的双务合同与不完全的双务合同。形成对价关系并互为前提的是完全的双务合同，如买卖合同；不具有对价关系、彼此不构成前提的是不完全的双务合同，如无偿的委托合同。

5.1.2.3 有偿合同与无偿合同

根据双方当事人是否因给付而获得利益，可分为有偿合同与无偿合同。凡双方当事人都因向对方给付而获得相应利益的合同就叫作有偿合同，它是大量的，如买卖、租赁、有偿保管、运输、承揽合同；凡向对方给予而不能取得利益的合同就叫作无偿合同，它是少量的，如赠与合同。有的合同的性质决定了它必定是有偿的，如买卖、租赁合同；有的合同的性质决定了它必定是无偿的，如赠与、借用合同；有的合同可以是有偿的，也可以是无偿的，如保管、委托合同。

5.1.2.4 诺成合同与实践合同

根据合同的成立是否以标的物的交付为要件，可分为诺成合同与实践合同。凡是仅以双方当事人意思表示一致为成立要件的合同就叫作诺成合同，又叫不要物合同，如买卖、承揽、租赁合同；凡是除双方当事人意思表示一致外，还要求以标的物的交付作为合同成立要件的合同就叫作实践合同，又叫要物合同，如赠与、保管合同。

5.1.2.5 要式合同与不要式合同

根据合同的成立是否需要履行特定的形式和手续，可分为要式合同与不要式合同。凡法律规定必须具备一定的形式和手续的合同是要式合同；凡法律规定不需要具备一定的形式和手续的合同是不要式合同。在现代各国，虽然以合同自由为基本原则，即以不要式合同为原则、以要式合同为例外，但为了保护交易安全，对特殊财产如不动产合同仍然规定为要式合同。

5.1.2.6 主合同与从合同

根据合同能否独立存在，可分为主合同与从合同。能够独立存在的合同是主合同；依附于主合同才能存在的合同是从合同，如保证合同。主合同无效，从合同也无效，唯一例外的是合同中的解决争议的仲裁条款，它作为从合同，具有独立性，主合同无效，从合同约定的仲裁条款仍然有效；从合同无效，不影响主合同的效力。

5.1.3 合同法的概念

合同法是调整平等主体当事人之间的合同权利义务关系的法律规范的总称，是市场经济的基本法律。1999年3月15日，第九届全国人大二次会议通过了《中华人民共和国合同法》，该法于1999年10月1日起施行。为了保障《合同法》顺利实施，最高人民法院出台了三个司法解释，即1999年12月1日通过的《最高人民法院关于适用〈中华人民共和国合同法〉若干问题的解释（一）》、2009年2月9日通过的《最高人民法院关于适用〈中华人民共和国合同法〉若干问题的解释（二）》以及2012年3月31日通过的《最高人民法院关于审理买卖合同纠纷案件适用法律问题的解释》。这些司法解释都属于合同法的渊源。

《合同法》的调整对象为平等主体之间的关于民事权利义务关系的协议，但婚姻、收养、监护等有关身份关系的协议不适用该法。

5.2 合同的订立

5.2.1 合同订立的程序

合同的订立就是当事人之间意思表示达成一致的过程，这一过程有两个基本环节，即要约和承诺。

5.2.1.1 要约

（1）要约的概念及其构成要件

要约是指一方当事人向他人作出的以一定条件订立合同的意思表示。发出要约的当事人称为要约人，要约所指向的对方当事人称为受要约人。《合同法》第13条规定：“当事人订立合同，采取要约、承诺方式。”

根据《合同法》的规定，要约应当具备以下要件：

1）要约必须是特定人的意思表示。这一特定人既可以是自然人，也可以是法人和其他组织，既可以是本人，也可以是代理人，但他必须是在客观上可以确定的人。只有这样，才可能有受要约人发出承诺。

2）要约必须是向相对人发出的意思表示；否则，就没有承诺对象，也不可能有承诺法律效果的产生。要约的相对人可以是特定的人，也可以是不特定的人。由要约人自行选择，但要约原则上应向特定的人发出。而向不特定的人发出要约，一般是指向社会公众发出的要约，如商品标价陈列在商场柜台中、自动售货机、悬赏广告等。

3）要约必须能够反映所要订立合同主要内容的意思表示。要约的目的在于取得相对人的承诺，建立合同关系。要约能否为相对人所接受，关键是拟定的合同的主要条款对其是否有利。《合同法》第14条第2项规定，要约的内容应当具体确定。具体确定，就是明确。但具体确定到什么程度，应根据要约人所要成立的合同的内容来确定。按照合同法对合同内容的规定，合同的内容应有多项，但就具体合同而言却未必如此。但要约的内容至少应就合同标的作明确规定，如买卖合同应就买卖物的品种、数量及价格明确规定，租赁合同应有明确的租赁物和租金。

此外，要约是由具有订约能力的特定人作出的意思表示。要约的发出旨在与他人订立合同，并唤起相对人的承诺，所以要约人应是订立合同的一方当事人；由于要约人以订立合同为目的而发出要约，因此他应具有订立合同的行为能力。

（2）要约与要约邀请

要约邀请也叫作要约引诱，是一方希望他人向自己发出要约的意思表示。要约是一方向另一方发出的以订立合同为目的的意思表示，应具备成立一个合同所应具有的主要内容。而要约邀请则不完全具备合同内容条款，要约邀请不是合同订立的必经程序，因而不具有法律意义，即对行为人不具有法律约束力。虽然要约邀请的最终目的也是为了订立合同，但它本身不是要约而是邀请他人向自己提出要约，由此而引发的要约，须经要约邀请的一方表示承诺，合同才能成立。因此，要约邀请确切地说，仅是当事人订立合同的一种预备行为。

我国《合同法》第15条规定，寄送的价目表、拍卖公告、招标公告、招股说明书、商业广告等应认定为要约邀请。

（3）要约的生效时间、要约的撤回和撤销

要约的生效时间因要约的形式不同而不同。合同法规定，要约到达受要约人时生效。对话形式的要约自受要约人了解时发生效力；书面形式的要约于到达受要约人时生效；采用数据电文形式订立合同，收件人指定特定系统接收数据电文的，该数据电文进入该特定系统的时间，视为到达时间；未指定特定系统的，该数据电文进入收件人的任何系统的首次时间，视为到达时间。

但是，属于以下情况之一的，要约对要约人不再具有约束力：①拒绝要约的通知到达要约人；②要约人依法撤销要约的；③承诺期限届满，受要约人未作出承诺的；④受要约人对要约的内容作出实质性变更的。

要约生效前可以撤回，要约人撤回要约，应当向受要约人发出通知。但撤回要约的通知应当先于或与要约同时到达受要约人。

要约也可以撤销，要约撤销是指要约生效后，要约人取消要约使其效力归于消灭。但撤销要约的通知应当在受要约人发出承诺之前到达受要约人。合同法对要约的撤销进行了限制，规定两种情形下要约不得撤销：①要约人确定了承诺期限或者以其他形式明示要约不可撤销。②受要约人有理由认为要约是不可撤销的，并已经为履行合同做了准备工作。

5.2.1.2 承诺

（1）承诺的概念和构成要件

承诺是指受要约人在有效期内向要约人所作出的完全同意要约内容的意思表示。承诺到达要约人，合同便告成立。承诺必须具备如下条件，才能产生法律效力：

1）承诺必须由受要约人向要约人作出。要约和承诺是一种有相对人的意思表示，因此，承诺非受要约人作出不可。受要约人是指受要约人本人，但也包括授权的代理人，代理人在授权范围内所作的承诺与受要约人的承诺具有同等效力。由于要约是向特定人发出的，因此只有接受要约的特定人即受要约人才有权作出承诺，第三人因不是受要约人，当然无资格向要约人作出承诺，否则视为发出要约。

2）承诺必须在有效的期限内作出。承诺只有到达于要约人时才能生效，而到达也必须具有一定的期限限制。我国《合同法》第23条规定："承诺应当在要约确定的期限内到达要约人。"只有在规定的期限内到达的承诺才是有效的。承诺的期限通常都是在要约人发出的要约中规定的，如果要约规定了承诺期限，则应当在规定的承诺期限内到达；在没有规定期限时，根据《合同法》第23条的规定，如果要约是以对话方式作出的，承诺人应当即时作出承诺；如果要约是以非对话方式作出的，应当在合理的期限内作出并到达要约人。未能在合理期限内作出承诺并到达要约人，不能成为有效承诺。如果要约已经失效，承诺人也不能作出承诺。对失效的要约作出承诺，视为向要约人发出要约，不能产生承诺效力。如果承诺超过了规定的期限作出承诺，则视为承诺迟到，或称为逾期承诺。一般而言，逾期的承诺在民法上被视为一项新的要约，而不是承诺。

3）承诺的内容必须与要约的内容一致。根据《合同法》第30条的规定，“承诺的内容应当与要约的内容一致。”在承诺中，受要约人必须表明其愿意按照要约的全部内容与要约人订立合同。即承诺对要约的同意，其同意内容须与要约的内容一致，才构成意思表示的一致即合意，从而使合同成立。我国合同法认为承诺的内容与要约的内容一致是指受要约人必须同意要约的实质内容，而不得对要约的内容作出实质性更改。否则，不构成承诺，应视为对原要约的拒绝并作出一项新的要约，或称为反要约。《合同法》第30条规定，对有关合同标的、数量、质量、价款或报酬、履行期限、履行地点和方式、违约责任和解决争议方式的变更是对要约内容的实质性变更。

4）承诺的方式符合要约的要求。我国《合同法》第22条规定，承诺应当以通知的方式作出，但根据交易习惯或者要约表明可以通过行为作出承诺的除外。

（2）承诺的生效、承诺迟延和承诺撤回

由于承诺生效即意味着合同成立，因此，承诺生效时间非常重要。《合同法》第26条规定，承诺通知到达要约人时生效。承诺不需要通知的，根据交易习惯或者要约的要求作出承诺的行为时生效。采用数据电文形式订立合同的，承诺到达的时间适用合同法关于要约到达的有关规定。

承诺迟延是指受要约人所作承诺未在承诺期限内到达要约人。它包括两种情况：一为逾期承诺，即是受要约人在承诺期限届满后发出承诺而使承诺迟延。此种情形若要约人及时通知承诺人，承认该承诺有效的，合同成立；如果要约人接到逾期承诺后未及时通知承诺人该承诺有效的，该逾期承诺就只能作为一个新的要约，而不能认为是承诺。二是承诺迟到即受要约人在承诺期限内发出承诺，但因其他原因而使承诺迟到。对此，《合同法》第29条规定：“受要约人在承诺期限内发出承诺，按照通常情形能够及时到达要约人，但因其他原因承诺到达要约人时超过承诺期限的，除要约人及时通知受要约人因承诺超过期限不接受该承诺的以外，该承诺有效。”

已经发出的承诺可以撤回，根据《合同法》第27条的规定，撤回承诺的通知应当在承诺通知到达要约人之前或者与承诺通知同时到达要约人。

5.2.2 合同的形式

合同的形式是指当事人采用何种形式来表现所订立合同的内容。当事人订立合同，可以采用书面形式、口头形式和其他形式。

5.2.2.1 书面形式

合同的书面形式是指合同采用合同书、信件和数据电文等可以有形地表现所载内容的形式。合同当事人可以自主选择合同的形式，但是法律、行政法规规定采用书面形式，或者当事人约定采用书面形式的，应当采用书面形式。为了充分体现当事人的自由意志，《合同法》又规定，虽然法律、行政法规规定或者当事人约定采用书面形式订立合同，但当事人未采用书面形式并且一方已经履行了主要义务，对方也接受了，则该合同仍然成立。

5.2.2.2 口头形式

口头形式，是指当事人用谈话的方式订立合同。口头形式比书面形式简单、方便，但口头形式难以进行有形的复制，发生争议时难以取证和举证，所以重大合同和不能及时清结的合同不宜采用口头形式。

5.2.2.3 其他形式

其他形式，指当事人采用书面形式、口头形式以外的方式来表现合同的内容，如推定形式，即当事人不直接用书面或者口头方式进行意思表示，而是通过实施某种行为进行意思表示。

5.2.3 合同成立的时间和地点

合同成立之际，亦即当事人权利义务开始产生之时，因此，合同成立时间的确定，对当事人任何一方都具有重要意义。一般情况下，承诺生效时合同成立。但当事人约定采用书面形式的，双方签字盖章时合同成立。采用信件、数据电文等形式订立合同的，当事人可以在作出承诺前要求签订确认书。因此，合同在签订确认书时成立。法律法规规定或当事人约定采用书面形式的合同，当事人未采用书面形式，或采用书面形式但尚未签字盖章时，一方履行了合同的主要义务，另一方又接受的，合同也成立。

合同成立的地点的确定，其法律意义在于案件管辖确定。《合同法》第34条规定："承诺生效的地点为合同成立的地点。采用数据电文形式订立和合同的，收件人的主营业的为合同成立的地点；没有主营业地的，其经常居住地为合同成立的地点。当事人另有约定的，按照其约定。"第35条规定："当事人采用合同书形式订立合同的，双方当事人签字或者盖章的地点为合同成立的地点。"

5.2.4 缔约过失责任

缔约过失责任是指在订立合同过程中，一方违背诚实信用原则，致使合同未能成立，并给对方造成损失，而应承担的损害赔偿责任。《合同法》规定当事人在订立合同过程中，有假借订立合同、恶意进行磋商，故意隐瞒与订立合同有关的重要事实或提供虚假情况以及其他违背诚实信用原则行为，并且给对方造成损失的，应当承担赔偿损失的责任。当事人在订立合同过程中知悉的商业秘密，无论合同是否成立，不得泄露或者不正当地使用。泄露或者不正当地使用该商业秘密给对方造成损失的，应当承担损害赔偿责任。

5.2.5 合同的条款

合同条款即合同内容的语言文字表述，是合同当事人之间权利义务的具体约定。

5.2.5.1 一般条款

根据《合同法》第12条的规定，当事人订立的合同一般应当具有以下条款：

（1）当事人的名称或姓名和住所

当事人是合同的主体，是合同权利和义务的承受者。没有当事人，就没有合同。当事人的住所确定当事人的重要因素之一，也是决定合同的成立地点、纠纷诉讼管辖地的重要依据。自然人的住所为其户籍所在地或者经常居住地，法人和其他组织的住所地为注册登记地或主要办事机构所在地。

（2）标的

合同的标的是合同当事人双方的权利和义务所共同指向的对象。没有标的，订立合同就失去了出发点和归宿，合同也就无法履行，当事人之间的权利义务就无从实现。标的是任何合同都不可缺少的重要内容。合同中的标必须是明确的，它可以是货物，也可以是劳务、智力成果等，但法律禁止的行为或禁止转让的物不得作为合同的标的。

（3）数量

数量是指数字和计量单位来衡量合同标的的具体标准。数量是合同标的的具体化，是确定标的特征重要的条件，反映的是合同当事人权利义务的大小和多少。因此，合同应当明确规定标的的数量，并且使用国家法定计量单位，使数量条款做到合法、准确、具体。在订立合同时，当事人应共同选择确定合同标的的计量单位和计量方法，以便合同履行和避免发生争议。对某些标的产品，必要时还要在合同中订明其数量的正负尾数、合理磅差等。

（4）质量

质量是指合同标的的内在素质和外观形态的综合指标。它包括标的物的物理或化学成分、规格、型号、款式、标准、性能等。合同中常见的标准有约定标准（含样品标准）、国家标准、行业标准等。标的属于物的，一定要具体、详细地写清标的的名称、品种、规格和型号。对标的规格与质量要标准化、统一化。根据《合同法》的规定，当事人就质量没有约定或者约定不明确的，可以协议补充；不能达成补充协议的。按照合同有关条款或者交易习惯确定；仍不能确定的，按照国家标准、行业标准履行；没有国家标准、行业标准的，按照通常标准或者符合合同目的的特定标准履行。

（5）价款或者报酬

价款是取得标的物所支付的代价，如产品的价格、借款的利息、租赁物的租金等。报酬是接受服务或智力成果所支付的代价，如建设工程的勘察设计费、财产保管费、运输费、技术咨询服务费等。

价款和酬金体现了合同当事人应遵循的等价有偿的原则。因此，价款或者报酬是有偿合同的主要条款，合同当事人应就标的的价款或者报酬作出明确的约定。

（6）履行期限、地点和方式

履行期限是当事人行使权利和履行义务的时间。它涉及当事人的期限利益，也是衡量当事人是否违约的一个重要因素。因此，在订立合同时，应当对履行期限作出明确的约定。根据合同的性质，履行期限可以规定为即时履行、定时履行和分期履行。

履行地点是指当事人履行合同义务的地方，也就是当事人一方交付标的，另一方当事人接受标的并支付价金的具体地点。当事人双方应根据合同的性质和内容，对合同的履行地点作出明确、具体的约定。

履行方式是指当事人履行合同义务的具体方式和要求。例如，对于合同标的的交付方式，一般应在合同中明确规定是一次履行，还是分期分批履行。如果分批履行，要分几批履行；是供方送货，还是需方自取，运输费用如何负担，等等。合同当事人应当根据合同的性质和内容，对合同的履行方式作出约定。

（7）违约责任

违约责任是合同当事人违反合同约定的义务所应当承担的责任。违约责任是促使当事人自觉、全面履行债务，保障相对人债权的法律措施。违约责任对于加强合同当事人履行合同的责任心，保护合同当事人的合法权益，预防和减少违反合同现象的发生有着重要意义。

（8）解决争议的方式

在合同的履行过程中，就合同的有关事项产生纠纷在所难免。为了及时解决合同纠纷，当事人需要在合同中约定解决合同争议的方法。《合同法》第128条规定：“当事人可以通过和解或者调解解决合同争议。当事人不愿和解、调解或者和解、调解不成的，可以根据仲裁协议向仲裁机构申请仲裁。涉外合同的当事人可以根据仲裁协议向中国仲裁机构或者其他仲裁机构申请仲裁。”

上述条款是法律为当事人订立合同提供的指导和提示，并非所有条款都是合同的必要条款，不具备某些条款的合同并非不能成立。

5.2.5.2 格式条款和免责条款

（1）格式条款

格式条款是指当事人为了重复使用而预先拟定的，在订立合同时未与对方协商的条款。它有两种表现形式：一种是合同的部分条款为格式条款；另一种是合同的全部条款都是格式条款。格式条款是在当事人订立合同之前就已经确定了的，在实践中一般是由提供商品或者服务的一方事先拟定的，并不是合同当事人双方协商决定的结果，而是由某一方当事人单方面决定的。

格式条款的使用，简化了当事人订立合同的过程，有利于提高交易效率和降低交易成本。但是，由于格式条款是一方当事人单方面设定的，往往是一方当事人利用自己的经济优势或者其在交易中的有利地位使另一方当事人处于不利地位。因此，为了充分体现和保证合同双方当事人平等的法律地位，维护公平、保护弱者，《合同法》规定，采用格式条款订立合同的，提供格式条款的一方应当遵循公平原则确定当事人之间的权利和义务，并采取合理的方式提请对方注意免除或者限制其责任的条款，按照对方的要求，对该条款予以说明；格式条款违反法律强行性规定，或者提供格式条款一方免除其责任、加重对方责任、排除对方主要权利的，该条款无效；对格式条款的理解发生争议的，应当按通常理解予以解释；对格式条款有两种以上解释的，应当作出不利于提供格式条款一方的解释；格式条款和非格式条款不一致的，应当采用非格式条款。

阅读专栏

山东2016年查处421件合同格式条款违法案 涉汽车金融等

齐鲁网4月12日讯（记者何则伟）山东省工商局今天举行新闻通报会，通报2016年全省合同格式条款专项整治基本情况。2016年，山东依据《合同法》《消费者权益保护法》及《合同违法行为监督处理办法》等法律、规章，深入开展了合同格式条款专项整治工作，整治经营者利用合同格式条款免除自身责任、加重消费者责任、排除消费者权利三类违法行为，切实保护消费者的合法权益。

2016年，山东省工商局组织开展了对公用事业类、旅游类、汽车类格式条款整治工作。通过广泛收集合同文本，梳理违法条款，找出问题格式条款，找到了合同格式条款案件的切入口。共收集公用事业类合同文本2300份，旅游类1727份、汽车类2007份，其他行业1002份。

专项治理行动中，全省工商机关认真落实查处与引导相结合，处罚与教育相结合，积极推行行政指导，充分运用行政告知、行政建议、责令整改、制定推广示范文本等方式，督促和引导当事人依法订立、履行合同。对发现的问题，及时采取召开会议、约谈走访、帮助企业重新规范合同文本等方式，指导督促企业进行整改。

全省共下发行政建议书405份，责令整改通知书533份，约谈企业1054次，纠正涉嫌违法违规格式条款525条，查处合同违法案件421件。

省工商局对专项整治过程中发现的涉嫌不公平格式条款进行了梳理，整理出涉及公用事业类供水、供气、供电、供热以及汽车行业类、旅游行业类、金融行业类比较典型的17个条款。

山东省工商局副局长朱昆峰表示，下一步，省工商局将继续加大合同行政监管工作力度，根据工商总局部署，明确工作目标，找准工作重点，继续深入开展合同格式条款专项整治，支持和指导各地因地制宜选择重点领域和重点行业进行整治。指导各地在加强执法办案的同时强化行政指导，综合运用行政约谈、制定合同范本、推行合同示范文本等方式，督促和引导经营者依法签订和履行合同，规范市场秩序。

（材料来源：http://sd.dzwww.com/sdnews/201704/t20170412_15762714.htm，2017年4月12日）

（2）免责条款

专门免除或减轻一方未来法律责任的，这样的条款叫免责条款。《合同法》第39条规定：提供免责条款一方应当“采取合理的方式提请对方注意免除或者限制其责任的条款，按照对方的要求，对该条款予以说明。”《合同法》第53条规定：“合同中下列免责条款无效：①造成对方人身伤害的；②因故意或重大过失造成对方财产损失的。”

5.3 合同的效力

5.3.1 合同生效

合同生效，是指成立的合同具备一定的要件后，产生法律效力。在大多数情况下，合同成立时生效。但是合同成立并不等于合同生效。

一般而言，合同生效应当具备以下条件，即订立合同的当事人具有相应的民事行为能力，订立合同的当事人的意思表示要真实，合同的内容不违反法律或者社会公共利益。

根据《合同法》的规定，一般情况下，依法成立的合同，自成立时生效；法律、行政法规规定应当办理批准、登记等手续生效的合同，必须办理了批准、登记等手续时才产生法律效力；附生效条件的合同，条件成就时合同生效或者不生效；附生效期限的合同，自期限届至时生效。

5.3.2 无效合同、可变更和可撤销的合同

5.3.2.1 无效合同的概念和情形

无效合同是指，虽已成立，但不发生法律效力、不具有法律约束力的合同。无效合同自成立时起即无效。

无效合同分为全部无效和部分无效两种情况。《合同法》第52条规定，有下列情形之一的，该合同无效：①一方以欺诈、胁迫的手段订立合同，损害国家利益；②恶意串通、损害国家、集体或者第三人利益；③以合法形式掩盖非法目的；④损害社会公共利益；⑤违反法律行政法规的强制性规定。

5.3.2.2 可变更和可撤销的合同

可变更和可撤销的合同是指，虽已成立，但因存在法定事由，一方当事人请求人民法院或者仲裁机构变更其内容或者予以撤销的合同。

根据《合同法》的规定，因重大误解订立的合同、在订立合同时显失公平的合同，一方当事人可以请求人民法院或者仲裁机构变更或者撤销；一方以欺诈，胁迫的手段或者乘人之危，使对方在违背真实意思的情况下订立的合同，受损害方有权请求人民法院或者仲裁机构变更或者撤销。其中，重大误解包括行为人因对行为的性质、对方当事人、标的物的品种、质量、规格和数量等的错误认识，使行为后果与自己的意思相悖；显失公平指一方当事人利用优势或者利用对方没有经验而

订立合同，致使双方的权利与义务明显违反公平、等价有偿原则；乘人之危是指一方当事人乘对方处于危难之际，为牟取不正当利益，迫使对方作出不真实的意思表示，并严重损害对方利益。

可撤销的合同与无效合同不同。无效合同因违法而自始没有法律约束力。可撤销合同主要是订立合同时意思表示不真实的合同。这类合同在撤销前是有效的，一旦被撤销，则立即无效。对可撤销的合同是否撤销，或是采取撤销还是变更的措施，完全由当事人决定。当事人请求变更的，法院或者仲裁机构不得撤销。

具有撤销权的当事人自知道或者应当知道撤销事由之日起1年内没有行使撤销权的，撤销权消灭。具有撤销权的当事人知道撤销事由后明确表示或者以自己的行为放弃撤销权的，撤销权也消灭。

5.3.2.3 合同无效与合同被撤销的法律后果

无效合同和可撤销的合同被撤销后，其法律后果是相同的。《合同法》规定，无效合同或合同被撤销之后，因该合同而取得的财产应当返还给对方当事人，或者折价补偿。有过错的一方还应当赔偿对方因此而受到的损失；若是双方都有过错的，则各自承担相应的赔偿责任或承受损失的后果。当事人恶意串通，损害国家、集体或者第三人利益的，因此取得的财产收归国家所有或者返还集体、第三人。如果合同部分无效的，并且不影响其他部分效力的，则其他部分仍然有效。《合同法》还规定，合同无效，被撤销或者终止的，合同中独立存在的有关解决争议方法的条款的效力不受影响，依然有效。

5.3.3 效力待定合同

效力待定的合同是指合同成立时是否发生效力还不能确定，有待于其他行为才能使它确定的合同。合同法列举了三种效力待定的合同：限制民事行为能力人依法不能独立订立的合同、无权代理人代订的合同和无权处分合同。

我国《合同法》规定，限制民事行为能力人可以订立的纯获利益的合同（如接受赠与），或者与其年龄、智力、精神健康状况相适应的合同（如购买小商品）。除此之外，限制民事行为能力人订立合同须经法定代理人同意，或者得到其法定代理人的事后追认。也就是说，限制民事行为能力人订立合同的效力不确定，在法律性质上属于效力待定的合同。

无权代理人代订的合同又叫无权代理合同，是指行为人没有代理权而以本人名义订立的合同。无权代理的结果对于被代理人来说并非一定不利。《合同法》第48条第1款规定，“行为人没有代理权、超越代理权或者代理权终止后以被代理人名义订立的合同，未经被代理人追认，对被代理人不发生效力，由行为人承担责任。”因此，无权代理合同需要本人的行为才能确定其效力，也属于效力待定的合同。

对于限制民事行为能力人依法不能独立订立的合同和无权代理人代订的合同，为了尽早结束合同效力不确定的状态，保护善意相对人的利益，法律赋予了善意相对人催告权和撤销权。根据《合同法》第47条第2款、第48条第2款的规定，相对人可以催告法定代理人或者被代理人在1个月内予以追认；法定代理人或者被代理人未作表示的，视为拒绝追认。同时，合同被追认之前，善意相对人有撤销的权利，撤销已作出的意思表示，撤销应以通知的方式作出。

无权处分合同，是指行为人没有处分权，却以自己的名义实施对他人财产法律上的处分行为而订立的合同。《合同法》第51条规定，“无处分权的人处分他人财产，经权利人追认或无处分权的人订立合同后取得处分权的，该合同有效。”无权处分合同只有在经过权利人追认或无处分权的人在订立合同后取得处分权的，才确定有效；如果权利人拒绝追认且无处分权的人在订立合同后也未取得处分权，无权处分合同无效。因此，无权处分合同也属于效力待定的合同。

5.4 合同的履行

5.4.1 合同履行的原则

合同履行的原则是合同当事人履行合同的基本准则。《合同法》第60条规定："当事人应当按照约定全面履行自己的义务。当事人应当遵循诚实信用原则，根据合同的性质、目的和交易习惯履行通知、协助、保密等义务。"合同履行应遵循以下三个原则：

（1）全面履行原则

全面履行原则，又叫适当履行原则或正确履行原则，是指合同当事人应当根据合同约定或者法律规定，在适当的时间、适当的地点，以适当的方式，按照合同中约定的数量和质量，履行合同义务和行使合同权利。

阅读专栏

合同签了，房价涨了，房东说不卖了……法官说这可由不得你

楚天都市报4月10日讯（记者余皓 通讯员东成 小敏）房市售价上涨，卖主悔售被告上法庭，卖主的妻子不惜说假话，声称自己没在授权书上签名，还要求进行笔迹鉴定，其谎言被一系列证据击破。

今天，硚口区法院不仅判卖家要配合过户还要向买家支付违约金。

2016年7月，徐大春通过中介公司，将名下一套三室二厅住房和车库以300万元的价格出售给杜峰。房屋买卖合同签订当日，杜峰向徐大春支付了10万元定金。

双方在合同中约定，首付款在过户当天支付，尾款通过银行贷款支付。若甲方（徐大春）不交付房屋或不过户给乙方（杜峰），甲方每逾期一日，按已付房款的0.1%向乙方支付违约金。

几天后，杜峰和徐大春、徐小华夫妻及中介工作人员到银行办理了贷款审批手续，徐小华在授权书上签字，同意徐大春出售房产给杜峰，并授权徐大春全权办理房屋交易手续。之后，杜峰向徐大春支付4万余元办房产证。

8月，徐大春领取了房产书。9月，银行通知杜峰的贷款审批通过，中介公司通知杜峰和徐大春、徐小华到房产部门办理房屋过户手续。可看着房价上涨，徐大春夫妻却后悔了，不想卖房了，夫妻两人都没到过户现场。

之后，杜峰和中介公司多次要求徐大春夫妻配合办理过户手续，但未果。无奈之下，杜峰将徐大春夫妻告上法庭。

同年11月8日，硚口区法院开庭审理此案。徐小华辩称，她对丈夫徐大春卖房一事毫不知情，徐大春背着她擅自处分夫妻共同财产，卖房行为无效。

杜峰指出，在银行申请贷款进行面签时，徐小华夫妻均在场，徐小华还在《二手房交易卖方配偶授权书》上签了字。徐小华当庭要求进行笔迹鉴定。

此后，法院委托司法鉴定部门对授权书的签名进行鉴定，鉴定结果是：授权书上的签名

字迹与徐小华提供的样本字迹极有可能是同一人书写。法院通过对中介公司及银行工作人员的调查，均证实，在徐大春售房过程中，徐小华多次在场，且在授权书上进行了签名。

硚口区法院审理后认为，该起房屋买卖合法有效，一审判决卖家徐大春、徐小华配合买家杜峰办理房产及车库权属变更登记手续，同时每日按照已付房款10万元的0.1%标准支付违约金。

今日，主审法官就此案告诫大家，近年来，由于房产价格上涨，签订合同之后又毁约的现象屡见不鲜，希望买卖双方在房屋买卖时，要信守并遵循诚实守信的原则，规范房屋交易市场行为。（文中当事人均系化名）

（材料来源：楚天都市报，http://news.china.com/news100/11038989/20170412/30411304_all.html，2017年4月12日）

（2）诚实信用原则

是指合同当事人应根据诚实信用原则，履行合同约定之外的附随义务。附随义务是基于诚实信用原则而产生的一项合同义务，虽然当事人在合同中可能没有约定此义务，但任何合同的当事人在履行时都必须遵守。

（3）经济合理原则

是指合同当事人履行合同应讲求经济效益，付出最小的成本而取得最佳的合同利益。这项原则在合同法中有很多体现，如《合同法》第119条规定，"当事人一方违约后，对方应当采取适当措施防止损失的扩大；没有采取适当措施致使损失扩大的，不得就扩大的损失要求赔偿。当事人因防止损失扩大而支出的合理费用，由违约方承担。"

5.4.2 合同履行的具体规则

5.4.2.1 约定不明合同的履行规则

根据《合同法》第61条、第62条的规定，约定不明的合同按照下列规则履行：

（1）当事人协议补充规则

合同生效后，当事人就质量、价款或者报酬、履行地点等内容没有约定或者约定不明确的，可以协议补充。双方达成补充协议的，按补充协议履行。

（2）按照合同有关条款或交易习惯确定规则

对于约定不明合同的履行，如果当事人不能达成补充协议的，按照合同有关条款或者交易习惯确定履行。按照合同有关条款确定是指结合合同的其他方面内容加以确定，使合同具体化和明确化，因为合同是一个整体，当事人就某一具体条款作了明确规定，而在其他条款中涉及这一问题时，就可以按照该条款加以确定；按照交易习惯确定是指按照人们在同样的交易中通常履行的合同内容加以确定，使合同具体化和明确化，以补充当事人合同的内容。

（3）法定补充规则

当事人就有关合同内容约定不明确，既不能达成补充协议，也不能按照合同有关条款或交易习惯确定履行时，按照法律的直接规定履行合同。根据《合同法》第62条的规定：①质量要求不明确的，按照国家标准、行业标准履行；没有国家标准、行业标准的，按照通常标准或者符合合同目的的特定标准履行。②价款或者报酬不明确的，按照订立合同时履行地的市场价格履行；依法应当执行政府定价或者政府指导价的，按照规定履行。③履行地点不明确的，给付货币的，在接受货币一方所在地履行；交付不动产的，在不动产所在地履行；其他标的，在履行义务一方所在地履行。④履行期限不明确的，债务人可以随时履行，债权人也可以随时请求履行，但应当给对方必要的准备时间。⑤履行方式不明确的，按照有利于实现合同目的的方式履行。⑥履行费用的负担不明确的，由履行义务一方负担。

5.4.2.2 执行政府定价或指导价合同的履行规则

在执行政府定价或指导价的合同中，当事人就必须按照政府定价或指导价确定价格，而不能另外约定价格。但在合同在履行过程中，可能遇到政府定价或指导价作调整的情况。对此，《合同法》第63条规定：①双方当事人均按期履行合同的，在履行中遇到政府定价或指导价作调整时，应按交付时的政府定价或指导价计价，即按新价格执行；交付货物时，货物提价的，按已提高的价格执行；降价的，按已降低的价格执行。②当事人逾期交付标的物的，标的物的政府定价或指导价提高时，按原定的价格即原价格执行；价格降低时，按已降低的价格即新价格执行。③当事人逾期提取标的物或逾期付款的，标的物的政府定价或指导价提高时，按已提高的价格即新价格执行；价格降低时，按原定的价格即原价格执行。

5.4.2.3 债务人提前履行债务或部分履行债务的处理规则

在履行期限届满以前，因债务人履行或者债权人要求履行而会使相对人失去的利益，叫作期限利益。《合同法》第71条规定：“债权人可以拒绝债务人提前履行债务，但提前履行不损害债权人利益的除外。债务人提前履行债务给债权人增加的费用，由债务人负担。”

债权人因债务人履行合同以后所得到的积极利益，叫作履行利益。《合同法》第72条规定：“债权人可以拒绝债务人部分履行债务，但部分履行不损害债权人利益的除外。债务人部分履行债务给债权人增加的费用，由债务人负担。”

5.4.3 双务合同履行中的抗辩权

我国《合同法》规定了三种双务合同履行抗辩权：同时履行抗辩权、先履行抗辩权和不安抗辩权。

5.4.3.1 同时履行抗辩权

同时履行抗辩权是指双务合同的一方当事人在对方未为对待给付时，可以拒绝自己的给付权利。《合同法》第66条规定：“当事人互负债务，没有先后履行顺序的，应当同时履行。一方在对方履行之前有权拒绝其履行要求。一方在对方履行债务不符合约定时，有权拒绝其相应的履行要求。”

行使同时履行抗辩权需要具备下面四个条件：①须由同一双务合同产生互负债务；②双方债务须无先后履行顺序，且已届清偿期；③须对方未履行债务或未按照约定履行债务；④须对方的对待给付为可能履行的债务。

但是，当对方当事人提出履行时，当事人必须履行自己的合同义务。

5.4.3.2 先履行抗辩权

先履行抗辩权是指在双务合同中，约定有先后履行顺序的，负有先履行义务的一方当事人未依照合同约定履行债务，后履行义务的一方当事人可以依据对方的不履行行为，拒绝对方当事人请求履行的抗辩权。

但是，当对方当事人完全履行了合同债务时，当事人必须履行自己的合同债务。

5.4.3.3 不安抗辩权

不安抗辩权是指当事人互负债务，有先后履行顺序的，先履行的一方当事人有确切证据证明另一方当事人丧失履行债务能力时，有中止履行合同的权利。根据《合同法》第68条的规定，应当先履行债务的当事人，有确切证据证明对方有下列情形之一的，可以中止履行：①经营状况严重恶化；②转移财产、抽逃资金，以逃避债务；③丧失商业信誉；④有丧失或者可能丧失履行债务能力的其他情形。当事人没有确切证据中止履行的，应当承担违约责任。

当事人因行使不安抗辩权而中止履行的，应当及时通知对方；如果对方提供适当担保时，应当恢复履行。中止履行后，对方在合理期限内未恢复履行能力并且未提供适当担保的，中止履行的一方可以解除合同。

5.4.4 合同的保全

为了防止债务人的财产不当减少，维护其财产状况并确保债务清偿，从而达到保护债权人的利益，合同法规定了债权的保全制度，赋予债权人在一定条件下对债务人的财产行为进行干涉的权利，我国《合同法》规定了代位权和撤销权制度。

5.4.4.1 代位权

债权人代位权，是指在债务人享有对第三人的债权而又不积极行使，致使其财产应能增加而不增加，对债权人造成损害的，债权人以自己的名义代债务人行使其债权的权利，但专属于债务人自身的债权除外。

债权人行使代位权必须同时具备以下四个要件：①债权人与债务人之间存在合法的债权债务关系；②债务人的债权已到期；③债务人怠于行使其到期债权且给债权人造成损害；④债务人的债权已到期，债务人的债权不是专属于债务人自身的债权。专属于债务人自身的债权，是指基于扶养关系、抚养关系、赡养关系、继承关系产生的给付请求权和劳动报酬、退休金、养老金、抚恤金、安置费、人寿保险、人身伤害赔偿请求权等权利。

债权人行使代位权的范围以债权人的债权为限。债权人代位权的行使应当通过诉讼方式进行，产生的必要费用，由债务人负担。行使代位权时，第三人（债务人的债务人）的法律地位及利益不受影响，其对债务人的一切抗辩，均可以向债权人主张。

5.4.4.2 撤销权

撤销权是指债务人放弃其到期债权、无偿转让财产或者以明显不合理的低价转让财产，对债权人造成损害的，债权人可以请求人民法院撤销债务人的行为的权利。撤销权的行使范围以债权人的债权为限。债权人行使撤销权的必要费用，由债务人承担。

债权人行使撤销权必须同时具备以下要件：①债权人对债务人存在有效的债权；②债务人实施了放弃债权、无偿或以明显不合理的低价转让财产的行为；③债务人的行为有害于债权；④债务人与第三人都具有恶意；⑤没有超过必要的范围；⑥撤销权应在法定期间内行使。《合同法》第75条规定："撤销权自债权人知道或者应当知道撤销事由之日起1年内行使。自债务人的行为发生之日起5年内没有行使撤销权的，该撤销权消灭。"

5.5 合同的担保

5.5.1 担保的概念

合同的担保是指当事人为确保合同的切实履行，依照法律规定或当事人约定而采取的具有法律效力的保障措施。根据有关法律规定，目前我国有保证、抵押、质押、留置和定金五种担保形式。

5.5.2 保证

5.5.2.1 保证的概念

保证是指保证人和债权人约定，当债务人不履行债务时，保证人按照约定履行债务或者承担责任的行为。在保证法律关系中，债权人为主合同的债权人，债务人（被保证人）为主合同的债务人，提供保证的第三人为保证人。

保证人承担保证责任后，有权向债务人追偿。保证人自行履行保证责任时，其实际清偿额大于主债权范围的，保证人只能在主债权范围内对债务人行使追偿权。

5.5.2.2 保证人

保证人是主合同以外的第三人。《担保法》规定，保证人必须是具备代为清偿债务能力的法人、其他经济组织或者个人。《担保法司法解释》规定，不具备完全代偿能力的保证人订立保证合同后，不能以自己没有代偿能力为由要求免除保证责任。

根据我国法律规定，以下单位不能成为保证人：

1）国家机关。但经国务院批准为使用外国政府或者国际经济组织贷款进行转贷的除外。

2）学校、幼儿园、医院等以公益为目的的事业单位、社会团体。但从事经营活动的事业单位、社会团体可以作为保证人。

3）企业法人的分支机构、职能部门。但企业法人的分支机构有法人书面授权的，可以在授权范围内提供保证。企业法人分支机构未经授权或超越授权范围提供担保的，该部分担保无效，企业法人和债权人有过错的，各自承担应当承担的责任；债权人没有过错的，由企业法人承担民事责任。企业法人的职能部门提供的担保无效，债权人知情或应当知情的，自己承担责任；债权人不知情的，由企业法人承担民事责任。两个或者两个以上的保证人为同一债务作保证的，称为共同保证。保证人为两人以上的，按照约定承担保证责任；没有约定的，承担连带保证责任，已承担连带责任的保证人有权向债务人追偿，或者要求其他保证人清偿其应当承担的份额。

5.5.2.3 保证合同

保证合同是保证人与主债中的债权人签订的合同。根据《担保法》的规定，保证合同必须采用书面形式。一项完整的保证合同，应当包括以下内容：被保证的主债权种类、数额；债务人履行债务的期限；保证的方式；保证担保的范围；保证的期间；双方认为需要约定的其他事项。

保证人与债权人可以就单个主合同分别订立保证合同，也可以协议在最高债权额限度内就一定期间连续发生的借款合同或者某项商品交易合同订立一个保证合同，即最高额保证形式。

5.5.2.4 保证方式

我国《担保法》规定的保证方式有一般保证和连带责任保证。

（1）一般保证

当事人在保证合同中约定，债务人不能履行债务时，由保证人承担保证责任的，为一般保证。一般保证的保证人在主合同纠纷未经审判或者仲裁，并就债务人财产依法强制执行仍不能履行债务前，对债权人可以拒绝承担保证责任。但有下列情况之一的，保证人不得以主张先诉抗辩权为由，拒绝承担保证责任：①债务人住所变更，致使债权人要求其履行债务发生重大困难的；②人民法院受理债务人破产案件，中止执行程序的；③保证人以书面形式放弃先诉抗辩权的。

（2）连带责任保证

当事人在保证合同中约定保证人与债务人对债务承担连带责任的，为连带责任保证。根据

《担保法》的规定，当事人对保证方式没有约定或者约定不明确的，按照连带责任保证承担保证责任。在连带责任保证中，债务人债务履行期限届满不履行债务的，债权人可以自主选择由债务人来履行债务或者由保证人在其保证担保的范围内承担保证责任，被选择的债务人或者保证人都无权拒绝。

5.5.2.5 保证责任

保证担保的范围包括主债权及利息、违约金、损害赔偿金和实现债权的费用。保证合同另有约定的从其约定。

保证期间，债权人依法将债权出让的，除另有约定外，保证人应在原保证范围内承担保证责任；债务人将债务出让的，应取得保证人书面同意，否则保证人不再承担保证责任。

保证期间为保证人承担保证责任的期间。保证期间可以由当事人在保证合同中自由约定；当事人没有约定或者约定不明确的，则为主债务履行期届满之日起6个月。

在一般保证关系中，在合同约定或法定的保证期间，债权人未对债务人提起诉讼或者申请仲裁的，保证人免除保证责任；债权人已提起诉讼或者申请仲裁的，保证期间适用诉讼时效中断的规定。在连带责任保证中，在合同约定的保证期间和法定的保证期间内，债权人未要求保证人承担保证责任的，保证人免除保证责任。保证人以最高额保证形式提供担保而未约定保证期间的，保证人可以随时书面通知债权人终止保证合同，但保证人对于通知到债权人前所发生的债权，承担保证责任。

同一债权既有保证又有物的担保的，保证人对物的担保以外的债权承担保证责任。债权人放弃物的担保的，保证人在债权人放弃权利的范围内免除保证责任。主合同当事人双方串通，骗取保证人提供保证的；或者主合同债权人采取欺诈、胁迫等手段，使保证人在违背真实意思的情况下提供保证的，保证人均不承担民事责任。

5.5.3 抵押

5.5.3.1 抵押的概念

抵押是指债务人或者第三人不转移对某一特定财产的占有，将该财产作为债权的担保，债务人不履行债务时，债权人有权依照法律规定以该财产折价或者以拍卖、变卖该财产的价款优先受偿。其中债务人或者第三人为抵押人，债权人为抵押权人，提供担保的财产为抵押物。

抵押权是一种担保物权，抵押权人不依赖于抵押人可以直接对抵押物行使控制、支配权。抵押权是债务人或者第三人不转移对标的物的占有就其财产所设定的物权，这是其区别于质押的最主要的特征。抵押权的标的——抵押物必须为特定的、可处分的财产，包括不动产或者动产。抵押权的效力及于抵押物的全部，当抵押物发生性质或者形态变化时，抵押权的效力追及该变形物或代替物上。

5.5.3.2 抵押物

法律许可抵押的财产包括：抵押人所有的房屋和其他地上定着物；抵押人所有的机器、交通运输工具和其他财产；抵押人依法有权处分的国有的土地使用权、房屋和其他地上定着物；抵押人依法有权处分的国有的机器、交通运输工具和其他财产；抵押人依法承包并经发包方同意抵押的荒山、荒沟、荒丘、荒滩等荒地的土地使用权；依法可以抵押的其他财产。

以依法取得的国有土地上的房屋抵押的，该房屋占用范围内的国有土地使用权同时抵押。以出让方式取得的国有土地使用权抵押的，应当将抵押时该国有土地上的房屋同时抵押。乡

（镇）、村企业的土地使用权不得单独抵押。以乡（镇）、村企业的厂房等建筑物抵押的，其占有范围内的土地使用权同时抵押。以依法获准尚未建造或正在建造中的建筑物作抵押，办理了抵押物登记的，抵押有效。已设立过抵押权的抵押物，其价值超过抵押债权的，可以再次抵押。抵押人还可以将已出租的财产抵押，但应当书面告知承租人，并且原租赁合同继续有效。

法律禁止抵押的财产包括：土地所有权；除依法承包并经发包方同意抵押的荒山、荒沟、荒丘、荒滩等荒地的土地使用权，以及以乡（镇）、村企业的厂房等建筑物及其占用范围内的土地使用权同时抵押的以外，耕地、宅基地、自留地、自留山等集体所有的土地使用权；学校、幼儿园、医院等以公益为目的的事业单位、社会团体的教育设施、医疗卫生设施和其他社会公益设施；所有权、使用权不明或者有争议的财产；依法被查封、扣押、监管的财产；依法不得抵押的其他财产。

抵押人将已出租的财产抵押的，应当书面告知承租人，原租赁合同继续有效。

5.5.3.3 抵押合同

抵押合同是抵押人与主债中的债权人（抵押权人）签订的合同。根据《担保法》的规定，抵押合同必须采用书面形式。一项完整的抵押合同，应当包括以下内容：被担保的主债权种类、数额；债务人履行债务的期限；抵押物的名称、数量、质量、状况、所在地、所有权权属或使用权权属；抵押担保的范围；当事人认为需要约定的其他事项。

抵押人为债务提供抵押时，可以就单个主合同与债权人签订抵押合同，也可以与债权人签订一个总的抵押合同，为一定期限内连续发生的借贷合同或某项商品交易行为提供担保，这就是最高额抵押形式。

订立抵押合同时，抵押权人和抵押人在合同中不得约定在债务履行期届满抵押权人未受清偿时，抵押物的所有权转移为债权人所有。

5.5.3.4 抵押物登记

一般的抵押合同自成立之日起生效；对于某些特定财产的抵押，必须登记，这些抵押合同自登记之日起生效。

《担保法》规定，下列抵押物必须办理抵押登记手续：①以无地上定着物的土地使用权抵押的，办理抵押物登记的部门为核发土地使用权证书的土地管理部门；②以城市房地产或者乡（镇）、村企业的厂房等建筑物抵押的，办理抵押物登记的部门为县级以上地方人民政府规定的部门；③以林木抵押的，办理抵押物登记的部门为县级以上林木主管部门；④以航空器、船舶、车辆抵押的，办理抵押物登记的部门为运输工具的登记部门；⑤以企业的设备和其他动产抵押的，办理抵押物登记的部门为财产所在地的工商行政管理部门。

抵押期间，抵押人转让已办理登记的抵押物的，应当通知抵押权人并告知受让人转让物已经抵押的情况；抵押人未通知抵押权人或者未告知受让人的，转让行为无效。

当事人以法定应办理登记的抵押物之外的财产抵押的，可以自愿办理抵押物登记，登记部门为抵押人所在地的公证部门。未办理抵押物登记手续的，不得对抗第三人。

5.5.3.5 抵押的效力

抵押担保的范围包括主债权及利息、违约金、损害赔偿金和实现抵押权的费用；抵押合同另有约定的从其约定。

抵押物折价或者拍卖、变卖所得的款项，当事人没有约定的，按照实现抵押权的费用、主债权的利息、主债权这一顺序清偿。

抵押人将已出租的财产抵押的，抵押权实现后，租赁合同在有效期内对受让人继续有效。抵押人将已抵押的财产出租的，如抵押人未书面告知承租人该财产已抵押，抵押人要赔偿因此对承租人所造成的损失；如抵押人已经书面告知承租人的，承租人自己承担因抵押权实现而给其造成的损失。

抵押合同生效后，债务人债务履行期届满前，抵押人占有抵押物，保留抵押物的收益权，有权就抵押物收取孳息。抵押合同生效后，债务人债务履行期届满，债务人不履行债务致使抵押物被人民法院依法扣押的，自扣押之日起抵押权人有权收取由抵押物分离的天然孳息以及抵押人就抵押物可以收取的法定孳息。抵押权人未将扣押抵押物的事实通知应当清偿法定孳息的义务人的，抵押权的效力不及于该孳息。抵押权人依法收取抵押物的孳息，应当先充抵收取孳息的费用。

抵押人依法转让抵押物，转让抵押物的价款明显低于其价值的，抵押权人可以要求抵押人提供相应的担保；抵押人不提供的，不得转让抵押物。抵押人转让抵押物所得的价款，应当向抵押权人提前清偿所担保的债权或者向与抵押权人约定的第三人提存。超过债权数额的部分，归抵押人所有，不足部分由债务人清偿。

抵押人的行为足以使抵押物的价值减少的，抵押权人有权要求其停止这一行为；抵押物价值减少时，抵押权人有权要求抵押人恢复其价值或提供相当的担保；抵押人对抵押物价值减少无过错的，抵押权人只能在抵押人因损害而得到的赔偿范围内要求提供担保。

抵押权因抵押物灭失而灭失。因灭失所得的赔偿金，应当作为抵押财产。

5.5.3.6 抵押权的实现

债务履行期届满抵押权人未受清偿的，可以与抵押人协议以抵押物折价或者以拍卖、变卖该抵押物所得的价款受偿；协议不成的，抵押权人可以向人民法院提起诉讼。抵押物折价或者拍卖、变卖后，其价款超过债权数额的部分归抵押人所有，不足部分由债务人清偿。

同一财产向两个以上债权人抵押的，拍卖、变卖抵押物所得的价款按照抵押物登记的先后顺序清偿；抵押合同未登记的，按照生效先后顺序清偿；顺序相同的，按照债权比例清偿。抵押物已登记的先于未登记的清偿。同一动产向两个以上债权人抵押的，当事人未办理抵押物登记的，实现抵押权时，各抵押权人按照债权比例受偿。

城市房地产抵押合同签订后，土地上新增的房屋不属于抵押物。需要拍卖该抵押的房地产时，可以依法将该土地上新增的房屋与抵押物一同拍卖，但对拍卖新增房屋所得，抵押权人无权优先受偿。依法以承包的荒地的土地使用权抵押的，或者以乡（镇）、村企业的厂房等建筑物占用范围内的土地使用权抵押的，在实现抵押权后，未经法定程序不得改变土地集体所有和土地用途。拍卖划拨的国有土地使用权所得的价款，在依法缴纳相当于应缴纳的土地使用权出让金的款额后，抵押权人有优先受偿权。

5.5.4 质押

根据《担保法》的规定，质押包括两种，即动产质押和权利质押。

5.5.4.1 动产质押

（1）动产质押概念

动产质押是指债务人或者第三人将其动产移交债权人占有，将该动产作为债权的担保，债务人不履行债务时，债权人有权依照法律规定以该动产折价或者以拍卖、变卖该动产的价款优先受偿。其中债务人或者第三人为出质人，债权人为质权人，移交的动产为质物。因动产质押法律关系所生的权利为质权。

动产质权也是一种担保物权。动产质权是债务人或者第三人将标的物移交给债权人占有并就该标的物所设定的物权。质权设定后，出质人必须将质物转移给质权人占有。动产质权的标的——质物必须为特定的、可处分的动产。金钱以特户、封金、保证金等形式特定化后，也可以质押。质权的效力及于质物的全部，质权如果因质物灭失，可得到赔偿的，质权人可以就赔偿金取偿。

（2）动产质押合同

质押合同是出质人与主债中的债权人（质权人）签订的合同。根据《担保法》的规定，质押合同必须采用书面形式。一项完整的质押合同，应当包括以下内容：被担保的主债权种类、数额；债务人履行债务的期限；质物的名称、数量、质量、状况；质押担保的范围；质物移交的时间；双方认为需要约定的其他事项。

质押合同自质物移交于质权人占有时生效。

质押合同的当事人不得在合同中约定在债务履行期限届满质权人未受清偿时，质物的所有权归质权人所有。

（3）动产质权的效力

动产质押担保的范围包括主债权及利息、违约金、损害赔偿金、质物保管费用和实现质权的费用。质押合同另有约定的从其约定。

质押期间，除合同另有约定外，质权人有权收取质物所生的孳息。质权人依法收取质物的孳息，应当先充抵收取孳息的费用。质物有损坏或者价值明显减少的可能，足以危害质权人权利的，质权人可以要求出质人提供相应的担保。出质人不提供的，质权人可以拍卖或者变卖质物，并与出质人协议将拍卖或者变卖所得的价款用于提前清偿所担保的债权或者向与出质人约定的第三人提存。

动产出质后，除法律另有规定外，不得转让。

（4）质权人的义务

质权人负有妥善保管质物的义务。因保管不善致使质物灭失或者毁损的，质权人应当承担民事责任。质权人不能妥善保管质物可能致使其灭失或者毁损的，出质人可以要求质权人将质物提存，或者要求提前清偿债权而返还质物。债务履行期届满债务人履行债务的，或者出质人提前清偿所担保的债权的，质权人应当返还质物。

（5）质权的实现

债务履行期届满质权人未受清偿的，可以与出质人协议以质物折价，也可以依法拍卖、变卖质物。质物折价或者拍卖、变卖后，其价款超过债权数额的部分归出质人所有，不足部分由债务人清偿。

5.5.4.2 权利质押

权利质押是以所有权以外的可让与的财产权作为质权的标的，以担保债权实现的一种担保方式。权利质押除适用法律关于权利质押的特别规定外，适用法律关于动产质押的规定。

可以质押的权利包括：汇票、支票、本票、债券、存款单、仓单、提单；依法可以转让的股份、股票；依法可以转让的商标专用权、专利权、著作权中的财产权利；依法可以质押的其他权利。权利质押合同应当采用书面形式，自权利凭证交付之日起生效。但是以股票、股份、商标专用权以及专利权，著作权中的财产权出质的，应当向有关部门办理出质登记，质押合同自登记之日起生效。

5.5.5 留置与定金

5.5.5.1 留置

留置是指债权人按照合同约定占有债务人的动产，债务人不按照合同约定的期限履行债务的，债权人有权依照法律规定留置该财产，以留置财产折价或者拍卖、变卖该留置物，从所得价款中优先得到清偿。在留置法律关系中，债权人所享有的权利为留置权，债权人因对留置权的享有而成为留置权人。

留置权是指债权人对已占有的债务人的动产，在债务未能如期获得清偿前，留置该动产作为担保和实现债权的权利。留置权属于担保物权，留置权人有从留置的债务人财产的价值中优先受偿的权利，这一点与其他担保物权相同；但留置权是一种法定担保方式，它依法律规定而发生，而非依当事人之间的约定成立，这一点与其他担保物权有所不同。

因保管合同、运输合同、加工承揽合同发生的债权，债务人不履行债务的，债权人有留置权；法律规定可以留置的其他合同，适用留置的规定；当事人可以在合同中约定不得留置的物。留置权的成立须具备以下要件：留置的财产必须是债权人以合法方式占有债务人的动产；留置的财产必须与债权人的债权有牵连关系；必须是债务已届清偿期；留置的财产必须为动产。

留置担保的范围包括主债权及利息、违约金、损害赔偿金、留置物保管费用和实现留置权的费用。

债权人与债务人应当在合同中约定，债权人留置财产后，债务人应当在不少于两个月的期限内履行债务。债权人与债务人在合同中未约定的，债权人留置债务人财产后，应当确定两个月以上的期限，通知债务人在该期限内履行债务。债务人逾期仍不履行债务的，债权人可以与债务人协议以留置物折价，也可以依法拍卖、变卖留置物。留置物折价或者拍卖、变卖后，其价款超过债权数额的部分归债务人所有，不足部分由债务人清偿。

留置权人负有妥善保管留置物的义务。因保管不善致使留置物灭失或者毁损的，留置权人应当承担民事责任。留置权因债权消灭或者债务人另行提供担保并被债权人接受而消灭。

5.5.5.2 定金

定金是当事人在合同订立时或者代价支付期限以前，为担保合同的履行，由一方向对方支付的金钱。定金数额由当事人约定，但不得超过主合同标的额的20%。定金应当以书面形式约定，当事人在定金合同中应当约定交付定金的期限。定金合同从实际交付定金之日起生效。债务人履行债务后，定金应当抵作价款或者收回。给付定金的一方不履行约定的债务的，无权要求返还定金；收受定金的一方不履行约定的债务的，应当双倍返还定金。

5.6 合同的变更、转让和终止

5.6.1 合同的变更

合同变更有广义和狭义之分，广义的合同变更包括合同内容的变更和合同主体的变更。《合同法》中的合同变更仅为狭义上的变更，即合同成立后履行完毕之前，当事人依法对合同的内容进行修改。

《合同法》规定，当事人协商一致，可以变更合同。但是法律、行政法规规定，变更合同应当办理批准登记等手续的，应当依照规定办理有关手续。在合同当事人以协商的形式变更合同的情况下，如果对合同变更的内容约定不明确的，就推定为合同未作变更，当事人仍应当依照原合同的约定履行各自的义务。合同的变更，原则上只对变更后未履行的部分发生效力，不涉及已经履行的部分。

5.6.2 合同的转让

合同的转让，即合同主体的变更，是指合同当事人依法将合同的全部或者部分权利义务转让给第三人。合同的转让分为权利的转让、义务的转让和权利义务全部转让三种情况。

5.6.2.1 合同权利的转让

合同权利的转让，是指合同中享有权利的一方当事人通过协议依法将自己的债权全部或者部分转让给第三人。《合同法》规定，债权人可以将其合同的权利全部或者部分转让给第三人。但有下列情形之一者不得转让合同权利：根据合同性质不得转让的，按照当事人约定不得转让的和依照法律规定不得转让的。

债权人转让权利，应当通知债务人，如未通知债务人，则该债权转让对债务人不发生效力，债务人仍有权向原合同债权人履行合同义务。债权人转让权利的通知不得撤销，除非受让人同意的。债权转让之后，除非该从权利专属于债权人自身之外，受让人取得与债权有关的权利。在债权转让中，债务人对让与人的抗辩，可以向受让人主张。债务人若对让与人享有债权，并且该债权先于转让的债权到期或者与转让的债权同时到期的，则债务人可以向受让人主张抵销。

5.6.2.2 合同义务的转让

合同义务的转让，是指合同中的债务人将自己应当履行的义务转让给第三人。根据《合同法》的规定，债务人将其合同的义务全部或者部分转移给第三人，应当经债权人同意。新债务人受让原债务人的债务之后，还应当承担与主债务有关的从债务，除非该从债务专属于原债务人自身之外。法律法规规定转让权利或者转移义务应当办理批准、登记等手续的，当事人应当依照规定办理有关手续。债务人转让义务的，新债务人可以主张原债务人对债权人的抗辩权。

5.6.2.3 合同权利义务的一并转让

合同法订立以后，当事人欲将自己在合同中的权利和义务一并转让给第三人的，除了存在《合同法》规定的不得转让的情形之外，都可以转让。但是，必须经对方当事人的同意，并且依法办理有关批准或者登记的手续。当事人订立合同后进行合并分立活动的，也会发生合同权利义务转让的情况。原合同权利由合并分立后的法人或者其他组织行使或分别行使；原合同义务由合并分立后的法人或者其他组织承担或分别承担。当事人订立合同后分立的，除了债权人与债务人另有约定之外，由分立的法人或者其他组织对原合同的权利和义务享有连带债权，承担连带债务。

5.6.3 合同的终止

《合同法》第91条规定："有下列情形之一的，合同的权利义务终止：①债务已经按照约定履行；②合同解除；③债务相互抵销；④债务人依法将标的物提存；⑤债权人免除债务；⑥债权债务同归于一人；⑦法律规定或者当事人约定终止的其他情形。"

5.6.3.1 合同的解除

合同解除，是指合同有效成立后，因当事人一方或双方的意思表示，使基于合同而产生的权利义务关系终止。合同解除可以有协议解除和法定解除两种形式。

协议解除是指当事人通过协商一致解除合同关系。《合同法》规定，当事人既可以在合同订立后，通过协商一致解除合同关系，也可以在订立合同之时相互约定解除合同的条件，当解除条件成立时，有解除权的一方当事人就可以依照约定解除合同。

法定解除，是指合同成立后，当事人一方行使法定解除权而使合同关系终止。法定解除是单方法律行为，只有当法律规定的解除条件出现时，一方当事人才能行使解除权，从而使合同的权利义务终止，《合同法》规定的可以依法解除合同的五种情形是：①因不可抗力致使不能实现合同目的；②在履行期限届满之前，当事人一方明确表示或者以自己的行为表明不履行主要义务的；③当事人一方迟延履行主要债务，经催告后在合理期限内仍未履行；④当事人一方迟延履行债务或者有其他违约行为致使不能实现合同目的；⑤法律规定的其他情形。

法律规定或者当事人约定解除权行使期限的，当事人若在期限届满时仍不行使，则该解除权消灭。没有规定或者约定解除权行使期限的，若经对方当事人催告后在合理期限内仍不行使的，该解除权也消灭。当事人依法主张解除合同的，应当通知对方当事人。并且合同自解除通知到达对方时解除，但法律行政法规规定应当办理批准、登记等手续的，应依照其规定办理。如果对合同解除有异议的，可以请求人民法院或者仲裁机构确认解除合同的效力。

合同解除后，尚未履行的终止履行；已经履行的，根据履行情况和合同性质，当事人可以要求恢复原状、采取其他补救措施，并有权要求赔偿损失。恢复原状即恢复到合同订立之前的状态。法律允许当事人在合同解除后要求恢复原状，表明合同解除的效力可以溯及既往。然而有的合同性质决定其无法彻底恢复原状，如租赁合同，供用电、水合同，因此就不一定溯及既往，当事人可以通过其他补救措施或者请求赔偿损失来获得救济。

5.6.3.2 债务相互抵销

《合同法》规定，当事人互负到期债务，并且债务的标的物种类、品质相同的，除非法律规定或合同性质决定不得抵销外，任何一方可以将自己的债务与对方的债务抵销。标的物种类、品质不相同的，经双方协商一致，也可以抵销。

5.6.3.3 债务人依法将标的物提存

提存是指在合同履行中，由于合同债权人的原因，债务人无法向其交付标的物时，债务人将标的物提交给提存机关，而使合同中止的法律制度。债务人可以将标的物提存的情形包括：债权人无正当理由拒绝受领；债权人下落不明；债权人死亡未确定继承人或者丧失民事行为能力未确定监护人；法律规定的其他情形。标的物提存后，毁损、灭失的风险由债权人承担；债权人可以随时领取提存物，但自提存之日起5年内不行使该权利的，该权利消灭，提存物扣除提存费用后归国家所有。

合同的权利义务终止后，当事人的合同关系结束。但某些合同的特点决定了当事人的义务具有延续性，或者具有不可替代性，因此合同终止后当事人仍应当履行某些义务。《合同法》规定，合同的权利义务终止后，当事人仍应当遵循诚实信用原则，并根据交易习惯履行相应的义务如通知、协助和保密等义务。《合同法》还规定，合同的权利义务终止，不影响合同中结算和清理条款的效力。因此合同终止后，当事人仍应当按照合同中的结算和清理条款履行相应的义务。

5.7 违约责任

5.7.1 违约责任的概念

违约责任是指合同当事人违反合同义务，应当向对方当事人承担的法定的或者约定的责任。

违约责任的产生原因是由于当事人没有全面履行合同债务。违约责任原则上为违约方向守约方承担的财产责任。

各国法律对违约责任的归责原则有两种不同的规定，即过错责任原则和严格责任原则。我国《合同法》规定："当事人一方不履行合同义务或者履行合同义务不符合约定的，应当承担继续履行，采取补救措施，或者赔偿损失等违约责任。"从上述规定可以看出，我国《合同法》确定的违约责任的归责原则是严格责任原则，即不论违约方有无故意或者过失，只要有违约行为，除了法定或者约定的负责事由之外都必须承担违约责任。

5.7.2 承担违约责任的方式

根据《合同法》的有关规定，承担违约责任的方式有：继续履行，采取补救措施和赔偿损失，支付违约金或者定金等。

5.7.2.1 继续履行

继续履行是指当事人一方不履行合同义务或者履行合同义务不符合约定时，另一方当事人可以要求违约方继续按照原合同的约定完成合同义务。

继续履行适用较多的是对金钱债务的违约，即当事人所负的债务直接表现为支付货币的义务。对于非金钱债务的违约，对方当事人虽然也可以要求违约方继续履行，但往往会受到一定的限制。《合同法》规定，非金钱债务违约的，遇有下列情形之一时，守约方不能要求违约方继续履行：法律上或者事实上不能履行的；债务的标的不适于强制履行或者履行的费用过高的；债权人在合理期限内未要求对方履行的。

5.7.2.2 采取补救措施

采取补救措施，是指违约方所采取的旨在消除违约后果的除了继续履行、支付赔偿金、违约金以及定金方式以外的其他措施，如对于一方当事人履行合同，质量不符合约定的，受损害方可以根据标的的性质以及损失的大小，合理选择要求对方承担修理、更换、重作、退货、减少价款或者报酬的违约责任。

5.7.2.3 赔偿损失

赔偿损失是指违约方因不履行或者不完全履行合同义务给对方造成损失，在继续履行合同或采取补救措施后，对方还有其他损失的，依法应当赔偿对方当事人所受的损失。

当事人承担损失赔偿责任的构成要件除有违约行为外，还必须有损害事实，并且违约行为与损害事实之间存有因果关系。只要具备了上述三个要件，违约者就应当承担损失赔偿的责任。

当事人一方不履行合同义务或者履行合同义务不符合约定，给对方造成损失的，其应承担的损失赔偿包括直接损失和间接损失。直接损失是指现有财产上的直接减少；间接损失是指失去的可以预期获得的利益。但守约方要求赔偿的预期可得利益，不得超过违约方在订立合同时能够预见到的损失。当事人为防止损失扩大而支出的合理费用也应当由违约方承担，但是若一方违约后对方应当采取而未采取适当措施致使损失扩大的，扩大的损失就不能要求违约方赔偿。

5.7.2.4 违约金

违约金，是指当事人在合同中约定的或者由法律规定的，一方违约时应当向对方支付一定数量的货币。

违约方承担违约金的责任不以违约造成损失为条件。违约金的主要功能在于补偿损失，因此，《合同法》规定，当约定的违约金低于或者过分高于违约造成的损失的，当事人可以请求人民法院或者仲裁机构予以调整。当事人就迟延履行约定违约金的，违约方支付违约金后，还应当履行债务。如果当事人既约定违约金，又约定定金的，在一方违约时，对方只能选择两者中的一项，不能同时适用。

5.7.2.5 定金

定金，是指合同当事人为了确保合同的履行，依据双方约定由当事人一方在合同订立时或者在订立后履行前，按照合同金额的一定比例，预先给付对方当事人的金钱或有价证券。定金的数额可以由当事人约定，但不得超过主合同标的额的20%。给付定金的一方不履行其合同债务的，无权要求返还定金；收受定金一方不履行合同债务的，则应当双倍返还定金。由此可见，定金既是合同履行的担保形式，又是承担违约责任的方式，具有惩罚性。

5.7.3 合同违约的免责

当事人因不可抗力而违约的，可以免责。可以免责的不可抗力必须是发生在合同的履行期限内，并且确实影响合同履行。违约方欲因不可抗力而免责的，应当及时通知对方，并在合理的期限内提供证明。

5.7.4 违约行为与侵权行为的竞合

违约行为与侵权行为的竞合，是指合同当事人一方的同一行为既构成违约行为也构成侵权行为。在违约行为与侵权行为竞合的情况下，为了防止不当得利，各国法律都规定受害方只能在违约赔偿请求与侵权赔偿请求中主张一项，不能双重请求。我国《合同法》规定，因当事人一方的违约行为，侵害对方人身财产权益的，受害方有权选择救济方式，可以选择请求对方承担违约责任或者请求对方承担侵权责任。

本章小结

合同法是调整平等主体之间的财产关系的重要的法律。学习合同法，应当重点掌握合同的概念、特征和分类，合同法的概念、特征和基本原则，合同的内容、形式、订立程序和缔约过失责任，合同的生效，合同代理，无效合同、可撤销或可变更合同及其法律后果，合同的履行原则、履行抗辩权，合同的保全，合同担保的形式，合同的变更、转让和终止，以及承担违约责任的方式。在合同法的学习中，尤其要理论联系实际，学习运用法律知识解决实际问题。

思考与练习

一、填空题

1. 合同是（　）的自然人、法人、其他组织之间设立、变更、终止民事权利义务关系的协议。
2. 要约是指一方当事人向他人作出的以一定条件（　）的意思表示。
3. 合同法规定，要约（　）时生效。

4.《合同法》第30条规定，承诺的内容应当与要约的内容（　）。
5. 合同的（　）是合同当事人双方的权利和义务所共同指向的对象。
6.《合同法》规定，一般情况下，依法成立的合同，自（　）时生效。
7. 同时履行抗辩权是指（　）的一方当事人在对方未为对待给付时，可以拒绝自己的给付的权利。
8. 我国《担保法》规定的保证方式有一般保证和（　）保证。

二、单项选择题

1. 根据双方当事人是否因给付而获得利益，合同可分为（　）。
   A. 有名合同与无名合同　　B. 单务合同与双务合同
   C. 有偿合同与无偿合同　　D. 要式合同与不要式合同
2. 下列说法正确的是（　）。
   A. 要约可以撤回，也可以撤销　　B. 承诺可以撤回，也可以撤销
   C. 要约可以撤回，不可以撤销　　D. 承诺不可以撤回，也不可以撤销
3. 下列属于无效合同的是（　）。
   A. 因重大误解订立的合同　　B. 在订立合同时显失公平的合同
   C. 恶意串通，损害他人利益的合同　　D. 一方以欺诈的手段订立的合同
4. 债权人可以对债务人享有对第三人的下列哪项债权行使代位权？（　）
   A. 工资　　B. 退休金　　C. 安置费　　D. 利息
5. 以下单位能成为保证人的是（　）。
   A. 大学　　B. 驾校　　C. 医院　　D. 教育局
6. 下列担保形式，债权人不需要占有担保物的是（　）。
   A. 留置　　B. 权利质押　　C. 动产质押　　D. 抵押
7. 下列关于合同转让的说法，正确的是（　）。
   A. 合同权利的转让，应当经债务人同意
   B. 合同义务的转让，应当经债权人同意
   C. 合同权利义务的一并转让，应当经对方当事人同意
   D. 合同权利或者义务的转让，不需要经对方当事人同意

三、简答题

1. 简述合同法的适用范围。
2. 简述要约应当具备的要件。
3. 简述缔约过失责任。
4. 简述格式条款的内容。
5. 简述合同无效的情形。
6. 简述不安抗辩权及其适用情形。
7. 简述动产质押的内容。

6 竞争法

案例导读

腾讯、360之争

奇虎360与腾讯间的纠葛由来已久，被业界形象地称为“3Q大战”。这源于2012年双方“明星产品”之间的“互掐”。2010年9月27日，360发布了其新开发的“隐私保护器”，专门搜集QQ软件是否侵犯用户隐私。随后，QQ立即指出360浏览器涉嫌借黄色网站推广。2012年11月3日，腾讯宣布在装有360软件的电脑上停止运行QQ软件，用户必须卸载360软件才可登录QQ，强迫用户“二选一”。双方为了各自的利益，从2010—2014年上演了一系列互联网之战，并走上了诉讼之路。

双方互诉三场，奇虎360已败诉。其中奇虎360诉腾讯公司垄断案尤为引人注目，2014年10月16日上午，最高人民法院判定：认定腾讯旗下的QQ并不具备市场支配地位，驳回奇虎360的上诉，维持一审法院判决。该判决为互联网领域垄断案树立了司法标杆。

这起被称为“互联网反不正当竞争第一案”的案件，是迄今为止互联网行业诉讼标的额最大、在全国有重大影响的不正当竞争纠纷案件，也是《反不正当竞争法》出台多年以来，最高人民法院审理的首例互联网反不正当竞争案，案件本身引发了行业、用户和法律界各方的关注。有行业人士认为，诉讼本身就促进了中国互联网企业创新生态的营造，也推动了中国市场经济的开放与竞争。

持续四年之久的“3Q大战”终于落下帷幕。

学习目标

- 了解不正当竞争行为的表现形式及其监督管理
- 了解垄断行为的表现形式及对涉嫌垄断行为的调查
- 掌握招标投标程序及其过程中的禁止行为
- 了解政府采购当事人及政府采购程序
- 了解拍卖当事人及拍卖程序
- 了解各违法行为依法应承担的责任

主要内容

- 反不正当竞争法的原则、不正当竞争行为的表现形式、对不正当竞争行为的监督管理
- 反垄断法的适用范围、垄断行为的表现、对涉嫌垄断行为的调查
- 招标投标法的主体、招标、投标、开标、评标与中标
- 政府采购原则、政府采购当事人、政府采购方式、政府采购程序和政府采购合同
- 拍卖的优点、拍卖的标的、拍卖当事人、拍卖程序

6.1 反不正当竞争法

6.1.1 反不正当竞争法概述

6.1.1.1 反不正当竞争法的概念

反不正当竞争法是有关调整在保障社会主义市场经济健康发展，鼓励和维护公平竞争，制止不正当竞争行为，保护经营者和消费者的合法权益过程中发生的社会关系的法律规范的总称。

我国第八届全国人民代表大会常务委员会第三次会议于1993年9月2日通过了《中华人民共和国反不正当竞争法》。本法共分为五章33条，自1993年12月1日起施行。反不正当竞争法的直接立法目的是制止不正当竞争，鼓励和保护正当竞争，从而维护市场交易的基本原则和基本秩序。

6.1.1.2 市场交易的基本原则

我国《反不正当竞争法》第2条第2款规定："经营者在市场交易中，应当遵循自愿、平等、公平、诚实信用的原则，遵守公认的商业道德。"

（1）自愿原则

自愿原则，是指经营者和消费者在法律许可的范围内，完全以自己的意愿决定自己的交易行为，而不受干预的权利。以欺诈、胁迫的手段或者乘人之危，使对方在违背真实意思的情况下所为的民事行为是无效的；行为人对行为内容有重大误解或显失公平的，均可以将该行为变更或予以撤销。

（2）平等原则

平等原则是指经营者在市场交易活动中的法律地位都是平等的，在市场交易中应当自觉自愿、平等协商，任何一方都不得将自己的意志强加给对方，特别是实力强大或具有独占经营地位的经营者，更不能利用自己的优势地位迫使他人服从自己的意志。平等原则与自愿原则一样，都是经营者主体性的表现，在平等地位基础上才会有真正的自愿，而自愿往往就是主体平等的表现。主体一旦进入市场，不论规模大小，在法律上一律平等。不能承认一方对另一方拥有特权或可以实行强制，如果存在特权和强制，市场的竞争性和效率就会受到损害。

（3）公平原则

公平原则是指在市场交易中应当公平合理、权利义务相一致。市场交易中的公平原则主要是指交易条件的公平和交易结果的公平。交易条件的公平是指交易条件的真实和交易机会的平等。例如，虚假广告、采用欺骗方式进行有奖销售等，其交易条件虚假，因而也就违反了公平原则。交易应该是面对所有人的，在经营者的限里，所有的消费者都应是上帝，所有的人都有权参与交易，如串通招投标，就排挤了其他主体的交易机会，地区封锁就既排挤了该地区又排挤了外地区主体的交易机会，公然违背了公平原则。交易结果的公平是指交易双方交易以后的权利义务大致相当。现实生活中的暴利斩客等行为就并无自愿可谈。公平原则是市场经济和《反不正当竞争法》的基本原则之一，是一个核心原则，前述的自愿原则、平等原则等也都体现了公平原则的要求。

（4）诚实守信原则和公认的商业道德

诚实守信原则又称诚信原则，是指参与市场交易者应该诚实待人，恪守信用，不得弄虚作假、欺诈对手、损人利己。公认的商业道德在《反不正当竞争法》的基本原则中是一个兜底原则，前述的自愿、平等、公平、诚实守信等原则也都是公认的商业道德，但是加上"公认的商业道德"原则以后，前四项原则中不能涵盖的内容也都被其概括进去了。

6.1.2 不正当竞争行为

6.1.2.1 不正当竞争行为的概念

不正当竞争行为是指在市场交易中，采取一切违反自愿、平等、公平、诚实信用原则或其他公认的商业道德的手段，损害其他经营者或者消费者的合法权益，扰乱市场秩序的行为。不正当竞争行为应符合下列构成要件：

（1）不正当竞争行为的主体是经营者

经营者，是指从事商品生产、经营或者营利性服务（以下所称商品包括服务）的法人、其他经济组织和个人。

政府及其所属部门不能成为不正当竞争行为的主体。但是作为特别规定，在不正当竞争行为中的“滥用行政权力限制竞争”行为，却只能由“政府及其所属部门”作为主体构成。

（2）不正当竞争的行为人主观上具有过错

不正当竞争行为既然是“不正当”的行为，即经营者从事的是与诚实信用原则或其他公认的商业道德相悖的行为，那么在认定不正当竞争行为时通常应以主体具有主观过错为要件。不正当竞争行为的认定包含了很大程度上的道德评价因素，其不仅在客观上而且在主观上都具有应受谴责性。实际上，经营者实施各种不正当竞争行为时都是具有明显过错的，而且绝大多数情况下还表现为故意。对于行为人的主观过错一般可以从是否具有损害竞争对手的目的和动机、是否具有自己牟取利益的目的和动机、是否或应否知道损害他人利益以及是否违反合同或商业习惯等方面来判断。

（3）不正当竞争行为在客观方面表现为行为人实施了与诚实信用原则或其他公认的商业道德相悖的行为

不正当竞争行为的具体表现存在很多的差异，但无论是市场混淆、虚假宣传和商业诋毁还是侵犯商业秘密、商业贿赂等，其共同的实质都是不劳而获，与市场经济中诚实信用原则和其他公认的商业道德的要求相背离。可见，不正当竞争行为违法性或者不正当性的实质正在于它直接违反了体现法律精神的诚实信用原则或其他公认的商业道德。诚实信用内一般的道德规范上升到市场经济的法律原则，尤其是成为反不正当竞争的基本原则，从而成为确定竞争行为正当与否的最具实质性的要件，体现了市场经济对某些基本道德规范内在的、更大的需求，是道德规范法律化的结果。它要求当事人在交易活动中应当诚实待人、恪守信用，不得进行任何欺诈或侵权的行为。

（4）不正当竞争行为所侵害的客体是经营者利益、消费者利益和社会公共利益

不正当竞争行为所侵犯的客体往往不是单一的，而是多重的。基于不正当竞争行为的性质，经营者实施不正当竞争行为首先是侵害了竞争对手的利益。不正当竞争行为有时侵害特定竞争对手的利益，如市场混淆、商业低级、侵犯商业秘密等；有时侵害不特定竞争对手的利益，如商业贿赂、虚假宣传、不当有奖销售等。

不正当竞争行为不仅侵害竞争对手的利益，而且侵害交易相对人尤其是消费者的利益。消费者是经营者在市场竞争中争夺的对象。不正当竞争行为有时在损害经营者利益的同时间接损害了消费者的利益，有时则是直接损害了消费者的利益，特别是在市场混淆和虚假宣传行为中，消费者是直接的受害者，或者说是通过消费者的利益受损来影响竞争者的利益。

此外，不正当竞争行为还损害了代表社会公共利益的市场竞争秩序，因为不正当竞争行为直接扭曲了作为市场经济基本机制的竞争机制，使公平竞争的市场秩序受到破坏，公众也就不能享

有公平竞争所带来的社会福利。

6.1.2.2 不正当竞争行为的表现

（1）市场混淆行为

市场混淆行为是指经营者在市场经营活动中，以种种不实手法对自己的商品或服务作虚假表示、说明或承诺，或不当利用他人的智力劳动成果推销自己的商品或服务，使用户或者消费者产生误解，扰乱市场秩序、损害同业竞争者的利益或者消费者利益的行为。

下列行为均属于混淆行为：

1）擅自使用知名商品特有的名称、包装、装潢，或者使用与知名商品近似的名称、包装、装潢，造成和他人的知名商品相混淆，引人误认为是该知名商品；

2）擅自使用他人的企业名称及其简称、字号，擅自使用他人的姓名、笔名、艺名，擅自使用社会组织的名称及其简称，引人误认为是他人的商品；

3）擅自使用他人的域名主体部分、网站名称、网页以及频道、节目、栏目的名称及标识等，引人误认为是他人的商品；

4）将他人注册商标、未注册的驰名商标作为企业名称中的字号使用，误导公众。

市场混淆行为表现形式多种多样，《反不正当竞争法》列举出四种明文禁止，概括其行为要点如下：

1）该行为的主体是从事市场交易活动的经营者。不是经营者，不构成此行为的主体（如国家机关工作人员利用其特殊的身份进行欺骗行为，不属于该法规范的对象）。

2）经营者在市场经营活动中，客观上实施了法律禁止的不正当竞争手段，其实质在于盗用他人的劳动成果，利用他人良好的商品声誉或者商业信誉为自己牟取非法利益。

3）经营者的欺骗性行为已经或足以使用户或消费者误认，亦即这种欺骗行为达到了较为严重的程度。

（2）商业贿赂行为

商业贿赂是指经营者为争取交易机会，暗中给予交易对方有关人员或者其他能影响交易的第三方以财物或其他好处的行为。《中华人民共和国反不正当竞争法（修订草案）》第7条规定，经营者不得采用财物或者其他手段贿赂交易相对方或者可能影响交易的第三方。交易相对方或者可能影响交易的第三方不得收受贿赂。可能影响交易的第三方，是指可能利用职权对交易产生影响的单位和个人。

经营者在交易活动中，可以以明示方式向交易相对方提供折扣，或者向中间人支付佣金。经营者向交易相对方提供折扣、向中间人支付佣金的，应当如实入账。接受折扣、佣金的经营者也应当如实入账。

商业贿赂行为要点：

1）行为的主体是经营者和受经营者指使的人（包括其职工）；其他主体可能构成贿赂行为，但不是商业贿赂。

2）行为的目的是争取市场交易机会，而非其他目的（如政治目的、提职、获取职称等）。

3）有私下暗中给予他人财物和其他好处的行为，且达到一定数额。如若只是许诺给予财物，不构成该行为；给予的财物或好处数额过小，如为联络感情赠送小礼物，亦不构成该行为。

4）该行为由行贿与受贿两方面构成。一方行贿，另一方不接受，不构成商业贿赂；一方索贿，另一方不给付，也不构成商业贿赂。

5）商业贿赂在客观方面表现为违反国家有关财务、会计及廉政等方面的法律、法规的规定，秘密给付财物中其他报偿，具有很大的隐蔽性。这是该行为的主要判断标准，即主要是看是否采取了秘密暗中账外给予的方式。如果采取秘密不入账的方式，就是商业贿赂。相反，如果双方采取公开明示的方式，并且如实入账，就视为正常的商业往来，视为佣金和回扣。

6）经营者的员工利用贿赂为经营者谋取交易机会或者竞争优势的，应当认定为经营者的行为；但是，经营者有证据证明属于员工个人行为的除外。

（3）虚假宣传行为

虚假宣传行为是指经营者利用广告和其他方法，对产品的质量、性能、成分、用途、产地等所作的引人误解的不实宣传。虚假宣传行为要点：

1）行为的主体是广告主、广告代理制作者和广告发布者。在某些情况下，三者身份可能重叠。

2）上述主体实施了虚假宣传行为。

3）上述虚假广告或虚假宣传达到了引人误解的程度，因而具有社会危害性。

4）主观方面，广告商在明知或应知情况下，方对虚假广告负法律责任；对广告主，则不论其主观上处于何种状态，均必须对虚假广告承担法律责任。

（4）侵犯商业秘密行为

商业秘密是指不为公众所知悉，能为权利人带来经济利益，具有实用性并经权利人采取保密措施的技术信息和经营信息。商业秘密不同于专利和注册商标，只要获得及使用手段合法，它可以为多个权利主体同时拥有和使用。如自主研究开发，或者通过反向工程破译他人商业秘密等。

侵犯商业秘密行为是指以不正当手段获取、披露、使用他人商业秘密的行为。经营者不得实施下列侵犯商业秘密的行为：

1）以盗窃、贿赂、胁迫或者其他不正当手段获取权利人的商业秘密；

2）披露、使用或者允许他人使用以前项手段获取的权利人的商业秘密；

3）违反约定或者违反权利人有关保守商业秘密的要求，披露、使用或者允许他人使用其所掌握的商业秘密。

以下行为视同侵犯商业秘密：

1）商业秘密权利人的员工、前员工以盗窃、贿赂、胁迫或者其他不正当手段获取权利人的商业秘密；

2）第三人明知或者应知商业秘密来源于非法途径，仍获取、披露、使用或者允许他人使用；

3）国家机关工作人员，律师、注册会计师等专业人员披露、使用或者允许他人使用其在履行职责过程中知悉的商业秘密。

侵犯商业秘密行为要点：

1）认定是否构成侵权，必须首先依法确认商业秘密确实存在。

2）行为主体可以是经营者，也可以是其他人。反不正当竞争法规范的各种不正当竞争行为的实施者，绝大多数要求其具有经营者的身份，而侵犯商业秘密的人则不受该限制。

3）客观上，行为主体实施了侵犯他人商业秘密的行为。实施的方式有盗窃、利诱、胁迫或不当披露、使用等。

4）以非法手段获取、披露或者使用他人商业秘密的行为已经或可能给权利人带来损害后果。

认定侵犯商业秘密需要排除的两种行为：

1）“反向工程”。是指通过技术手段对从公开渠道取得的产品进行拆卸、测绘、分析等而获得该产品的有关技术信息。通过自行研发研制或者反向工程等方式获得的商业秘密，不认定为侵犯商业秘密行为。但是，当事人以不正当手段知悉他人的商业秘密之后，又以反向工程为由主张获取行为合法的，不予支持。

2）商业秘密中的客户名单。一般是指客户的名称、地址、联系方式以及交易的习惯、意向、内容等构成的，区别于相关公众所知信息的特殊客户信息，包括汇集众多客户的客户名册，以及保持长期稳定交易关系的特定客户。

（5）附不合理条件交易行为

附不合理条件的交易行为也被称为搭售行为、附条件交易行为等，指经营者利用其在经济、技术等方面的优势地位，在销售某种产品或者提供某种服务时违背交易相对人的意志，强迫交易相对人购买其不需要、不愿购买的商品或者接受其他不合理条件的行为。

附不合理条件交易行为要点如下：

1）经营者具有经济优势或技术优势。经营者实施搭售行为时利用的一般是其足够的经济实力，包括经济优势或者技术优势。所谓经济实力，是指经营者的产品必须具有某种独特的性质，能够使购买者对它产生特殊的需求，并且已经形成了一定的市场支配力。

2）交易行为违背了交易相对人的意愿。违法搭售作为附不合理条件交易行为最一般的表现形式，是指经营者利用其经济优势或技术优势，违背交易相对人的意愿，在销售某种商品或者提供某种服务时，强使交易相对人附带接受另一种商品或者另一种服务的行为。

3）交易行为附加了不合理条件。通常表现为：搭售与正售商品或服务有关联的商品或服务，如销售冰箱时搭售冰箱保护器、销售复印机时搭售复印纸等、销售教材时搭售教辅资料等；搭售与正售商品同类但并不是一个品牌的商品，如销售好烟时搭售次烟，销售好酒时搭售次酒等；搭售与正售商品风马牛不相及的商品，所有商品都可以与正售商品搭售；其他附不合理条件交易行为，如限定销售价格、限定销售地区、要求独家经销、在技术转让中附加其他不合理的条件等。

（6）低价倾销行为

低价倾销行为是指经营者以排挤竞争对手为目的，以低于成本的价格销售商品。

《反不正当竞争法》第11条规定，经营者不得以排挤竞争对手为目的，以低于成本的价格销售商品。《价格法》第14条规定，经营者不得为排挤竞争对手或独占市场，以低于成本的价格倾销，扰乱正常的生产经营秩序，损害国家利益或者其他经营者的合法权益。

低价倾销的行为要点如下：

1）行为的主体是经营者，而且在绝大多数情况下，是大型企业或在特定市场上具有经营优势地位的企业。

2）经营者客观上实施了低价倾销行为。这里的低价倾销，如上所述，是指以低于成本价格销售商品。

3）经营者低价倾销行为的目的是排挤竞争对手，以便独占市场。因此，并非一时就某一种商品低于成本价格销售，而是较长时间以较大的市场投放量低价倾销。

如果因特殊原因而低于成本价格销售商品，则不构成低价倾销行为。对此，《反不正当竞争法》第11条列举了四种除外情况：①销售鲜活商品；②处理有效期限即将到期的商品或者其他积压的商品；③季节性降价；④因清偿债务、转产、歇业降价销售商品。

（7）不正当有奖销售

不正当有奖销售是指经营者在销售商品或提供服务时，以提供奖励（包括金钱、实物、附加服务等）为名，实际上采取欺骗或者其他不当手段损害用户、消费者的利益，或者损害其他经营者合法权益的行为。

有奖销售是一种有效的促销手段，其方式大致可分为两种：一种是奖励给所有购买者的附赠式有奖销售，另一种是奖励部分购买者的抽奖式有奖销售。法律并不禁止所有的有奖销售行为，而仅仅对可能造成不良后果、破坏竞争规则的有奖销售加以禁止。

经营者有奖销售不得存在下列情形：

1）所设奖的种类、兑奖条件、奖金金额或者奖品等有奖销售信息不明确，影响兑奖；

2）采用谎称有奖或者故意让内定人员中奖的欺骗方式进行有奖销售；

3）抽奖式的有奖销售，最高奖的金额超过五千元。

不正当有奖销售的行为要点如下：

1）不正当有奖销售的主体是经营者。有关机构、团体经政府和政府有关部门批准的有奖募捐及其彩票发售活动不适用《反不正当竞争法》。

2）经营者实施了法律禁止的不正当有奖销售行为。如欺骗性有奖销售或巨奖销售。

3）经营者实施不正当有奖销售，目的在于争夺顾客，扩大市场份额，排挤竞争对手。

（8）诋毁商誉

诋毁商誉行为是指经营者捏造、散布虚假事实，损害竞争对手的商业信誉、商品声誉，从而削弱其竞争力的行为。

诋毁商誉的行为要点如下：

1）行为的主体是市场经营活动中的经营者，其他经营者如果受其指使从事诋毁商誉行为的，可构成共同侵权人。新闻单位被利用和被唆使的，仅构成一般的侵害他人名誉权行为，而非不正当竞争行为。

2）经营者实施了诋毁商誉行为，如通过广告、新闻发布会等形式捏造、散布虚假事实，使用户、消费者不明真相产生怀疑心理，不敢或不再与受诋毁的经营者进行交易活动。若发布的消息是真实的，则不构成诋毁行为。

3）诋毁行为是针对一个或多个特定竞争对手的。如果捏造、散布的虚假事实不能与特定的经营者相联系，商誉主体的权利便不会受到侵害。应注意的是，对比性广告通常以同行业所有其他经营者为竞争对手而进行贬低宣传，此时应认定为商业诋毁行为。

4）经营者对其他竞争者进行诋毁，其目的是败坏对方的商誉，其主观心态出于故意是显而易见的。

（9）其他不正当竞争行为

有关法律、行政法规未作明确规定，严重破坏竞争秩序、确需查处的市场交易行为，由国务院工商行政管理部门或者国务院工商行政管理部门会同国务院有关部门研究提出应当认定为不正当竞争行为的意见，报国务院决定。

6.1.3 不正当竞争行为的监督

根据我国《反不正当竞争法》的规定，国家鼓励、支持和保护一切组织和个人对不正当竞争行为进行社会监督。同时还明确规定了对于不正当竞争行为进行监督检查的机关和职能。

6.1.3.1 监督主体

我国的《反不正当竞争法》的执法机构主要是县级以上人民政府工商行政管理部门。工商行政管理部门是国家经济监督管理部门和行政执法部门，其本身就有规范市场行为的综合职能。

但是，法律、行政法规规定由其他部门监督检查的，依照其规定。例如，根据《产品质量法》的规定，产品质量监督机关有权查处经营者在产品上伪造产地，伪造或者冒用他人的厂名、厂址，伪造或者冒用认证标志等质量标志的行为；根据《药品管理法》的规定，药品监督管理部门负责药品生产、经营等领域的不正当竞争行为；根据《证券法》的规定，国务院证券监督管理机构（中国证监会）依法对证券市场上的不正当竞争行为进行监督检查；根据《对外贸易法》的规定，国务院对外经济贸易主管部门（商务部）依法对在对外贸易经营活动中实施的危害市场公平竞争的行为进行监督检查，等等。

6.1.3.2 监督职责

监督检查部门在调查不正当竞争行为时，有权行使下列职权：

1）进入涉嫌不正当竞争行为的经营场所进行检查；

2）询问被调查的经营者、利害关系人及其他有关单位、个人，并要求提供证明材料或者与涉嫌不正当竞争行为有关的其他资料；

3）查询、复制与涉嫌不正当竞争行为有关的协议、账簿、单据、文件、记录、业务函电和其他资料；

4）责令被调查的经营者停止涉嫌不正当竞争行为，说明有关财物的来源和数量；

5）查封、扣押与涉嫌不正当竞争行为有关的财物；

6）查询涉嫌不正当竞争行为的经营者的银行账户及与存款有关的会计凭证、账簿、对账单等。

监督检查部门在监督检查不正当竞争行为时，被检查的经营者、利害关系人及其他有关单位、个人应当如实提供有关资料或者情况。

6.1.3.3 监督程序

1）监督检查部门抽查不正当竞争行为，应当随机抽取检查对象；

2）监督检查部门抽查不正当竞争行为，应当随机选派执法检查人员；

3）监督检查部门抽查不正当竞争行为，应当将抽查情况及查处结果及时向社会公开。

6.1.4 法律责任

我国《反不正当竞争法》对于不正当竞争行为规定了三种法律责任。对民事侵权行为，追究行为人的民事责任，以赔偿受害者的财产损失，保护诚实经营者的合法权益；对侵害了国家在经济领域的行政管理活动和国家通过行政管理活动所欲建立的经济秩序的，则追究行为人的行政责任；对侵害了刑事法律所保护的重要社会关系，已经构成犯罪的，则要追究其刑事责任。

6.1.4.1 不正当竞争行为的民事责任

《反不正当竞争法》第20条规定："经营者违反本法规定，给被侵害的经营者造成损害的，应当承担损害赔偿责任，被侵害的经营者的损失难以计算的，赔偿额为侵权人在侵权期间因侵权所获得的利润；并应当承担被侵害的经营侵害的经营者的合法权益受到不正当竞争行为损害的，可以向人民法院提起诉讼。"

（1）不正当竞争行为承担民事责任的原则

1）民事赔偿优先原则。经营者违反不正当竞争法的规定，实施了不正当竞争行为，给他人造成损害的，应当依法承担民事赔偿责任和缴纳罚款的，其财产不足以同时支付时，优先承担民事赔偿责任。

2）民事赔偿与行政处罚并行的原则。不正当竞争违法行为首先损害了其他经营者的合法权益，需要民事赔偿优先，调动其他经营者制止不正当竞争行为的积极性。同时，不正当竞争行为也损害竞争秩序，需要予以行政处罚。不能因为承担了民事赔偿而不予以行政处罚，也不能因为处以行政处罚而忽略民事赔偿。

（2）不正当竞争行为的承担民事损害赔偿责任的条件

1）故意实施了不正当竞争行为；

2）给被侵害的经营者造成了损害事实；

3）不正当竞争行为与损害事实之间具有必然的因果关系。

（3）损害赔偿额的计算

由于不正当竞争行为给被侵害的经营者造成的损害很难度量，因此损害赔偿数额也就很难确定。这使被侵权人很难计算其实际损失的多少，从而不愿或不能向法院起诉，客观上放纵了不正当竞争行为。为了解决这个难题，我国《反不正当竞争法》作了具体的规定，主要是：

1）受侵害的经营者的损失可以计算时，按照计算的数额多少赔偿多少；

2）受侵害的经营者的损失难以计算时，赔偿额为侵权人在侵权期间因侵权所获得的利润；

3）赔偿数额中还应包括“被侵害的经营者因调查该经营者侵害其合法权益的不正当竞争行为所支付的合理费用”。不管损害数额能否计算，都应在赔偿数额中包括上述调查费用。但是调查费用必须是因调查该侵权的经营者侵害其合法权益的不正当竞争行为所支付的费用，而且应该是“合理费用”，不能漫天要价。

（4）不正当竞争行为损害赔偿责任的方式

不正当竞争行为所承担的损害赔偿责任的方式，除了适用《反不正当竞争法》规定的赔偿损失外，还有《民法通则》所规定的种种责任方式，如停止侵害、排除妨碍，消除危险，返还财产；恢复原状，修理、重作、更换；消除影响、恢复名誉；赔礼道歉等。

6.1.4.2 我国《反不正当竞争法》中的行政责任

行政责任是行为人违反行政法律法规的规定所应承担的强制性的行政法律后果。承担行政责任的主体可以是公民、法人和其他组织，也可以是行政机关及其工作人员。《反不正当竞争法》不但对实施不正当竞争行为的经营者规定了行政责任，而且还对政府及其所属部门的以权经商与地区封锁和监督检查不正当竞争行为的国家机关工作人员的滥用职权、玩忽职守等行为规定了职守等行为规定了行政责任。

行政责任以行政违法为前提，以行政制裁为表现方式。我国《反不正当竞争法》中规定的行政责任为行政处罚和行政处分。

（1）行政处罚

行政处罚是行为由特定的国家机关给予犯有轻微违法行为尚不够刑事处分的主体的一种强制性处罚措施。我国《反不正当竞争法》规定的行政处罚形式主要是没收违法所得、罚款、吊销营业执照以及信用惩戒等。

没收违法所得是剥夺当事人财产权的行政处罚。这里的违法所得包括当事人因不正当竞争行为而取得的非法所得和当事人用于实施不正当竞争行为的财物，也就是当事人实施不正当竞争行为的全部财产，包括成本、利润等。

罚款是对当事人课以支付金钱的行政处罚。与没收违法所得不同的是，没收违法所得是对当事人既有财产的处置，罚款虽然也要考虑当事人能否缴纳的实际可能，但却不以当事人的违法所得为限。

信用惩戒是指将降低或剥夺违法经营者声誉的处罚。经营者将他人注册商标、未注册的驰名商标作为企业名称中的字号使用，误导公众的，由监督检查部门责令经营者在一个月内申请名称变更登记；期限届满未提出变更登记申请的，由监督检查部门依照法律进行没收违法所得或罚款，并由原企业登记机关将其名称从企业信用信息公示系统中删除，以统一社会信用代码代替其名称，并将其列入经营异常名录。

吊销营业执照是剥夺行为权的行政处罚，也是剥夺当事人特定行为能力的行政处罚，也称能力罚，是一种较为严厉的制裁措施。营业执照是主体为一定行为的法律依据，吊销了营业执照，也就剥夺了主体为一定行为的法律依据。

（2）行政处分

行政处分是国家行政机关依照行政隶属关系给予违法失职的国家机关工作人员的一种惩罚措施。我国《反不正当竞争法》第30条和第31条对行政处分作了以下规定："政府及其所属部门违反本法第7条规定，限定他人购买其指定的经营者的商品、限制其他经营者正当的经营活动，或者限制商品在地区之间正常流通的，由上级机关责令其改正；情节严重的，由同级或者上级机关对直接责任人员给予行政处分"，"监督检查不正当竞争行为的国家机关工作人员滥用职权、玩忽职守，构成犯罪的，依法追究刑事责任；不构成犯罪的，给予行政处分。"

6.1.4.3 我国《反不正当竞争法》中的刑事责任

刑事责任是行为人违反刑事法律规定，依法应接受刑罚制裁的法律后果。刑事责任是法律责任中最为严重的责任，只有人民法院才能依法对触犯刑事法律的犯罪者适用刑事责任。按主体划分，我国《反不正当竞争法》规定的刑事责任包括两个方面，一是经营者不正当竞争行为的刑事责任，二是监督检查不正当竞争行为的国家机关工作人员的刑事责任。

（1）经营者不正当竞争行为的刑事责任

在我国1993年颁布实施的《中华人民共和国反不正当竞争法》中，只规定了三种不正当竞争行为可以追究刑事责任。这三种行为分别是假冒仿冒构成犯罪的行为（依照《中华人民共和国商标法》和《中华人民共和国产品质量法》的规定）、假冒仿冒知名商品特有的商品标志销售伪劣商品构成犯罪的行为以及因为商业贿赂而构成犯罪的行为。

1997年3月14日修订通过、1997年10月1日起施行的《中华人民共和国刑法》除了对上述三种不正当竞争行为规定刑事责任外，还增加规定了侵犯商业秘密罪、商业诽谤罪、虚假宣传罪等条款，加大了打击不正当竞争行为的力度。

（2）监督检查不正当竞争行为的国家机关工作人员的刑事责任

我国《反不正当竞争法》以第31条、第32条两个法律条文分别规定："监督检查不正当竞争行为的国家机关工作人员滥用职权、玩忽职守，构成犯罪的，依法追究刑事"，"监督检查不正当竞争行为的国家机关工作人员徇私舞弊，对明知有违反本法规定构成犯罪的经营者故意包庇不使他受追诉的，依法追究刑事责任。"这两个条文实际上规定了三个罪名：滥用职权罪、玩忽职守罪和徇私舞弊罪。

这里的"国家机关工作人员"除了行政工作人员外，还应该包括司法工作人员。如果司法机关工作人员在查处不正当竞争犯罪行为时徇私枉法、徇情枉法而构成犯罪的，也需按相关规定追究刑事责任。

阅读专栏

无市场知名度的企业字号不受《反不正当竞争法》保护
——“房金所”企业字号不正当竞争纠纷案

【判决要点】

1. 不具有一定的市场知名度、不为相关公众所知悉的企业名称中的字号并不受《反不正当竞争法》第五条第（三）项的保护。而在法律对字号的保护已经作出明确的特别规定情况下，不应再适用《反不正当竞争法》第二条的规定。

2. 只有在满足经营者之间具有竞争关系、有关宣传内容足以造成相关公众误解，对经营者造成了直接损害这三个基本条件的情况下，才构成《反不正当竞争法》第九条第一款规定的引人误解的虚假宣传行为。

上诉人（原审原告）：深圳房金所金融服务股份有限公司（简称深圳房金所公司）

上诉人（原审原告）：上海房金所金融信息服务有限公司（简称上海房金所公司）

被上诉人（原审被告）：上海新居金融信息服务有限公司（简称上海新居公司）

被上诉人（原审被告）：北京新浪互联信息服务有限公司（简称新浪公司）

被上诉人（原审被告）：上海房屋销售（集团）有限公司（简称上房公司）

来源：上海知识产权法院（2016）沪73民终107号民事判决书

【案情简介】

深圳房金所公司和上海房金所公司均系以“房金所”为字号依法设立的企业，上海房金所公司系深圳房金所公司的子公司。2014年1月，深圳房金所以“房金所”的全拼音“fangjinsuo”注册了“fangjinsuo.com”等顶级域名，2014年7月8日，其开发的“房金所房地产金融信息服务平台V1.0”通过该公司的www.fangjinsuo.com网站正式上线运行。

上海新居公司于2014年5月22日由股东上海酷硕公司设立，亦经营互联网房地产金融服务。2014年2月23日，上海新居公司注册了“fangjs.com”顶级域名，2014年7月8日，其主办的“房金所”网站（网址为www.fangjs.com）上线测试运行。

深圳房金所公司、上海房金所公司认为，其与上海新居公司同属于互联网金融服务行业，上海新居公司、北京新浪公司、上房集团在经营活动中实施如下侵权行为，损害了深圳房金所公司、上海房金所公司的合法权益：

1. 上海新居公司在其网站对外宣传和提供的协议文本中以“房金所”作为企业简称用于指代自己，该行为足以造成相关公众混淆了主体和来源，侵害了深圳房金所公司、上海房金所公司的企业名称权，违反了《反不正当竞争法》第二条、第五条第（三）项和《企业名称登记管理规定》第三条、第七条、第二十五条的规定。

2. 上海新居公司不仅使用了“房金所”，还使用了“房金所+EJ图形”，侵犯了深圳房金所公司、上海房金所公司以“房金所”为名称的微信公众服务平台和房地产金融服务平台的知名金融服务特有名称和装潢，亦造成了相关公众的混淆，违反了《反不正当竞争法》第五条第（二）项的规定。

3. 上海新居公司在广告宣传中使用“系出名门”“新浪、易居中国、红杉资本强力联合背书，顶级阵容联袂推出”“国内首家互联网房地产金融平台”、“由新浪（纳斯达克上市代码：SINA）、易居中国（纽交所上市代码：EJ）、红杉资本联手打造”、“房金所控股股东为易居中国、新浪”等引人误解的广告语，给相关公众灌输只有上海新居公司才是“第一名门正宗”、其他企业包括深圳房金所公司和上海房金所公司均为“后进杂牌”的错误观念，该行为已构成虚假宣传，给深圳房金所公司和上海房金所公司造成相当大的困扰和负面影响，违反了《反不正当竞争法》第五条第（四）项的规定。北京新浪公司为上海新居公司提供了网站转链接服务，并将北京新浪公司数以亿计的“新浪通行证体系”用户资源与上海新居公司共享。上房集团在其开办的域名为“ehousechina.com”网站主页中为上海新居公司业务和网站做宣传推广，并为上海新居公司网站主页提供可以直接访问的链接服务。二者在为上海新居公司做推广宣传时客观上也极大地扩大了上海新居公司对深圳房金所公司和上海房金所公司侵权行为的损害后果，构成了帮助侵权。

4. 上海新居公司还向深圳房金所公司的新浪官方微博粉丝发送私信并要求粉丝取消关注深圳房金所公司和上海房金所公司的官方微博账号，违背公认的商业道德，损害深圳房金所公司、上海房金所公司的商业信誉、商品声誉，违反了《反不正当竞争法》第二条的规定。

【判决观察】

一审法院认为：首先，“房金所”系通用名称“房地产金融交易所”的简称，不具有显著性，在案证据也无法证明该字号已具有一定知名度且为公众所知悉，故不适用《反不正当竞争法》第五条第（三）项的规定。其次，在案证据无法证明上海新居公司对“房金所”的使用会造成公众混淆、具有搭便车、攀附深圳房金所和上海房金所公司商誉的主观恶意，因此上海新居公司未违反《反不正当竞争法》第二条的规定。再次，深圳房金所公司、上海房金所公司并未提供证据证明该金融服务已经具有一定的市场知名度并为相关公众所知悉，故一审法院对二者要求以“房金所+梧桐树图形”标识作为其金融服务的特有装潢受到《反不正当竞争法》保护的主张不予采纳。最后，上海新居公司对外宣传作出的表述系真实表述，并未造成引人误解的后果。上海新居公司向深圳房金所公司的微博粉丝发送私信的行为，并不必然导致深圳房金所公司、上海房金所公司潜在客户的流失。

因此，一审法院认为深圳房金所公司、上海房金所公司在本案中关于上海新居公司构成不正当竞争的相关诉讼主张均不能成立，判决驳回深圳房金所公司、上海房金所公司全部诉讼请求。

本案二审争议的焦点是：

一、上海新居公司在经营过程中使用“房金所”指代自身及其经营的金融平台是否侵犯了深圳房金所公司、上海房金所公司的企业名称权。

企业名称中的字号若需获得《反不正当竞争法》第五条第（三）项规定的企业名称的同等保护，该企业名称中的字号，应当在被控使用行为发生前已经“具有一定的市场知名度、并为相关公众所知悉”。但深圳房金所公司、上海房金所公司并未提供证明二者通过其经营而取得的盈利状况、实际提供金融服务产品的时间、地域范围、服务对象、金融服务产品的交易金额、所占市场份额等实际经营情况的证据。因此，仅凭现有证据尚不足以证明深圳房金所公司、上海房金所公司的字号“房金所”在2014年7月8日前已经“具有一定的市场知名度、并为相关公众所知悉”，属于《反不正当竞争法》第五条第（三）项所保护的企业名称。

《反不正当竞争法》第二条作为《反不正当竞争法》中原则性条款，其适用应当符合下列条件，即1.该种行为属于市场竞争行为，且法律对该种竞争行为并未作出特别规定。2.该种竞争行为因确属违反诚实信用原则和公认的商业道德而具有不正当性或可责性。3.该种竞争行为具有损害后果，其他经营者的合法权益确因该竞争行为而受到了实际损害。而《反不正当竞争法》第五条第（三）项、《反法司法解释》第六条，已经对受《反不正当竞争法》保护的字号作了极为明确的规定，即受《反不正当竞争法》第五条第（三）项保护的企业名称中的字号，应当“具有一定的市场知名度、并为相关公众所知悉”。换言之，不具有一定的市场知名度、不为相关公众所知悉的企业名称中的字号并不受《反不正当竞争法》第五条第（三）项的保护。而在法律对字号的保护已经作出明确的特别规定情况下，显然不应再适用《反不正当竞争法》第二条的规定。一审法院针对该节争议的法律适用有所不当，二审依法予以纠正。

二、深圳房金所公司、上海房金所公司的“房金所”金融服务名称和“房金所+梧桐树图形”标识是否构成其知名服务的特有名称、包装和装潢。

根据《反不正当竞争法》第五条第（二）项以及《反法司法解释》第一条的规定，受《反不正当竞争法》第五条第（二）项所保护的“知名商品”，应当“在中国境内具有一定的市场知名度，为相关公众所知悉”。而本案中，如上文所言，仅凭现有证据尚不足以证明深圳房金所公司、上海房金所公司所提供的商品或服务在2014年7月8日前已经“在中国境内具有一定的市场知名度，为相关公众所知悉”，属于《反不正当竞争法》第五条第（三）项所保护的“知名商品”。

三、上海新居公司在经营过程中是否实施了虚假宣传的行为。

法院认为，《反不正当竞争法》第二条第二款规定，本法所称的不正当竞争，是指经营者违反本法规定，损害其他经营者的合法权益，扰乱社会经济秩序的行为。第二十条规定，经营者违反本法规定，给被侵害的经营者造成损害的，应当承担损害赔偿责任……。上述法律规定表明，只有因经营者的行为违反《反不正当竞争法》的规定，并给其他经营者及其合法权益造成损害时，其他经营者才有权提起民事诉讼，才涉及该经营者应否承担不正当竞争的民事责任问题。即使是对《反不正当竞争法》第九条第一款规定的引人误解的虚假宣传行为，也并非都是经营者可以主张民事权利的行为，也应当符合经营者之间具有竞争关系、有关宣传内容足以造成相关公众误解，对经营者造成了直接损害这三个基本条件。

首先，对于竞争关系的问题，法院认为，在案证据表明深圳房金所公司、上海房金所公司和上海新居公司所提供的都是融资牵线服务，虽然两者服务的投资对象有所区别，但两者服务的融资对象均为借款人，两者又均处于金融中介的地位，故应当认为两者在融资牵线服务方面存在同业竞争关系。其次，对于有关宣传内容是否足以造成相关公众误解。法院认为，上海新居公司在其对外宣传中对其控股股东的介绍确有不当之处，可能造成相关公众对上海新居公司股东身份的混淆或者误认。但是，不论相关公众是否会对上海新居公司股东身份产生混淆或者误认，深圳房金所公司、上海房金所公司并未举证证明上海新居公司的上述宣传行为包括上述误导性后果使深圳房金所公司、上海房金所公司自身受到了直接损害。因此，本案中不能得出上海新居公司的上述宣传行为及其可能存在的市场混淆行为构成对深圳房金所公司、上海房金所公司的不正当竞争。

关于“国内首家互联网房地产金融平台”是否构成虚假宣传的不正当竞争行为。根据本案查明的事实，2014年7月8日，由上海新居公司主办的“房金所”网站（网址为www.fangjs.com）上已经出现了“敬请期待——国内首家互联网房地产金融服务平台”的广告宣传，并于7月15日进行了内测。而深圳房金所公司、上海房金所公司的“房金所房地产金融信息服务平台”是2014年7月8日在www.fangjinsuo.com网站正式上线运行。故上海新居公司上述预告性的广告宣传其内容无明显不当之处，并未违反法律禁止性规定，亦不宜认定为虚假宣传。

四、上海新居公司向深圳房金所公司的微博粉丝发送私信的行为是否构成不正当竞争。

上海新居公司发送的私信内容为“易居中国房金所的微博账户是‘房金所官博’，您关注的这个‘房金所’是深圳的一家公司，我们的竞争对手，为了避免混乱，烦请您取消该关注，重新关注‘房金所官博’http：//weibo.com/fangjinsuo，感谢您的支持!”显然，上述内容仅是基于对两个不同微博主体注册的相似微博名称的事实予以澄清，并提醒网络用户两者的差别之处，其内容并无不当。是否“取消关注”、“重新关注”均是基于客户自己的选择。故上海新居公司发送上述私信的行为，并不必然导致深圳房金所公司、上海房金所公司潜在客户的流失，亦未损害深圳房金所公司、上海房金所公司的合法利益，上海新居公司的上述行为并不构成不正当竞争。

综上所述，二审法院认为，深圳房金所公司、上海房金所公司在本案中关于上海新居公司构成不正当竞争的相关上诉主张均不能成立，故深圳房金所公司、上海房金所公司关于北京新浪公司、上房集团构成帮助侵权的上诉主张亦当然不能成立，遂判决驳回上诉，维持原判。

（材料来源：中国知识产权律师网，2017年3月13日，商业秘密及不正当竞争经典案例）

6.2 反垄断法

6.2.1 反垄断法概述

6.2.1.1 反垄断法的概念和法律地位

（1）反垄断法的概念

反垄断法是反对限制竞争，维护自由、公平竞争和经济活力的法律规范的总称。

现代意义上垄断的概念首先来自于经济学。在经济学上，垄断是指在生产集中和资本集中高度发展的基础上，一个大企业或少数几个大企业对相应部门产品的生产和销售的独占或联合控制。一般而言，垄断在理论上是完全竞争的另一面。拥有垄断优势的卖方会限制产量、抬高价格，以此实现利润最大化。

反垄断法中的垄断指特定主体在经济活动中排除、限制竞争的状态或行为。具体说来，是指企业或其他组织单独或者联合地采取经济的或者非经济的手段，在特定市场实行排他性控制，从而排除、限制竞争的状态或行为。

反垄断法主要是维护宏观的竞争秩序，侧重追求整体和宏观的效率，实现动态的交易安全，侧重维护自由竞争，因此反垄断法涉及的问题更具有全局性、宏观性、政策性，与整体的经济效率和社会公正息息相关。

（2）反垄断法的法律地位

反垄断法具有经济宪法的地位，一般认为在市场经济领域反垄断法具有基石一般的地位和作用，即反垄断法是维护经济民主和经济自由的基本法，担负着反经济专制（即垄断）和反限制竞争自由的重要使命。这是由反垄断法的性质所客观决定的。

市场经济的基本表征就是自由的独立的市场主体在市场中自由竞争自主经营，市场经济运行的基本机制是竞争机制。企业自由和经营自主直接表现为市场主体的竞争自由，没有竞争自由则竞争机制无以存在和发挥作用。反垄断法则以促进实现竞争自由和维护竞争自由进而确保竞争机制正常运行为目标，所以，反垄断法的经济宪法地位是由竞争自由和竞争机制在市场经济中的根本性地位和作用所决定的。

尽管反垄断法主要是针对市场上出现的非法垄断行为，但是它在对企业规模和市场结构的规制方面还往往涉及市场主体、国家对经济的宏观调控等内容，在对消费者利益的最终保护方面，还在某种程度上具有社会保障法的性质。经济法律规范主要由市场主体法、市场行为法、宏观调控法和社会保障法构成。而反垄断法律制度几乎涉及所有经济领域和所有经济活动，它为经济的各个部门和各个方面的立法提供了一般性的依据，又以其原则规定弥补了各个部门和各个方面立法可能存在的不足，从而从整体上保证了现代市场经济的健康发展。因此，反垄断法被称为“经济宪法”是当之无愧的。

6.2.1.2 反垄断法的立法宗旨

我国《反垄断法》第1条规定：“为了预防和制止垄断行为，保护市场公平竞争，提高经济运行效率，维护消费者利益和社会公共利益，促进社会主义市场经济健康发展，制定本法。”这是符合我国国情的、具有鲜明中国特色的立法宗旨。

（1）有效地对垄断行为进行预防和制止，维护自由公正的市场竞争秩序

反垄断法的颁布与实施，可对意图实施垄断行为的任何社会主体产生一定的威慑作用，可起到一定的垄断预防目的功能。另外，对已发生违法垄断行为的行为者需追究其法律责任，发挥反垄断法律责任制度的作用，总之，保护市场竞争、预防和制止垄断行为是反垄断法的首要、直接目标。

（2）提升经济效率，促进经济发展

反垄断法为经济发展扫清了垄断性障碍，使生产效率、创新效率、配置效率等得以提高。反垄断法鼓励经营者降低生产成本、提高生产效率，通过价低质高的产品转移资源使用效率，实现社会资源最合理的配置，促进所有产品以最低总成本表现出来。

（3）保障消费者合法权益

反垄断法遏制垄断行为，维护市场竞争秩序，使得市场始终保持有效竞争状态。企业为了在市场中追求更多的利润，努力通过竞争改进生产质量，降低生产成本，不断开发新产品满足消费者的多样化需求，这样会在很大程度上促进消费者整体福利的提升。维护消费者整体利益是反垄断法的最终目标。

（4）实现对社会公共利益的保护

社会公共利益是一个非常宽泛的、抽象的概念，反垄断法中的社会公共利益主要涉及促进国家经济的发展、提高内资企业的国家竞争力、促进对外贸易、扩大社会就业、保护环境与资源、还涉及各种灾难救助等。

6.2.1.3 反垄断法适用的地域范围与适用对象

（1）反垄断法适用的地域范围

中华人民共和国境内经济活动中的垄断行为，适用反垄断法；中华人民共和国境外的垄断行为，对境内市场竞争产生排除、限制影响的，也适用反垄断法。

（2）反垄断法适用对象

反垄断法关系的主体是实际参加或可能参加交易的主体，包括没有经营者资格但因其参加涉及垄断的交易关系中而成为反垄断法的主体。

1）经营者。经营者是指从事商品生产、经营或者提供服务的自然人、法人和其他组织。反垄断法作为经济宪法，它所关注的基本内容是社会经济生活秩序。经营者是市场经济活动的核心主体，是直接影响市场经济秩序的庞大社会群体。因此，反垄断法的适用对象首先集中在经营者身上。

2）行政机关和事业单位。政府在市场竞争秩序的影响不断增加以及行政权力滥用现象日益突出，国家行政机关和事业单位不是经营者，但在参与经济活动中，给予有关经营者以优惠条件或阻碍经营的，国家行政机关和事业单位就成为反垄断法的适用对象。

3）行业协会。行业协会是一种非营利性组织，它是由商业中的竞争者所构成，其目的在于促进和提高该行业中的一项或多项经济利益或者该领域所覆盖成员的经济利益。反垄断法与行业协会之间有着密切的关系，一方面，行业协会在实现自己职能的过程中，为了行业领域的健康发展和全体会员的共同利益，约束会员尤其是会员企业的活动，使其遵守竞争规则并运用行业协会的自治权来对违反竞争规则的行为进行规范，这些行为的结果与反垄断法维护自由、公平竞争的目的是不谋而合的；但另一方面，行业协会为了实现会员企业利益的最大化会倡导会员企业从事所谓的行业“自律”行为，希望会员企业之间不要自相残杀，进行激烈的竞争，最好能签订价格同盟等协议，行业协会从事的这些行为实际上是损害、限制竞争的行为，而这些使竞争无法正常进行的行为正是反垄断法所要制约的对象。我国《反垄断法》明确禁止行业协会实施垄断行为，并规定了比较严厉的法律责任。

（3）反垄断法适用除外制度

反垄断法中不仅有禁止或限制的非法垄断，还有得到允许和保护的合法垄断，即反垄断法中有关于适用除外的规定。所谓适用除外，是指基于某种政策考虑，对特定行业、特定组织或特定行为不适用反垄断法的一项法律制度。适用除外的对象主要涉及对维护本国整体经济利益和社会公共利益有重大意义的行业或领域，以及对市场竞争关系影响不大，但对社会整体利益有益的限制竞争行为。

6.2.1.4 我国反垄断行为的主管机构

（1）反垄断委员会

国务院设立反垄断委员会，负责组织、协调、指导反垄断工作，履行下列职责：

1）研究拟定有关竞争政策；

2）组织调查、评估市场总体竞争状况，发布评估报告；

3）制定、发布反垄断指南；

4）协调反垄断行政执法工作；

5）国务院规定的其他职责。

国务院反垄断委员会的组成和工作规则由国务院规定。

（2）反垄断执法机构

国务院规定的承担反垄断执法职责的机构负责反垄断执法工作。目前，我国国务院反垄断执法机构是指国家工商局（负责非价格垄断协议、非价格滥用市场支配地位、滥用行政权力排除限制竞争行为的反垄断执法）、国家发改委（价格）、商务部（负责经营者集中行为的反垄断审查）。

国务院反垄断执法机构根据工作需要，可以授权省、自治区、直辖市人民政府相应的机构，依照规定负责有关反垄断执法工作。

6.2.2 垄断行为

垄断行为，是经营者违背自由、公平竞争的原则，采取排除、限制竞争的手段，扩张自己的经济规模或形成对自己有利的经济地位的违法行为。根据我国《反垄断法》第3条和第8条的规定，垄断行为一般指三种经济垄断和一种行政垄断，具体包括：①垄断协议；②滥用市场支配地位；③具有或者可能具有排除、限制竞争效果的经营者集中；④滥用行政权力排除、限制竞争的行为。

6.2.2.1 经营者达成垄断协议的行为

（1）垄断协议的概念

垄断协议是指排除、限制竞争的协议、决定或者其他协同行为。垄断协议的主体是经营者、交易相对人，其目的是排除或限制竞争。行业协会也不得组织本行业的经营者从事垄断协议行为。

（2）垄断协议行为的表现形式

1）经营者之间的垄断协议行为。有竞争关系的经营者达成的协议内容涉及以下情形之一的，属于垄断协议：

① 固定或者变更商品价格；

② 限制商品的生产数量或者销售数量；

③ 分割销售市场或者原材料采购市场；

④ 限制购买新技术、新设备或者限制开发新技术、新产品；

⑤ 联合抵制交易；

⑥ 国务院反垄断执法机构认定的其他垄断协议。

2）经营者与交易相对人之间的垄断协议行为。经营者与交易相对人达成的协议内容涉及以下情形之一，属于垄断协议：

① 固定向第三人转售商品的价格；

② 限定向第三人转售商品的最低价格；

③ 国务院反垄断执法机构认定的其他垄断协议。

（3）垄断协议行为的除外规定

经营者能够证明所达成的协议属于下列情形之一的，不属于垄断协议：

1）为改进技术、研究开发新产品的；

2）为提高产品质量、降低成本、增进效率，统一产品规格、标准或者实行专业化分工的；

3）为提高中小经营者经营效率，增强中小经营者竞争力的；

4）为实现节约能源、保护环境、救灾救助等社会公共利益的；

5）因经济不景气，为缓解销售量严重下降或者生产明显过剩的；

6）为保障对外贸易和对外经济合作中的正当利益的；

7）法律和国务院规定的其他情形。

其中，对于第1）至5）项的情况，经营者还应当证明所达成的协议不会严重限制相关市场的竞争，并且能够使消费者分享由此产生的利益。

（4）关于农业生产者及农村经济组织的特别规定

农业生产者及农村经济组织在农产品生产、加工、销售、运输、储存等经营活动中实施的联合或者协同行为，不视为垄断协议行为。

6.2.2.2 经营者滥用市场支配地位的行为

（1）滥用市场支配地位行为的概念

滥用市场支配地位，指经营者利用其市场支配地位排除、限制竞争的行为。市场，是指经营者在一定时期内就特定商品或者服务（以下统称商品）进行竞争的商品范围和地域范围。市场支配地位，是指经营者在相关市场内具有能够控制商品价格、数量或者其他交易条件，或者能够阻碍、影响其他经营者进入相关市场能力的市场地位。

（2）认定经营者在市场中具有支配地位的因素

认定经营者在市场中是否具有支配地位，应当依据的因素有：

1）该经营者在相关市场的市场份额，以及相关市场的竞争状况；

2）该经营者控制销售市场或者原材料采购市场的能力；

3）该经营者的财力和技术条件；

4）其他经营者对该经营者在交易上的依赖程度；

5）其他经营者进入相关市场的难易程度；

6）与认定该经营者市场支配地位有关的其他因素。

（3）可以推定经营者具有市场支配地位的情形

经营者具有下列情形之一的，可以推定经营者具有市场支配地位：

1）一个经营者在相关市场的市场份额达到二分之一的；

2）两个经营者在相关市场的市场份额合计达到三分之二的；

3）三个经营者在相关市场的市场份额合计达到四分之三的。

对于第 2）项、第3）项规定的情形，其中有的经营者市场份额不足十分之一的，不应当推定该经营者具有市场支配地位。被推定具有市场支配地位的经营者，有证据证明不具有市场支配地位的，也不应当认定其具有市场支配地位。

（4）滥用市场支配地位行为表现形式

具有市场支配地位的经营者从事的行为具有下列情形之一的，属于滥用市场支配地位的行为：

1）以不公平的高价销售商品或者以不公平的低价购买商品；

2）没有正当理由，以低于成本的价格销售商品；

3）没有正当理由，拒绝与交易相对人进行交易；

4）没有正当理由，限定交易相对人只能与其进行交易或者只能与其指定的经营者进行交易；

5）没有正当理由搭售商品，或者在交易时附加其他不合理的交易条件；

6）没有正当理由，对条件相同的交易相对人在交易价格等交易条件上实行差别待遇；

7）国务院反垄断执法机构认定的其他滥用市场支配地位的行为。

（5）关于知识产权的特殊规定

经营者依照有关知识产权的法律、行政法规规定行使知识产权的行为，不适用《反垄断法》中滥用市场支配地位的禁止性规定；但是，经营者滥用知识产权，排除、限制竞争的行为，应视为滥用市场支配地位的行为。

6.2.2.3 具有或者可能具有排除、限制竞争效果的经营者集中

（1）经营者集中的概念

经营者集中是指经营者合并，经营者通过取得股权或者资产的方式取得对其他经营者的控制权，或者经营者通过合同等方式取得对其他经营者的控制权或者能够对其他经营者施加决定性影

响的情形。

经营者集中，可能具有两种效果：第一种效果是，经营者集中有利于发挥规模经济、范围经济的积极效果并不对竞争产生排斥和限制；第二种效果是，经营者集中具有或者可能具有排除、限制竞争的效果。对于前者，反垄断法并不禁止；对于后者，则因受反垄断法禁止，除非经营者能够证明该集中对竞争产生的有利影响明显大于不利影响，或者符合社会公共利益。我国《反垄断法》对经营者集中的控制，是国务院反垄断执法机构决通过审查经营者集中的申报来实现的。

（2）经营者集中的申报

1）经营者集中申报的标准。我国反垄断法并不要求所有的经营者集中都需要申报，而是规定经营者集中达到国务院规定的申报标准的，应事先进行申报，未申报的不得实施集中。

根据《国务院关于经营者集中申报标准的规定》，我国经营者集中达到下列标准之一的，经营者应当事先向国务院商务主管部门申报：

① 参与集中的所有经营者上一会计年度在全球范围内的营业额合计超过100亿元人民币，并且其中至少两个经营者上一会计年度在中国境内的营业额均超过4亿元人民币。

② 参与集中的所有经营者上一会计年度在中国境内的营业额合计超过20亿元人民币。

2）经营者集中申报的例外。根据《反垄断法》的规定，经营者集中有下列情形之一的，可以不申报：

① 参与集中的一个经营者拥有其他每个经营者百分之五十以下有表决权的股份或者资产的。

② 参与集中的每个经营者百分之五十以上有表决权的股份或者资产被同一个未参与集中的经营者拥有的。

3）经营者集中申报应当提交的材料。经营者集中的申报，应当提交申报书（载明参与集中的经营者的名称、住所、经营范围、预定实施集中的日期）；集中对相关市场竞争状况影响的说明；集中协议；参与集中的经营者经会计师事务所审计的上一会计年度财务会计报告；国务院反垄断执法机构规定的其他文件、资料。

（3）经营者集中的审查

1）审查经营者集中的程序。对经营者集中申请的审查，分为初步审查和进一步审查。

国务院反垄断执法机构应当自收到经营者提交的符合规定的文件、资料之日起三十日内，对申报的经营者集中进行初步审查，作出是否实施进一步审查的决定，并书面通知经营者。国务院反垄断执法机构作出决定前，经营者不得实施集中。

国务院反垄断执法机构作出不实施进一步审查的决定或者逾期未作出决定的，经营者可以实施集中。国务院反垄断执法机构决定实施进一步审查的，应当自决定之日起九十日内审查完毕，作出是否禁止经营者集中的决定，并书面通知经营者。作出禁止经营者集中的决定，应当说明理由。

审查期间，经营者不得实施集中。

2）审查经营者集中的因素。审查经营者集中，应当考虑的因素有：①参与集中的经营者在相关市场的市场份额及其对市场的控制力。②相关市场的市场集中度。③经营者集中对市场进入、技术进步的影响。④经营者集中对消费者和其他有关经营者的影响。⑤经营者集中对国民经济发展的影响。⑥国务院反垄断执法机构认为应当考虑的影响市场竞争的其他因素。

3）审查经营者集中的决定。经过审查，国务院反垄断执法机构可以分别作出三种决定：

① 禁止决定。如果经营者集中具有或者可能具有排除、限制竞争效果的，国务院反垄断执法机构作出禁止经营者集中的决定。

② 不予禁止决定。经营者能够证明该集中对竞争产生的有利影响明显大于不利影响，或者符合社会公共利益的，国务院反垄断执法机构可以作出对经营者集中不予禁止的决定。

③ 附加决定。对不予禁止的经营者集中，国务院反垄断执法机构可以决定附加减少集中对竞争产生不利影响的限制性条件。

对上述决定不服的，可以依法申请行政复议；对行政复议决定不服的，可以依法提起行政诉讼。

6.2.2.4 滥用行政权力排除、限制竞争

（1）滥用行政权力排除、限制竞争行为的主体

滥用行政权力排除、限制竞争，即通常所称“行政垄断”，指行政机关和法律、法规授权的具有管理公共事务职能的组织滥用行政权力，限定或者变相限定单位或者个人经营、购买、使用其指定的经营者提供的商品的行为。这种行为的主体不是经营者，而是行政机关和法律、法规授权的具有管理公共事务职能的组织。

（2）滥用行政权力排除、限制竞争行为的表现形式

1）限定商品。限定或者变相限定单位或者个人经营、购买、使用其指定的经营者提供的商品。

2）妨碍流通。妨碍商品在地区之间的自由流通。主要有：对外地商品设定歧视性收费项目，实行歧视性收费标准，或者规定歧视性价格；对外地商品规定与本地同类商品不同的技术要求、检验标准，或者对外地商品采取重复检验、重复认证等歧视性技术措施，限制外地商品进入本地市场；采取专门针对外地商品的行政许可，限制外地商品进入本地市场；设置关卡或者采取其他手段，阻碍外地商品进入或者本地商品运出；妨碍商品在地区之间自由流通的其他行为。

3）歧视排斥。以设定歧视性资质要求、评审标准或者不依法发布信息等方式，排斥或者限制外地经营者参加本地的招标投标活动；或者采取与本地经营者不平等待遇等方式，排斥或者限制外地经营者在本地投资或者设立分支机构。

4）强制垄断。强制经营者从事《反垄断法》规定的垄断行为。

5）限制规定。行政机关滥用行政权力，制定含有排除、限制竞争内容的规定。

6.2.3 对涉嫌垄断行为的调查

6.2.3.1 涉嫌垄断行为调查的当事人

1）反垄断执法机构，反垄断执法机构依法对涉嫌垄断行为进行调查；

2）举报人，任何单位和个人有权向反垄断执法机构举报，反垄断执法机构应当为举报人保密；

3）涉嫌垄断行为的被调查的经营者、利害关系人或者其他有关单位或者个人。

6.2.3.2 反垄断执法机构的职权与调查中应尽的义务

（1）反垄断执法机构的职权

根据我国《反垄断法》的规定，反垄断执法机构调查涉嫌垄断行为，有权采取下列措施：

1）进入被调查的经营者的营业场所或者其他有关场所进行检查；

2）询问被调查的经营者、利害关系人或者其他有关单位或者个人，要求其说明有关情况；

3）查阅、复制被调查的经营者、利害关系人或者其他有关单位或者个人的有关单证、协议、会计账簿、业务函电、电子数据等文件、资料；

4）查封、扣押相关证据；

5）查询经营者的银行账户。

（2）反垄断执法机构在调查中应尽的义务

反垄断执法机构及其工作人员对执法过程中知悉的商业秘密负有保密义务。

6.2.3.3 涉嫌垄断行为调查的程序

（1）调查批准

实施垄断行为调查的措施，应当向反垄断执法机构主要负责人书面报告，并经批准。

（2）出示证件

反垄断执法机构调查涉嫌垄断行为，执法人员不得少于二人，并应当出示执法证件。

（3）询问和调查

执法人员进行询问和调查，应当制作笔录，并由被询问人或者被调查人签字。

（4）作出处理决定

反垄断执法机构对涉嫌垄断行为调查核实后，认为构成垄断行为的，应当依法作出处理决定，并可以向社会公布。

6.2.3.4 被调查的经营者、利害关系人的权利与义务

（1）被调查的经营者、利害关系人的权利

被调查的经营者、利害关系人有权陈述意见。反垄断执法机构应当对被调查的经营者、利害关系人提出的事实、理由和证据进行核实。

（2）被调查的经营者、利害关系人的义务

被调查的经营者、利害关系人或者其他有关单位或者个人应当配合反垄断执法机构依法履行职责，不得拒绝、阻碍反垄断执法机构的调查。

6.2.3.5 对涉嫌垄断行为调查的中止、终止与恢复

（1）对涉嫌垄断行为调查的中止、终止

对反垄断执法机构调查的涉嫌垄断行为，被调查的经营者承诺在反垄断执法机构认可的期限内采取具体措施消除该行为后果的，反垄断执法机构可以决定中止调查。中止调查的决定应当载明被调查的经营者承诺的具体内容。

反垄断执法机构决定中止调查的，应当对经营者履行承诺的情况进行监督。经营者履行承诺的，反垄断执法机构可以决定终止调查。

（2）对涉嫌垄断行为调查的恢复

有下列情形之一的，反垄断执法机构应当恢复调查：

1）经营者未履行承诺的；

2）作出中止调查决定所依据的事实发生重大变化的；

3）中止调查的决定是基于经营者提供的不完整或者不真实的信息作出的。

6.2.4 违反《反垄断法》的法律责任

6.2.4.1 经营者违反《反垄断法》的法律责任

（1）经营者实施垄断行为应承担的行政责任

1）经营者违反《反垄断法》规定，达成并实施垄断协议的，由反垄断执法机构责令停止违法行为，没收违法所得，并处上一年度销售额百分之一以上百分之十以下的罚款；尚未实施所达成的垄断协议的，可以处五十万元以下的罚款。经营者主动向反垄断执法机构报告达成垄断协议

的有关情况并提供重要证据的，反垄断执法机构可以酌情减轻或者免除对该经营者的处罚。

2）经营者违反《反垄断法》规定，滥用市场支配地位的，由反垄断执法机构责令停止违法行为，没收违法所得，并处上一年度销售额百分之一以上百分之十以下的罚款。

3）经营者违反《反垄断法》规定实施集中的，由国务院反垄断执法机构责令停止实施集中、限期处分股份或者资产、限期转让营业以及采取其他必要措施恢复到集中前的状态，可以处五十万元以下的罚款。

（2）经营者实施垄断行为中应承担的民事责任

经营者实施垄断行为，给他人造成损失的，依法承担民事责任。

6.2.4.2 行业协会违反《反垄断法》的法律责任

行业协会违反《反垄断法》规定，组织本行业的经营者达成垄断协议的，反垄断执法机构可以处五十万元以下的罚款；情节严重的，社会团体登记管理机关可以依法撤销登记。

6.2.4.3 行政机关和法律、法规授权的具有管理公共事务职能的组织滥用行政权力，实施排除、限制竞争行为的法律责任

行政机关和法律、法规授权的具有管理公共事务职能的组织滥用行政权力，实施排除、限制竞争行为的，由上级机关责令改正；对直接负责的主管人员和其他直接责任人员依法给予处分。反垄断执法机构可以向有关上级机关提出依法处理的建议。

法律、行政法规对行政机关和法律、法规授权的具有管理公共事务职能的组织滥用行政权力实施排除、限制竞争行为的处理另有规定的，依照其规定。

6.2.4.4 被调查的经营者、利害关系人或者其他有关单位或者个人违反反垄断行为审查和调查过程中相关法律规定应承担的法律责任

对反垄断执法机构依法实施的审查和调查，拒绝提供有关材料、信息，或者提供虚假材料、信息，或者隐匿、销毁、转移证据，或者有其他拒绝、阻碍调查行为的，由反垄断执法机构责令改正，对个人可以处二万元以下的罚款，对单位可以处二十万元以下的罚款；情节严重的，对个人处二万元以上十万元以下的罚款，对单位处二十万元以上一百万元以下的罚款；构成犯罪的，依法追究刑事责任。

6.2.4.5 反垄断执法机构工作人员的法律责任

反垄断执法机构工作人员滥用职权、玩忽职守、徇私舞弊或者泄露执法过程中知悉的商业秘密，构成犯罪的，依法追究刑事责任；尚不构成犯罪的，依法给予处分。

6.3 招标投标法

6.3.1 招标投标法概述

6.3.1.1 招标投标法的概念

招标投标法是国家用来规范招标投标活动、调整在招标投标过程中产生的各种关系的法律规范的总称。《中华人民共和国招标投标法》（以下简称《招标投标法》）于1999年8月30日第九届全国人民代表大会常务委员会第十一次会议通过，自2000年1月1日起施行。《招标投标法》是整个招标投标领域的基本法，一切有关招标投标的法规、规章和规范性文件都必须与《招标投标法》相一致。《中华人民共和国招标投标法实施条例》（以下简称《招标投标法实施条例》）于

2011年11月30日国务院第183次常务会议通过，自2012年2月1日起施行。《招标投标法实施条例》是招标投标领域的重要法律依据，其效力仅次于《招标投标法》。

6.3.1.2 招标投标法的基本原则

招标投标制度是市场经济的产物，并随着市场经济的发展而逐步推广，必然要遵循市场经济活动的基本原则。《招标投标法》依据国际惯例的普遍规定，在总则第5条明确规定："招标投标活动应当遵循公开、公平、公正和诚实信用的原则。"《招标投标法》通篇以及相关法律规范都充分体现了这些原则。

（1）公开原则

即"信息透明"，要求招标投标活动必须具有高度的透明度，招标程序、投标人的资格条件、评标标准、评标方法、中标结果等信息都要公开，使每个投标人能够及时获得有关信息，从而平等地参与投标竞争，依法维护自身的合法权益。同时将招标投标活动置于公开透明的环境中，也为当事人和社会各界的监督提供了重要条件。从这个意义上讲，公开是公平、公正的基础和前提。

（2）公平原则

即"机会均等"，要求招标人一视同仁地给予所有投标人平等的机会，使其享有同等的权利并履行相应的义务，不歧视或者排斥任何一个投标人。按照这个原则，招标人不得在招标文件中要求或者标明特定的生产供应者以及含有倾向或者排斥潜在投标人的内容，不得以不合理的条件限制或者排斥潜在投标人，不得对潜在投标人实行歧视待遇。否则，将承担相应的法律责任。

（3）公正原则

即"程序规范，标准统一"，要求所有招标投标活动必须按照规定的时间和程序进行，以尽可能保障招投标各方的合法权益，做到程序公正；招标评标标准应当具有唯一性，对所有投标人实行同一标准，确保标准公正。按照这个原则，招标投标法及其配套规定对招标、投标、开标、评标、中标、签订合同等都规定了具体程序和法定时限，明确了废标和否决投标的情形，评标委员会必须按照招标文件事先确定并公布的评标标准和方法进行评审、打分、推荐中标候选人，招标文件中没有规定的标准和方法不得作为评标和中标的依据。

（4）诚实信用原则

即"诚信原则"，是民事活动的基本原则之一，这是市场经济中诚实信用的商业道德准则法制化的产物，是以善意真诚、守信不欺、公平合理为内容的强制性法律原则。招标投标活动本质上是市场主体的民事活动，必须遵循诚信原则，也就是要求招标投标当事人应当以善意的主观心理和诚实、守信的态度来行使权利，履行义务，不能故意隐瞒真相或者弄虚作假，不能言而无信甚至背信弃义，在追求自己利益的同时尽量不损害他人利益和社会利益，维持双方的利益平衡，以及自身利益与社会利益的平衡，遵循平等互利原则，从而保证交易安全，促使交易实现。

6.3.1.3 招标投标法的主体

招标投标法的主体通常包含招标人、招标代理机构与投标人。

（1）招标人

招标人是依照本法规定提出招标项目、进行招标的法人或者其他组织。招标人应当有进行招标项目的相应资金或者资金来源已经落实。

（2）招标代理机构

招标代理机构是依法设立、从事招标代理业务并提供相关服务的社会中介组织。

招标代理机构应当具备下列条件：

1）有从事招标代理业务的营业场所和相应资金；

2）有能够编制招标文件和组织评标的相应专业力量；

3）有可以作为评标委员会成员人选的技术、经济等方面的专家库。

（3）投标人

投标人是响应招标、参加投标竞争的法人或者其他组织。依法招标的科研项目允许个人参加投标的，投标的个人也是投标人。

投标人应当具备承担招标项目的能力；国家有关规定对投标人资格条件或者招标文件对投标人资格条件有规定的，投标人应当具备规定的资格条件。

6.3.1.4《招标投标法》的适用对象

《招标投标法》的适用对象是招标投标活动，即招标人对货物、工程和服务事先公布采购条件和要求，吸引众多投标人参加竞争，并按规定程序选择交易对象的行为。

货物，是指各种各样的物品包括原材料、产品设备和固态、液态或气态物体和电力，以及货物供应的附带服务。

工程，指各类房屋和土木工程建造、设备安装、管道线路敷设、装饰装修等建设以及附带的服务。

服务，是指除货物和工程以外的任何采购对象，如勘察、设计、咨询、监理等。

6.3.1.5 招标投标活动的监督管理机构

（1）国务院发展改革部门

国务院发展改革部门指导和协调全国招标投标工作，对国家重大建设项目的工程招标投标活动实施监督检查。国务院工业和信息化、住房城乡建设、交通运输、铁道、水利、商务等部门，按照规定的职责分工对有关招标投标活动实施监督。

（2）县级以上地方人民政府发展改革部门

县级以上地方人民政府发展改革部门指导和协调本行政区域的招标投标工作。县级以上地方人民政府有关部门按照规定的职责分工，对招标投标活动实施监督，依法查处招标投标活动中的违法行为。县级以上地方人民政府对其所属部门有关招标投标活动的监督职责分工另有规定的，从其规定。

（3）财政部门

财政部门依法对实行招标投标的政府采购工程建设项目的预算执行情况和政府采购政策执行情况实施监督。

（4）监察机关

监察机关依法对与招标投标活动有关的监察对象实施监察。

6.3.2 招标

6.3.2.1 招标的组织形式

招标组织形式，是招标的组织方式，包括招标人自行招标和委托招标。招标人指依照法律规定提出招标项目、进行招标的法人或者其他组织。

（1）自行招标

自行招标，是指招标人自身具有编制招标文件和组织评标能力，依法可以自行办理招标。招标人具有编制招标文件和组织评标能力，是指招标人具有与招标项目规模和复杂程度相适应的技术、经济等方面的专业人员。

（2）委托招标

委托招标，是指招标人委托招标代理机构办理招标事宜。

招标代理机构应当在招标人委托的范围内办理招标事宜，并遵守《招标投标法》和《招标投标法条例》关于招标人的规定。招标代理机构不得在所代理的招标项目中投标或者代理投标，也不得为所代理的招标项目的投标人提供咨询。

6.3.2.2 招标的方式

招标分为公开招标和邀请招标。

（1）公开招标

公开招标是指招标人以招标公告的方式邀请不特定的法人或者其他组织投标。

招标人采用公开招标方式的，应当发布招标公告。依法必须进行招标的项目的招标公告，应当通过国家指定的报刊、信息网络或者其他媒介发布。

招标公告应当载明招标人的名称和地址、招标项目的性质、数量、实施地点和时间以及获取招标文件的办法等事项。

（2）邀请招标

邀请招标，是指招标人以投标邀请书的方式邀请特定的法人或者其他组织投标。

招标人采用邀请招标方式的，应当向三个以上具备承担招标项目的能力、资信良好的特定的法人或者其他组织发出投标邀请书。

投标邀请书应当载明招标人的名称和地址、招标项目的性质、数量、实施地点和时间以及获取招标文件的办法等事项。

6.3.2.3 招标的范围

（1）强制招标范围

在中华人民共和国境内进行下列工程建设项目包括项目的勘察、设计、施工、监理以及与工程建设有关的重要设备、材料等的采购，必须进行招标：

1）大型基础设施、公用事业等关系社会公共利益、公众安全的项目；

2）全部或者部分使用国有资金投资或者国家融资的项目；

3）使用国际组织或者外国政府贷款、援助资金的项目。

工程建设项目，是指工程以及与工程建设有关的货物、服务。工程，是指建设工程，包括建筑物和构筑物的新建、改建、扩建及其相关的装修、拆除、修缮等；与工程建设有关的货物，是指构成工程不可分割的组成部分，且为实现工程基本功能所必需的设备、材料等；与工程建设有关的服务，是指为完成工程所需的勘察、设计、监理等服务。

（2）邀请招标范围

国有资金占控股或者主导地位的依法必须进行招标的项目，有下列情形之一的，可以邀请招标：

1）技术复杂、有特殊要求或者受自然环境限制，只有少量潜在投标人可供选择；

2）采用公开招标方式的费用占项目合同金额的比例过大。

国务院发展计划部门确定的国家重点项目和省、自治区、直辖市人民政府确定的地方重点项目不适宜公开招标的，经国务院发展计划部门或者省、自治区、直辖市人民政府批准，可以进行邀请招标。

（3）可以不招标的项目范围

涉及国家安全、国家秘密、抢险救灾或者属于利用扶贫资金实行以工代赈、需要使用农民工等特殊情况，不适宜进行招标的项目，按照国家有关规定可以不进行招标。

有下列情形之一的，可以不进行招标：

1）需要采用不可替代的专利或者专有技术；

2）采购人依法能够自行建设、生产或者提供；

3）已通过招标方式选定的特许经营项目投资人依法能够自行建设、生产或者提供；

4）需要向原中标人采购工程、货物或者服务，否则将影响施工或者功能配套要求；

5）国家规定的其他特殊情形。

6.3.2.4 招标的程序

（1）编制招标相关文件

应编制的文件包括招标公告、资格预审文件、招标文件、工程量清单等。如果采用资格后审的，则不需编制资格预审文件。

（2）文件报批和备案

将编制文件送达有关部门批准备案。

（3）发布招标公告和接受投标单位报名

在国家指定媒体上发布招标公告；接受潜在投标人报名、发售资格预审文件（采用资格后审的则为招标文件），时间最短不得少于5个工作日。

（4）资格预审

首先是接收潜在投标人提交的资格预审申请文件并组织评审；其次是将资格预审结果备案和向潜在投标人发放资格预审结果通知；最后向资格预审合格人发放招标文件、工程量清单及其他技术资料。

（5）踏勘答疑

首先是组织投标人踏勘现场，并收集投标人提出的疑问；其次是向投标人发出答题纪要。

（6）组织开标和评标

（7）评标结果备案和公示

（8）发出中标通知书

（9）签订中标合同和合同备案

6.3.2.5 招标文件

招标文件是招标人向潜在投标人发出并告知项目需求、招标投标活动规则和合同条件等信息的文件，是项目招标投标活动的主要依据，对招标投标活动各方均具有法律约束力。

招标人应当根据招标项目的特点和需要编制招标文件。招标文件应当包括招标项目的技术要求、对投标人资格审查的标准、投标报价要求和评标标准等所有实质性要求和条件以及拟签订合同的主要条款。

国家对招标项目的技术、标准有规定的，招标人应当按照其规定在招标文件中提出相应要求。招标项目需要划分标段、确定工期的，招标人应当合理划分标段、确定工期，并在招标文件中载明。

招标文件不得要求或者标明特定的生产供应者以及含有倾向或者排斥潜在投标人的其他内容。

6.3.2.6 招标时间

招标人应当确定投标人编制投标文件所需要的合理时间；但是，依法必须进行招标的项目，自招标文件开始发出之日起至投标人提交投标文件截止之日止，最短不得少于二十日。

招标人对已发出的招标文件进行必要的澄清或者修改的，应当在招标文件要求提交投标文件截止时间至少十五日前，以书面形式通知所有招标文件收受人。

6.3.2.7 招标人禁止行为

（1）招标人的保密义务

招标人不得向他人透露已获取招标文件的潜在投标人的名称、数量以及可能影响公平竞争的有关招标投标的其他情况。

（2）招标人不得以不合理的条件限制或者排斥潜在投标人，不得对潜在投标人实行歧视待遇

招标人有下列行为之一的，属于以不合理条件限制、排斥潜在投标人或者投标人：

1）就同一招标项目向潜在投标人或者投标人提供有差别的项目信息；

2）设定的资格、技术、商务条件与招标项目的具体特点和实际需要不相适应或者与合同履行无关；

3）依法必须进行招标的项目以特定行政区域或者特定行业的业绩、奖项作为加分条件或者中标条件；

4）对潜在投标人或者投标人采取不同的资格审查或者评标标准；

5）限定或者指定特定的专利、商标、品牌、原产地或者供应商；

6）依法必须进行招标的项目非法限定潜在投标人或者投标人的所有制形式或者组织形式；

7）以其他不合理条件限制、排斥潜在投标人或者投标人。

6.3.3 投标

6.3.3.1 投标文件

（1）投标文件的概念

投标文件指具备承担招标项目的能力的投标人，按照招标文件的要求编制的文件。在投标文件中应当对招标文件提出的实质性要求和条件作出响应，这里所指的实质性要求和条件，一般是指招标文件中有关招标项目的价格、招标项目的计划、招标项目的技术规范方面的要求和条件，合同的主要条款（包括一般条款和特殊条款）。

（2）投标文件的内容

投标文件一般包含三部分，即商务部分、价格部分、技术部分。

商务部分包括公司资质，公司情况介绍等一系列内容，同时也是招标文件要求提供的其他文件等相关内容，包括公司的业绩和各种证件、报告等。

技术部分包括工程的描述、设计和施工方案等技术方案，工程量清单、人员配置、图纸、表格等和技术相关的资料。

价格部分包括投标报价说明，投标总价，主要材料价格表等。

（3）投标文件的送达、签收、保存

投标人应当在招标文件要求提交投标文件的截止时间前，将投标文件送达投标地点。招标人收到投标文件后，应当签收保存，不得开启。投标人少于三个的，招标人应当重新招标。

在招标文件要求提交投标文件的截止时间后送达的投标文件，招标人应当拒收。

（4）投标文件的补充、修改、撤回

投标人在招标文件要求提交投标文件的截止时间前，可以补充、修改或者撤回已提交的投标文件，并书面通知招标人。补充、修改的内容为投标文件的组成部分。

6.3.3.2 投标保证金

投标保证金是指在招标投标活动中，投标人随投标文件一同递交给招标人的一定形式、一定金额的投标责任担保。其主要保证投标人在递交投标文件后不得撤销投标文件，中标后不得无正当理由不与招标人订立合同，在签订合同时不得向招标人提出附加条件，或者不按照招标文件要求提交履约保证金，否则，招标人有权不予返还其递交的投标保证金。

招标人在招标文件中要求投标人提交投标保证金的，投标保证金不得超过招标项目估算价的2%。投标保证金有效期应当与投标有效期一致。

依法必须进行招标的项目的境内投标单位，以现金或者支票形式提交的投标保证金应当从其基本账户转出。

招标人不得挪用投标保证金。

6.3.3.3 投标有效期

投标有效期是以递交投标文件的截止时间为起点，以招标文件中规定的时间为终点的一段时间。

投标有效期内，投标人必须对其递交的投标文件负责，受其约束。而在投标有效期开始生效之前（即递交投标文件截止时间之前），投标人（潜在投标人）可以自主决定是否投标、对投标文件进行补充修改，甚至撤回已递交的投标文件；在投标有效期届满之后，投标人可以拒绝招标人的中标通知而不受任何约束或惩罚。

如果在招标投标过程中出现特殊情况，在招标文件规定的投标有效期内，招标人无法完成评标并与中标人签订合同，则在原投标有效期期满之前招标人可以以书面形式要求所有投标人延长投标有效期。投标人同意延长的，不得要求或被允许修改其投标文件，但应当相应延长其投标保证金的有效期；投标人拒绝延长的，其投标在原投标有效期期满之后失效，投标人有权收回其投标保证金。

6.3.3.4 联合投标

（1）联合投标概念

两个以上法人或者其他组织可以组成一个联合体，以一个投标人的身份共同投标。

（2）联合投标的条件

联合体各方均应当具备承担招标项目的相应能力；国家有关规定或者招标文件对投标人资格条件有规定的，联合体各方均应当具备规定的相应资格条件。由同一专业的单位组成的联合体，按照资质等级较低的单位确定资质等级。

（3）联合投标协议

联合体各方应当签订共同投标协议，明确约定各方拟承担的工作和责任，并将共同投标协议连同投标文件一并提交招标人。联合体中标的，联合体各方应当共同与招标人签订合同，就中标项目向招标人承担连带责任。

（4）联合投标无效情形

招标人不得强制投标人组成联合体共同投标，不得限制投标人之间的竞争。

联合体应当在提交资格预审申请文件前组成。资格预审后联合体增减、更换成员的，其投标无效。

联合体各方在同一招标项目中以自己名义单独投标或者参加其他联合体投标的，相关投标均无效。

6.3.3.5 投标禁止行为

（1）投标人不得相互串通投标报价，不得排挤其他投标人的公平竞争，损害招标人或者其他投标人的合法权益

有下列情形之一的，属于投标人相互串通投标：

1）投标人之间协商投标报价等投标文件的实质性内容；

2）投标人之间约定中标人；

3）投标人之间约定部分投标人放弃投标或者中标；

4）属于同一集团、协会、商会等组织成员的投标人按照该组织要求协同投标；

5）投标人之间为谋取中标或者排斥特定投标人而采取的其他联合行动。

有下列情形之一的，视为投标人相互串通投标：

1）不同投标人的投标文件由同一单位或者个人编制；

2）不同投标人委托同一单位或者个人办理投标事宜；

3）不同投标人的投标文件载明的项目管理成员为同一人；

4）不同投标人的投标文件异常一致或者投标报价呈规律性差异；

5）不同投标人的投标文件相互混装；

6）不同投标人的投标保证金从同一单位或者个人的账户转出。

（2）投标人不得与招标人串通投标，损害国家利益、社会公共利益或者他人的合法权益

有下列情形之一的，属于招标人与投标人串通投标：

1）招标人在开标前开启投标文件并将有关信息泄露给其他投标人；

2）招标人直接或者间接向投标人泄露标底、评标委员会成员等信息；

3）招标人明示或者暗示投标人压低或者抬高投标报价；

4）招标人授意投标人撤换、修改投标文件；

5）招标人明示或者暗示投标人为特定投标人中标提供方便；

6）招标人与投标人为谋求特定投标人中标而采取的其他串通行为。

（3）禁止投标人以向招标人或者评标委员会成员行贿的手段谋取中标

（4）投标人不得以低于成本的报价竞标，也不得以他人名义投标或者以其他方式弄虚作假，骗取中标

使用通过受让或者租借等方式获取的资格、资质证书投标的，属于以他人名义投标。

投标人有下列情形之一的，属于以其他方式弄虚作假的行为：

1）使用伪造、变造的许可证件；

2）提供虚假的财务状况或者业绩；

3）提供虚假的项目负责人或者主要技术人员简历、劳动关系证明；

4）提供虚假的信用状况；

5）其他弄虚作假的行为。

6.3.4 开标、评标与中标

6.3.4.1 开标的时间与地点

开标应当在招标文件确定的提交投标文件截止时间的同一时间公开进行；开标地点应当为招标文件中预先确定的地点。

6.3.4.2 开标的程序

1）开标由招标人主持，邀请所有投标人参加。

2）开标时，由投标人或者其推选的代表检查投标文件的密封情况，也可以由招标人委托的公证机构检查并公证；经确认无误后，由工作人员当众拆封，宣读投标人名称、投标价格和投标文件的其他主要内容。

招标人在招标文件要求提交投标文件的截止时间前收到的所有投标文件，开标时都应当当众予以拆封、宣读。

3）开标过程应当记录，并存档备查。

6.3.4.3 评标委员会

评标由招标人依法组建的评标委员会负责。

（1）评标委员会的组成

评标委员会由招标人的代表和有关技术、经济等方面的专家组成，成员人数为五人以上单数，其中技术、经济等方面的专家不得少于成员总数的三分之二。

专家应当从事相关领域工作满八年并具有高级职称或者具有同等专业水平，由招标人从国务院有关部门或者省、自治区、直辖市人民政府有关部门提供的专家名册或者招标代理机构的专家库内的相关专业的专家名单中确定；一般招标项目可以采取随机抽取方式，特殊招标项目可以由招标人直接确定。

与投标人有利害关系的人不得进入相关项目的评标委员会；已经进入的应当更换。评标委员会成员的名单在中标结果确定前应当保密。

（2）评标委员会的职权

评标委员会应当按照招标文件确定的评标标准和方法，对投标文件进行评审和比较；设有标底的，应当参考标底。

评标委员会可以要求投标人对投标文件中含义不明确的内容作必要的澄清或者说明，但是澄清或者说明不得超出投标文件的范围或者改变投标文件的实质性内容。

评标委员会完成评标后，应当向招标人提出书面评标报告，并推荐合格的中标候选人。

评标委员会经评审，认为所有投标都不符合招标文件要求的，可以否决所有投标。依法必须进行招标的项目的所有投标被否决的，招标人应当依照本法重新招标。

（3）评标委员会禁止行为

评标委员会成员应当客观、公正地履行职务，遵守职业道德，对所提出的评审意见承担个人责任。评标委员会应该做到：

评标委员会成员不得私下接触投标人，不得收受投标人的财物或者其他好处；

评标委员会成员和参与评标的有关工作人员不得透露对投标文件的评审和比较、中标候选人的推荐情况以及与评标有关的其他情况；

评标委员会成员不得向招标人征询确定中标人的意向，不得接受任何单位或者个人明示或者暗示提出的倾向或者排斥特定投标人的要求；

评标委员会不得有其他不客观、不公正履行职务的行为。

6.3.4.4 投标的否决

有下列情形之一的，评标委员会应当否决其投标：

1）投标文件未经投标单位盖章和单位负责人签字；

2）投标联合体没有提交共同投标协议；

3）投标人不符合国家或者招标文件规定的资格条件；

4）同一投标人提交两个以上不同的投标文件或者投标报价，但招标文件要求提交备选投标的除外；

5）投标报价低于成本或者高于招标文件设定的最高投标限价；

6）投标文件没有对招标文件的实质性要求和条件作出响应；

7）投标人有串通投标、弄虚作假、行贿等违法行为。

6.3.4.5 中标程序

1）评标委员会完成评标后，应当向招标人提出书面评标报告，并推荐合格的中标候选人。

2）招标人根据评标委员会的书面评标报告和推荐的中标候选人确定中标人，招标人也可以授权评标委员会直接确定中标人。

3）中标的标准，法律上规定了两项：第一项是能够最大限度地满足招标文件中规定的各项综合评价标准，这里所谓的综合评价标准，就是对投标文件进行总体评估和比较，既按照价格标准又将非价格标准尽量量化成货币计算，评价最佳者中标；第二项是能够满足招标文件的实质性要求，并且经评审的投标价格最低，但是投标价格低于成本的除外，这项标准是与市场经济的原则相适应的，体现了优胜劣汰的原则，经评审的投标价格最低，仍然是以投标报价最低的中标作为基础，但又不是简单地去比较价格，而是对投标报价要作评审，在评审的基础上进行比较，这样较为可靠、合理。

4）中标人确定后，招标人应当向中标人发出中标通知书，中标通知书对招标人和中标人具有法律效力，中标后招标人改变中标结果的，或者中标人放弃中标项目，应当依法承担法律责任。

5）招标人和中标人应当在中标通知书发出后的三十日内，按照招标文件和中标人的投标文件订立书面合同，招标人和中标人不得再行订立背离合同实质性内容的其他协议，这项规定是要用法定的形式肯定招标的成果，或者说招标人、中标人双方都必须尊重竞争的结果，不得任意改变。

6）招标文件要求中标人提交履约保证金的，中标人应当提交，这是采用法律形式促使中标人履行合同义务的一项特定的经济措施，也是保护招标人利益的一种保证措施；履约保证金不得超过中标合同金额的10%。

7）中标人应当按照合同约定履行义务，完成中标项目，中标人不得向他人转让中标项目，也不得将中标项目肢解后分别向他人转让，这是规定中标人的履约义务，它是招标投标的落脚点，为此中标人要承担相应的法律责任。

8）中标人按照合同约定或者经招标人同意，可以将中标项目的部分非主体、非关键性工作分包给他人完成，但不得再次分包，分包项目由中标人向招标人负责，接受分包的人承担连带责任。

6.3.5 违反招标投标法的法律责任

6.3.5.1 投诉与处理

（1）投诉

投标人或者其他利害关系人认为招标投标活动不符合法律、行政法规规定的，可以自知道或者应当知道之日起10日内向有关行政监督部门投诉。

投诉应当有明确的请求和必要的证明材料。

（2）投诉的处理

投诉人就同一事项向两个以上有权受理的行政监督部门投诉的，由最先收到投诉的行政监督部门负责处理。

行政监督部门应当自收到投诉之日起3个工作日内决定是否受理投诉，并自受理投诉之日起30个工作日内作出书面处理决定；需要检验、检测、鉴定、专家评审的，所需时间不计算在内。

投诉人捏造事实、伪造材料或者以非法手段取得证明材料进行投诉的，行政监督部门应当予以驳回。

行政监督部门处理投诉，有权查阅、复制有关文件、资料，调查有关情况，相关单位和人员应当予以配合。必要时，行政监督部门可以责令暂停招标投标活动。

行政监督部门的工作人员对监督检查过程中知悉的国家秘密、商业秘密，应当依法予以保密。

6.3.5.2 违反招标投标法的法律责任

（1）招标人的法律责任

违反本法规定，必须进行招标的项目而不招标的，将必须进行招标的项目化整为零或者以其他任何方式规避招标的，责令限期改正，可以处项目合同金额千分之五以上千分之十以下的罚款；对全部或者部分使用国有资金的项目，可以暂停项目执行或者暂停资金拨付；对单位直接负责的主管人员和其他直接责任人员依法给予处分。

招标人以不合理的条件限制或者排斥潜在投标人的，对潜在投标人实行歧视待遇的，强制要求投标人组成联合体共同投标的，或者限制投标人之间竞争的，责令改正，可以处一万元以上五万元以下的罚款。

依法必须进行招标的项目的招标人向他人透露已获取招标文件的潜在投标人的名称、数量或者可能影响公平竞争的有关招标投标的其他情况的，或者泄露标底的，给予警告，可以并处一万元以上十万元以下的罚款；对单位直接负责的主管人员和其他直接责任人员依法给予处分；构成犯罪的，依法追究刑事责任。

依法必须进行招标的项目，招标人违反本法规定，与投标人就投标价格、投标方案等实质性内容进行谈判的，给予警告，对单位直接负责的主管人员和其他直接责任人员依法给予处分。

招标人在评标委员会依法推荐的中标候选人以外确定中标人的，依法必须进行招标的项目在所有投标被评标委员会否决后自行确定中标人的，中标无效。责令改正，可以处中标项目金额千分之五以上千分之十以下的罚款；对单位直接负责的主管人员和其他直接责任人员依法给予处分。

招标人与中标人不按照招标文件和中标人的投标文件订立合同的，或者招标人、中标人订立背离合同实质性内容的协议的，责令改正；可以处中标项目金额千分之五以上千分之十以下的罚款。

（2）招标代理机构的责任

招标代理机构违反规定，泄露应当保密的与招标投标活动有关的情况和资料的，或者与招标人、投标人串通损害国家利益、社会公共利益或者他人合法权益的，处五万元以上二十五万元以下的罚款，对单位直接负责的主管人员和其他直接责任人员处单位罚款数额百分之五以上百分之十以下的罚款；有违法所得的，并处没收违法所得；情节严重的，暂停直至取消招标代理资格；构成犯罪的，依法追究刑事责任。给他人造成损失的，依法承担赔偿责任。

（3）投标人的法律责任

投标人相互串通投标或者与招标人串通投标的，投标人以向招标人或者评标委员会成员行贿的手段谋取中标的，中标无效，处中标项目金额千分之五以上千分之十以下的罚款，对单位直接负责的主管人员和其他直接责任人员处单位罚款数额百分之五以上百分之十以下的罚款；有违法所得的，并处没收违法所得；情节严重的，取消其一至二年内参加依法必须进行招标的项目的投标资格并予以公告，直至由工商行政管理机关吊销营业执照；构成犯罪的，依法追究刑事责任。给他人造成损失的，依法承担赔偿责任。

投标人以他人名义投标或者以其他方式弄虚作假，骗取中标的，中标无效，给招标人造成损失的，依法承担赔偿责任；构成犯罪的，依法追究刑事责任。

依法必须进行招标的项目的投标人以他人名义投标或者以其他方式弄虚作假，骗取中标行为尚未构成犯罪的，处中标项目金额千分之五以上千分之十以下的罚款，对单位直接负责的主管人员和其他直接责任人员处单位罚款数额百分之五以上至百分之十以下的罚款；有违法所得的，并处没收违法所得；情节严重的，取消其一至三年内参加依法必须进行招标的项目的投标资格并予以公告，直至由工商行政管理机关吊销营业执照。

（4）评标委员会成员的法律责任

评标委员会成员收受投标人的财物或者其他好处的，评标委员会成员或者参加评标的有关工作人员向他人透露对投标文件的评审和比较、中标候选人的推荐以及与评标有关的其他情况的，给予警告，没收收受的财物，可以并处三千元以上五万元以下的罚款，对有所列违法行为的评标委员会成员取消担任评标委员会成员的资格，不得再参加任何依法必须进行招标的项目的评标；构成犯罪的，依法追究刑事责任。

（5）中标人的法律责任

中标人将中标项目转让给他人的，将中标项目肢解后分别转让给他人的，违反本法规定将中标项目的部分主体、关键性工作分包给他人的，或者分包人再次分包的，转让、分包无效，处转让、分包项目金额千分之五以上千分之十以下的罚款；有违法所得的，并处没收违法所得；可以责令停业整顿；情节严重的，由工商行政管理机关吊销营业执照。

中标人不履行与招标人订立的合同的，履约保证金不予退还，给招标人造成的损失超过履约保证金数额的，还应当对超过部分予以赔偿；没有提交履约保证金的，应当对招标人的损失承担赔偿责任。

中标人不按照与招标人订立的合同履行义务，情节较为严重的，取消其二至五年内参加依法必须进行招标的项目的投标资格并予以公告，直至由工商行政管理机关吊销营业执照。

因不可抗力不能履行合同的，不承担法律责任。

（6）负有行政监督职责的国家机关工作人员的法律责任

对招标投标活动依法负有行政监督职责的国家机关工作人员徇私舞弊、滥用职权或者玩忽职守，构成犯罪的，依法追究刑事责任；不构成犯罪的，依法给予行政处分。

（7）其他人违反招标投标法的法律责任

任何单位违反本法规定，限制或者排斥本地区、本系统以外的法人或者其他组织参加投标的，为招标人指定招标代理机构的，强制招标人委托招标代理机构办理招标事宜的，或者以其他方式干涉招标投标活动的，责令改正；对单位直接负责的主管人员和其他直接责任人员依法给予警告、记过、记大过的处分，情节较重的，依法给予降级、撤职、开除的处分。

个人利用职权进行限制或者排斥投标行为，为招标人指定招标代理机构的，强制招标人委托招标代理机构办理招标事宜的，或者以其他方式干涉招标投标活动的，责令改正，并依法给予警告、记过、记大过的处分，情节较重的，依法给予降级、撤职、开除的处分。

6.4 政府采购法

6.4.1 政府采购法概述

政府采购法是规范政府采购行为，提高政府采购资金的使用效益，维护国家利益和社会公共利益，保护政府采购当事中华人民共和国政府采购法人的合法权益，促进廉政建设制定的法律规范的总称。

6.4.1.1 政府采购的概念

政府采购，是指各级国家机关、事业单位和团体组织，使用财政性资金采购依法制定的集中采购目录以内的或者采购限额标准以上的货物、工程和服务的行为。

采购，是指以合同方式有偿取得货物、工程和服务的行为，包括购买、租赁、委托、雇佣等。

货物，是指各种形态和种类的物品，包括原材料、燃料、设备、产品等。

工程，是指建设工程，包括建筑物和构筑物的新建、改建、扩建、装修、拆除、修缮等。

服务，是指除货物和工程以外的其他政府采购对象。

6.4.1.2 政府采购的原则

政府采购法第三条规定了政府采购应当遵循的四项基本原则，在这些原则中，公平竞争是核心，公开透明是体现，公正和诚实信用是保障。

（1）公开透明原则

公开透明是政府采购必须遵循的基本原则之一，政府采购被誉为“阳光下的交易”，即源于此。政府采购的资金来源于纳税人缴纳的各种税金，只有坚持公开透明，才能为供应商参加政府采购提供公平竞争的环境，为公众对政府采购资金的使用情况进行有效的监督创造条件。公开透明要求政府采购的信息和行为不仅要全面公开，而且要完全透明。仅公开信息但仍搞暗箱操作属于违法行为。依据政府采购法精神，公开透明要求做到政府采购的法规和规章制度要公开，招标信息及中标或成交结果要公开，开标活动要公开，投诉处理结果或司法裁减决定等都要公开，使政府采购活动在完全透明的状态下运作，全面、广泛地接受监督。

（2）公平竞争原则

公平原则是市场经济运行的重要法则，是政府采购的基本规则。公平竞争要求在竞争的前提下公平地开展政府采购活动。首先，要将竞争机制引入采购活动中，实行优胜劣汰，让采购人通过优中选优的方式，获得价廉物美的货物、工程或者服务，提高财政性资金的使用效益。其次，竞争必须公平，不能设置妨碍充分竞争的不正当条件。公平竞争是指政府采购的竞争是有序竞争，要公平地对待每一个供应商，不能有歧视某些潜在的符合条件的供应商参与政府采购活动的现象，而且采购信息要在政府采购监督管理部门指定的媒体上公平地披露。公平竞争原则将推进我国政府采购市场向竞争更为充分、运行更为规范、交易更为公平的方向发展，不仅使采购人获得价格低廉、质量有保证的货物、工程和服务，同时还有利于提高企业的竞争能力和自我发展能力。

（3）公正原则

公正原则是为采购人与供应商之间在政府采购活动中处于平等地位而确立的。公正原则要求政府采购要按照事先约定的条件和程序进行，对所有供应商一视同仁，不得有歧视条件和行为，任何单位或个人无权干预采购活动的正常开展。尤其是在评标活动中，要严格按照统一的评标标准评定中标或成交供应商，不得存在任何主观倾向。为了实现公正，政府采购法提出了评标委员会以及有关的小组人员必须要有一定数量的要求，要有各方面代表，而且人数必须为单数，相关人员要回避，同时规定了保护供应商合法权益及方式。

（4）诚实信用原则

诚实信用原则要求政府采购当事人在政府采购活动中，本着诚实、守信的态度履行各自的权利和义务，讲究信誉，兑现承诺，不得散布虚假信息，不得有欺诈、串通、隐瞒等行为，不得伪造、变造、隐匿、销毁需要依法保存的文件，不得规避法律法规，不得损害第三人的利益。坚持诚实信用原则，能够增强公众对采购过程的信任。

6.4.1.3 政府采购法的目标

政府采购应当有助于实现国家的经济和社会发展政策目标。

（1）保护国民经济的发展

政府采购应当采购本国货物、工程和服务。政府采购法适用范围内的采购，只要本国的货物、工程和服务能够满足基本需求的，应当采购本国货物。

以下特殊情况下，政府采购可以采购外国货物、工程和服务。

1）需要采购的货物、工程或者服务在中国境内无法获取或者无法以合理的商业条件获取的；

2）为在中国境外使用而进行采购的；

3）其他法律、行政法规另有规定的。

（2）保护环境

政府采购应当有利于促进产品制造环境的改善，并采购符合环境保护要求的产品。政府采购不能采购制造环境不合格企业生产的产品，如服装、家具采购，要求制造商具有环境质量认证资格。也不能采购不符合环境保护要求的产品，如许多城市要求购买尾气符合环境达标的汽车。政府采购要考虑环保要求，通过将政府采购形成的商业机会向符合环境保护要求的企业或产品倾斜，鼓励和支持这类企业的发展。

（3）扶持不发达地区和少数民族地区的发展

不发达地区和少数民族地区的经济发展水平不高，企业竞争实力普遍不强，促进这些地区的发展，是国家经济实现均衡发展的客观要求，完全靠市场经济作用很难实现这一要求。政府采购将政府采购形成的商业机会尤其是中央单位的政府采购向这些地区倾斜，在竞争的前提下，将采购合同优先授予不发达地区和少数民族地区相对有实力的供应商，支持企业发展，提高企业的竞争实力，从而达到培育财源的目的，促进企业发展与财源增长的良性循环，逐步改变不发达的状况。

（4）促进中小企业发展

在政府采购活动中，中小企业因规模小，竞争力不强，处于弱势地位，所以，通常难以拿到相应的采购合同。但是，中小企业也是社会就业的主要渠道之一，对维护社会稳定起着相当重要的作用，应当给予必要的扶持。

6.4.2 政府采购的当事人

政府采购当事人是指在政府采购活动中享有权利和承担义务的各类主体，包括采购人、供应商和采购代理机构等，不包括政府采购的监督管理部门。

6.4.2.1 采购人

采购人是指依法进行政府采购的国家机关、事业单位和团体组织。

根据我国宪法的规定，国家机关包括国家权力机关、国家行政机关、国家审判机关、国家检察机关、军事机关等。事业单位是指政府为实现特定目的而批准设立的事业法人。团体组织是指各党派及政府批准的社会团体。

我国《政府采购法》规定的采购人不包括国有企业，主要是考虑到企业是生产经营性单位，其资金并非全部是财政性资金，存在资金来源多元化；而且是其采购活动涉及生产的效率，所以不能完全套用政府采购的规定运作。

采购人在政府采购活动中应当维护国家利益和社会公共利益，公正廉洁，诚实守信，执行政府采购政策，建立政府采购内部管理制度，厉行节约，科学合理确定采购需求。

6.4.2.2 采购代理机构

采购代理机构分为两种。一种是政府依法按照限制性原则、非强制性原则和独立设置原则设立的集中采购机构。它是非营利性事业单位，其业务有强制性的，也有非强制性的，主要是负责组织实施集中采购活动。

另一种是指具备一定条件的招投标代理中介机构。其具备的条件主要有二：一是有省级以上有关政府部门授予的招投标代理资质，二是获得省级以上财政部门登记备案资格。采购代理机构的主要职能是为采购人提供采购代理服务，应当在采购人委托的事项和范围内开展工作。

采购人依法委托采购代理机构办理采购事宜的，应当由采购人与采购代理机构签订委托代理协议，依法确定委托代理的事项，约定双方的权利义务。

采购代理机构应当建立完善的政府采购内部监督管理制度，具备开展政府采购业务所需的评审条件和设施。

采购代理机构应当提高确定采购需求，编制招标文件、谈判文件、询价通知书，拟订合同文本和优化采购程序的专业化服务水平，根据采购人委托在规定的时间内及时组织采购人与中标或者成交供应商签订政府采购合同，及时协助采购人对采购项目进行验收。

6.4.2.3 供应商

供应商是指向采购人提供货物、工程和服务的法人、其他组织或者自然人。供应商的各主体是指在我国境内注册登记的法人和其他组织以及中国公民，不包括在我国境外注册登记的法人和其他组织以及外国公民。

（1）供应商参加政府采购条件

供应商参加政府采购活动应当具备下列条件：

1）具有独立承担民事责任的能力；

2）具有良好的商业信誉和健全的财务会计制度；

3）具有履行合同所必需的设备和专业技术能力；

4）有依法缴纳税收和社会保障资金的良好记录；

5）参加政府采购活动前三年内，在经营活动中没有重大违法记录；

6）法律、行政法规规定的其他条件。

供应商重大违法记录，是指供应商因违法经营受到刑事处罚或者责令停产停业、吊销许可证或者执照、较大数额罚款等行政处罚。

（2）供应商联合体

两个以上的自然人、法人或者其他组织可以组成一个联合体，以一个供应商的身份共同参加政府采购。

以联合体形式进行政府采购的，参加联合体的供应商均应当具备法律规定的条件，并应当向采购人提交联合协议，载明联合体各方承担的工作和义务。联合体各方应当共同与采购人签订采购合同，就采购合同约定的事项对采购人承担连带责任。

联合体中有同类资质的供应商按照联合体分工承担相同工作的，应当按照资质等级较低的供应商确定资质等级。

以联合体形式参加政府采购活动的，联合体各方不得再单独参加或者与其他供应商另外组成联合体参加同一合同项下的政府采购活动。

6.4.2.4 采购当事人禁止行为

政府采购当事人不得相互串通损害国家利益、社会公共利益和其他当事人的合法权益；不得以任何手段排斥其他供应商参与竞争。

（1）采购人禁止行为

采购人可以根据采购项目的特殊要求，规定供应商的特定条件，但不得以不合理的条件对供应商实行差别待遇或者歧视待遇。

采购人或者采购代理机构有下列情形之一的，属于以不合理的条件对供应商实行差别待遇或者歧视待遇：

1）就同一采购项目向供应商提供有差别的项目信息；

2）设定的资格、技术、商务条件与采购项目的具体特点和实际需要不相适应或者与合同履行无关；

3）采购需求中的技术、服务等要求指向特定供应商、特定产品；

4）以特定行政区域或者特定行业的业绩、奖项作为加分条件或者中标、成交条件；

5）对供应商采取不同的资格审查或者评审标准；

6）限定或者指定特定的专利、商标、品牌或者供应商；

7）非法限定供应商的所有制形式、组织形式或者所在地；

8）以其他不合理条件限制或者排斥潜在供应商。

采购人不得向供应商索要或者接受其给予的赠品、回扣或者与采购无关的其他商品、服务。

（2）采购代理机构禁止行为

采购代理机构不得以向采购人行贿或者采取其他不正当手段谋取非法利益。

采购代理机构不得以不正当手段获取政府采购代理业务，不得与采购人、供应商恶意串通操纵政府采购活动。

采购代理机构工作人员不得接受采购人或者供应商组织的宴请、旅游、娱乐，不得收受礼品、现金、有价证券等，不得向采购人或者供应商报销应当由个人承担的费用。

（3）供应商禁止行为

供应商不得以向采购人、采购代理机构、评标委员会的组成人员、竞争性谈判小组的组成人员、询价小组的组成人员行贿或者采取其他不正当手段谋取中标或者成交。

6.4.3 政府采购方式

6.4.3.1 公开招标

公开招标是政府采购的主要采购方式。公开招标方式的具体数额标准，属于中央预算的政府采购项目，由国务院规定；属于地方预算的政府采购项目，由省、自治区、直辖市人民政府规定；因特殊情况需要采用公开招标以外的采购方式的，应当在采购活动开始前获得设区的市、自治州以上人民政府采购监督管理部门的批准。

采购人不得将应当以公开招标方式采购的货物或者服务化整为零或者以其他任何方式规避公开招标采购。在一个财政年度内，采购人将一个预算项目下的同一品目或者类别的货物、服务采用公开招标以外的方式多次采购，累计资金数额超过公开招标数额标准的，属于以化整为零方式规避公开招标，但项目预算调整或者经批准采用公开招标以外方式采购除外。

6.4.3.2 邀请招标

符合下列情形之一的货物或者服务，可以采用邀请招标方式采购：

1）具有特殊性，只能从有限范围的供应商处采购的；

2）采用公开招标方式的费用占政府采购项目总价值的比例过大的。

6.4.3.3 竞争性谈判

符合下列情形之一的货物或者服务，可以依照本法采用竞争性谈判方式采购：

1）招标后没有供应商投标或者没有合格标的或者重新招标未能成立的；

2）技术复杂或者性质特殊，不能确定详细规格或者具体要求的；

3）采用招标所需时间不能满足用户紧急需要的；

4）不能事先计算出价格总额的。

6.4.3.4 单一来源采购

符合下列情形之一的货物或者服务，可以采用单一来源方式采购：

1）只能从唯一供应商处采购的；

2）发生了不可预见的紧急情况不能从其他供应商处采购的；

3）必须保证原有采购项目一致性或者服务配套的要求，需要继续从原供应商处添购，且添购资金总额不超过原合同采购金额百分之十的。

6.4.3.5 询价

采购的货物规格、标准统一、现货货源充足且价格变化幅度小的政府采购项目，可以采用询价方式采购。

6.4.3.6 国务院政府采购监督管理部门认定的其他采购方式

6.4.4 政府采购程序

6.4.4.1 政府采购准备阶段

负有编制部门预算职责的部门在编制下一财政年度部门预算时，应当将该财政年度政府采购的项目及资金预算列出，报本级财政部门汇总。

采购人应当根据集中采购目录、采购限额标准和已批复的部门预算编制政府采购实施计划，报本级人民政府财政部门备案。

6.4.4.2 政府采购实施阶段

（1）招标与邀请招标程序

1）发布招标文件或投标邀请书。货物和服务项目实行招标方式采购的，自招标文件开始发出之日起至投标人提交投标文件截止之日止，不得少于二十日。招标文件应当包括采购项目的商务条件、采购需求、投标人的资格条件、投标报价要求、评标方法、评标标准以及拟签订的合同文本等。

货物或者服务项目采取邀请招标方式采购的，采购人应当从符合相应资格条件的供应商中，通过随机方式选择三家以上的供应商，并向其发出投标邀请书。

2）评标。政府采购招标评标方法分为最低评标价法和综合评分法。

最低评标价法，是指投标文件满足招标文件全部实质性要求且投标报价最低的供应商为中标候选人的评标方法。综合评分法，是指投标文件满足招标文件全部实质性要求且按照评审因素的量化指标评审得分最高的供应商为中标候选人的评标方法。

技术、服务等标准统一的货物和服务项目，应当采用最低评标价法。

采用综合评分法的，评审标准中的分值设置应当与评审因素的量化指标相对应。

招标文件中没有规定的评标标准不得作为评审的依据。

在招标采购中，出现下列情形之一的，应予废标：

① 符合专业条件的供应商或者对招标文件作实质响应的供应商不足三家的；

② 出现影响采购公正的违法、违规行为的；

③ 投标人的报价均超过了采购预算，采购人不能支付的；

④ 因重大变故，采购任务取消的。

废标后，采购人应当将废标理由通知所有投标人。

废标后，除采购任务取消情形外，应当重新组织招标；需要采取其他方式采购的，应当在采购活动开始前获得设区的市、自治州以上人民政府采购监督管理部门或者政府有关部门批准。

3）中标。采购人或者采购代理机构应当自中标、成交供应商确定之日起2个工作日内，发出中标、成交通知书，并在省级以上人民政府财政部门指定的媒体上公告中标、成交结果，招标文件、竞争性谈判文件、询价通知书随中标、成交结果同时公告。

中标、成交结果公告内容应当包括采购人和采购代理机构的名称、地址、联系方式，项目名称和项目编号，中标或者成交供应商名称、地址和中标或者成交金额，主要中标或者成交标的的名称、规格型号、数量、单价、服务要求以及评审专家名单。

（2）竞争性谈判方式采购程序

采用竞争性谈判方式采购的，应当遵循下列程序：

1）成立谈判小组。谈判小组由采购人的代表和有关专家共三人以上的单数组成，其中专家的人数不得少于成员总数的二分之二。

2）制定谈判文件。谈判文件应当明确谈判程序、谈判内容、合同草案的条款以及评定成交的标准等事项。

3）确定邀请参加谈判的供应商名单。谈判小组从符合相应资格条件的供应商名单中确定不少于三家的供应商参加谈判，并向其提供谈判文件。

4）谈判。谈判小组所有成员集中与单一供应商分别进行谈判。在谈判中，谈判的任何一方不得透露与谈判有关的其他供应商的技术资料、价格和其他信息。谈判文件有实质性变动的，谈判小组应当以书面形式通知所有参加谈判的供应商。

5）确定成交供应商。谈判结束后，谈判小组应当要求所有参加谈判的供应商在规定时间内进行最后报价，采购人从谈判小组提出的成交候选人中根据符合采购需求、质量和服务相等且报价最低的原则确定成交供应商，并将结果通知所有参加谈判的未成交的供应商。

（3）单一来源方式采购程序

采取单一来源方式采购的，采购人与供应商应当遵循相应原则，在保证采购项目质量和双方商定合理价格的基础上进行采购。

（4）询价方式采购程序

采取询价方式采购的，应当遵循下列程序：

1）成立询价小组。询价小组由采购人的代表和有关专家共三人以上的单数组成，其中专家的人数不得少于成员总数的三分之二。询价小组应当对采购项目的价格构成和评定成交的标准等事项作出规定。

2）确定被询价的供应商名单。询价小组根据采购需求，从符合相应资格条件的供应商名单中确定不少于三家的供应商，并向其发出询价通知书让其报价。

3）询价。询价小组要求被询价的供应商一次报出不得更改的价格。

4）确定成交供应商。采购人根据符合采购需求、质量和服务相等且报价最低的原则确定成交供应商，并将结果通知所有被询价的未成交的供应商。

6.4.4.3 供应商履约验收阶段

采购人或者其委托的采购代理机构应当按照政府采购合同规定的技术、服务、安全标准组织对供应商履约情况进行验收，并出具验收书。验收书应当包括每一项技术、服务、安全标准的履约情况。

大型或者复杂的政府采购项目，应当邀请国家认可的质量检测机构参加验收工作。验收方成员应当在验收书上签字，并承担相应的法律责任。

政府向社会公众提供的公共服务项目，验收时应当邀请服务对象参与并出具意见，验收结果应当向社会公告。

6.4.4.4 采购文件保存阶段

（1）采购文件保存时间

采购人、采购代理机构对政府采购项目每项采购活动的采购文件应当妥善保存，不得伪造、变造、隐匿或者销毁。采购文件的保存期限为从采购结束之日起至少保存十五年。

（2）采购文件的内容

采购文件包括采购活动记录、采购预算、招标文件、投标文件、评标标准、评估报告、定标文件、合同文本、验收证明、质疑答复、投诉处理决定及其他有关文件、资料。

采购活动记录至少应当包括下列内容：

1）采购项目类别、名称；

2）采购项目预算、资金构成和合同价格；

3）采购方式，采用公开招标以外的采购方式的，应当载明原因；

4）邀请和选择供应商的条件及原因；

5）评标标准及确定中标人的原因；

6）废标的原因；

7）采用招标以外采购方式的相应记载。

6.4.5 政府采购合同

政府采购合同指采购人与供应商签订的约定采购人与供应商权利、义务的合同。采购人可以委托采购代理机构代表其与供应商签订政府采购合同。由采购代理机构以采购人名义签订合同的，应当提交采购人的授权委托书，作为合同附件。

6.4.5.1 政府采购合同的订立

采购人与供应商应以平等、自愿原则约定书面形式的政府采购合同。

采购人与中标、成交供应商应当在中标、成交通知书发出之日起三十日内，按照采购文件确定的事项签订政府采购合同。

中标、成交通知书对采购人和中标、成交供应商均具有法律效力。中标、成交通知书发出后，采购人改变中标、成交结果的，或者中标、成交供应商放弃中标、成交项目的，应当依法承担法律责任。

6.4.5.2 政府采购合同的履行

采购文件要求中标或者成交供应商提交履约保证金的，供应商应当以支票、汇票、本票或者金融机构、担保机构出具的保函等非现金形式提交。履约保证金的数额不得超过政府采购合同金额的百分之十。

经采购人同意，中标、成交供应商可以依法采取分包方式履行合同。

政府采购合同分包履行的，中标、成交供应商就采购项目和分包项目向采购人负责，分包供应商就分包项目承担责任。

政府采购合同履行中，采购人需追加与合同标的相同的货物、工程或者服务的，在不改变合同其他条款的前提下，可以与供应商协商签订补充合同，但所有补充合同的采购金额不得超过原合同采购金额的百分之十。

6.4.5.3 政府采购合同的变更与终止

政府采购合同的双方当事人不得擅自变更、中止或者终止合同。

政府采购合同继续履行将损害国家利益和社会公共利益的，双方当事人应当变更、中止或者终止合同。有过错的一方应当承担赔偿责任，双方都有过错的，各自承担相应的责任。

6.4.6 质疑与投诉

6.4.6.1 质疑

供应商对政府采购活动事项有疑问的，可以向采购人提出询问，采购人应当及时作出答复，但答复的内容不得涉及商业秘密。

供应商认为采购文件、采购过程和中标、成交结果使自己的权益受到损害的，可以在知道或者应知其权益受到损害之日起七个工作日内，以书面形式向采购人提出质疑。

供应商应知其权益受到损害之日，是指：

1）对可以质疑的采购文件提出质疑的，为收到采购文件之日或者采购文件公告期限届满之日；

2）对采购过程提出质疑的，为各采购程序环节结束之日；

3）对中标或者成交结果提出质疑的，为中标或者成交结果公告期限届满之日。

采购人应当在收到供应商的书面质疑后七个工作日内作出答复，并以书面形式通知质疑供应商和其他有关供应商，但答复的内容不得涉及商业秘密。

采购人委托采购代理机构采购的，供应商可以向采购代理机构提出询问或者质疑，采购代理机构应当依照法律规定就采购人委托授权范围内的事项作出答复。

6.4.6.2 投诉

质疑供应商对采购人、采购代理机构的答复不满意或者采购人、采购代理机构未在规定的时间内作出答复的，可以在答复期满后十五个工作日内向同级政府采购监督管理部门投诉。

政府采购监督管理部门应当在收到投诉后三十个工作日内，对投诉事项作出处理决定，并以书面形式通知投诉人和与投诉事项有关的当事人。

政府采购监督管理部门在处理投诉事项期间，可以视具体情况书面通知采购人暂停采购活动，但暂停时间最长不得超过三十日。

投诉人对政府采购监督管理部门的投诉处理决定不服或者政府采购监督管理部门逾期未作处理的，可以依法申请行政复议或者向人民法院提起行政诉讼。

6.4.7 监督检查

6.4.7.1 内部监督检查

集中采购机构应当建立健全内部监督管理制度。采购活动的决策和执行程序应当明确，并相互监督、相互制约。经办采购的人员与负责采购合同审核、验收人员的职责权限应当明确，并相互分离。

集中采购机构对其工作人员应当加强教育和培训；对采购人员的专业水平、工作实绩和职业道德状况定期进行考核。采购人员经考核不合格的，不得继续任职。

6.4.7.2 政府采购监督管理部门的监督检查

政府采购监督管理部门应当加强对政府采购活动及集中采购机构的监督检查。

监督检查的主要内容是：

1）有关政府采购的法律、行政法规和规章的执行情况；

2）采购范围、采购方式和采购程序的执行情况；

3）政府采购人员的职业素质和专业技能。

政府采购监督管理部门应当对集中采购机构的采购价格、节约资金效果、服务质量、信誉状况、有无违法行为等事项进行考核，并定期如实公布考核结果。

6.4.7.3 审计机关的监督

审计机关应当对政府采购进行审计监督。政府采购监督管理部门、政府采购各当事人有关政府采购活动，应当接受审计机关的审计监督。

6.4.7.4 监察机关的监察

监察机关应当加强对参与政府采购活动的国家机关、国家公务员和国家行政机关任命的其他人员实施监察。

6.4.7.5 社会监督

政府采购项目的采购标准应当公开。采购人在采购活动完成后，应当将采购结果予以公布。

任何单位和个人对政府采购活动中的违法行为，有权控告和检举，有关部门、机关应当依照各自职责及时处理。

6.4.8 法律责任

6.4.8.1 采购人、采购代理机构的法律责任

1）采购人、采购代理机构有下列情形之一的，责令限期改正，给予警告，可以并处罚款，对直接负责的主管人员和其他直接责任人员，由其行政主管部门或者有关机关给予处分，并予通报：

① 应当采用公开招标方式而擅自采用其他方式采购的；

② 擅自提高采购标准的；

③ 委托不具备政府采购业务代理资格的机构办理采购事务的；

④ 以不合理的条件对供应商实行差别待遇或者歧视待遇的；

⑤ 在招标采购过程中与投标人进行协商谈判的；

⑥ 中标、成交通知书发出后不与中标、成交供应商签订采购合同的；

⑦ 拒绝有关部门依法实施监督检查的。

2）采购人、采购代理机构及其工作人员有下列情形之一，构成犯罪的，依法追究刑事责任；尚不构成犯罪的，处以罚款，有违法所得的，并处没收违法所得，属于国家机关工作人员的，依法给予行政处分：

① 与供应商或者采购代理机构恶意串通的；

② 在采购过程中接受贿赂或者获取其他不正当利益的；

③ 在有关部门依法实施的监督检查中提供虚假情况的；

④ 开标前泄露标底的。

3）采购人对应当实行集中采购的政府采购项目，不委托集中采购机构实行集中采购的，由政府采购监督管理部门责令改正；拒不改正的，停止按预算向其支付资金，由其上级行政主管部门或者有关机关依法给予其直接负责的主管人员和其他直接责任人员处分。

4）采购人未依法公布政府采购项目的采购标准和采购结果的，责令改正，对直接负责的主管人员依法给予处分。

5）采购人、采购代理机构违反本法规定隐匿、销毁应当保存的采购文件或者伪造、变造采购文件的，由政府采购监督管理部门处以二万元以上十万元以下的罚款，对其直接负责的主管人员和其他直接责任人员依法给予处分；构成犯罪的，依法追究刑事责任。

6.4.8.2 供应商的法律责任

供应商有下列情形之一的，处以采购金额千分之五以上千分之十以下的罚款，列入不良行为记录名单，在一至三年内禁止参加政府采购活动，有违法所得的，并处没收违法所得，情节严重的，由工商行政管理机关吊销营业执照；构成犯罪的，依法追究刑事责任：

1）提供虚假材料谋取中标、成交的；

2）采取不正当手段诋毁、排挤其他供应商的；

3）与采购人、其他供应商或者采购代理机构恶意串通的；

4）向采购人、采购代理机构行贿或者提供其他不正当利益的；

5）在招标采购过程中与采购人进行协商谈判的；

6）拒绝有关部门监督检查或者提供虚假情况的。

供应商有第1）至5）项情形之一的，中标、成交无效。

6.4.8.3 政府采购监督管理部门的法律责任

政府采购监督管理部门的工作人员在实施监督检查中违反本法规定滥用职权，玩忽职守，徇私舞弊的，依法给予行政处分；构成犯罪的，依法追究刑事责任。

政府采购监督管理部门对供应商的投诉逾期未作处理的，给予直接负责的主管人员和其他直接责任人员行政处分。

政府采购监督管理部门对集中采购机构业绩的考核，有虚假陈述，隐瞒真实情况的，或者不作定期考核和公布考核结果的，应当及时纠正，由其上级机关或者监察机关对其负责人进行通报，并对直接负责的人员依法给予行政处分。

6.4.8.4 其他单位或个人的法律责任

任何单位或者个人阻挠和限制供应商进入本地区或者本行业政府采购市场的，责令限期改正；拒不改正的，由该单位、个人的上级行政主管部门或者有关机关给予单位责任人或者个人处分。

阅读专栏

PPP项目落地实务与案例

1 认识PPP及其特点

PPP（Public-Private-Partnership），即政府与社会资本合作。在实操中，以财政部发文为准，“政府”即政府部门、政府机构、事业单位可以作为政府与社会资本合作的主体。“社会资本”即本级政府的平台公司以及本级政府控制的企业除外的社会企业。

PPP提供的是公共产品和服务，即不特定的人都能享用的产品和服务，包括水电气暖、文教卫林、农林旅业、海特管棚等，旅游业属于PPP适用范畴。

PPP项目回报方式有且只有政府付费、可行性缺口补助、使用者付费这三种。在其合作中，通过政府兜底、收益分成、绩效考评等方式，降低社会资本经营风险的同时规避其从中获取暴利，并保障提供产品的可持续性质量。

PPP模式的根本目的是减轻政府负债，其市场化运作，可有效发挥政府、社会资本在法规、政策、设计、承建、融资、运营、维修维护等方面的最大效力，同时承担相应的风险分配，大大提高了项目的落地性和实操性。

2 PPP实操流程及核心事项

PPP项目从项目识别、项目准备、项目采购、项目执行及项目移交5阶段操作流程中，以其准备阶段的实施方案、识别阶段的物有所值评价和财政承受能力论证、采购阶段的合同体系和采购文件五方面为其核心文件。

有几点关键事项：

PPP模式下，BOT拒绝政府任何形式的担保，否则PPP项目不成立；政府用于PPP项目的投资不得超过当年一般公共财政支出的百分之十，因此在项目识别阶段，要考虑政府的财政实力。所有PPP项目文件中，合同法律效应最高，在项目全生命周期内所有冲突都以合同为准。因此，合同不仅要合法，更要合理。

3 PPP融资的相关基本常识

PPP融资是在法律架构下进行的，资金来源包含银行机构、非银行机构（信托、基金）和募集（收益债、资产证券化、中期票据等）。相应的融资方式包括质押、基金（PPP政府引导基金和PPP投资基金）、发债。

资金用途包括入股资本金的股权融资和用于项目建设缺口的项目融资。前者融资主体是SPV股东，后者是SPV，SPV股东与SPV风险隔离，股东不为SPV提供担保，债权人只能以SPV之收费权作为还款保障，债权人无或只具有有限追索权。

PPP项目资金退出渠道包括上市、回购（政府不能回购）、转让、ABS债、清算等方式。

4 案例启示及思考

……作为民营资本和政府合作的BOT项目，是民营企业在利益驱使下，主动向政府发起合作的。在帮助政府减轻财政压力，解决了公共交通问题的同时，社会资本单方面收益暴增，而政府资本金缺乏回报。由此，政府"无奈"在刺桐大桥上下游先后建成6座桥，通过过桥免费的方式抑制社会资本收益。最后该BOT项目名存实亡。

此案例给我以下启示：

BOT、PPP都必须重视合同，合同是其项目执行的必要条件；合同在确定基本的合同模式前提下，必须具有一定的排他性，并且通过收益平衡机制、价格调整机制、绩效考评机制等，来保障和约束合作双方的权益和责任，从而实现更长久的稳定合作。

思考：PPP项目成败与否，关键在于资金。

投资的必要性，首先在项目识别阶段，从项目筛选、物有所值评价报告及财政成熟能力论证等方面都必须定性、定量地评估投资报告；

资金的持续性，项目准备阶段（实施方案）要明确投资回报从何而来；

投资的明确性，项目采购将落实项目资本金需求；

收益的稳定性，项目执行阶段的融资管理、绩效检测与支付等直接反映项目的规范性和可持续性；

退出的规范性。项目移交的准备、性能测试、资产交割和绩效评价，保障了资金推出的规范性。

因此，从PPP项目实操流程角度来说，我认为PPP项目始终要做到围绕资金开始、并落实资金来源、去向和管理，最大限度地保障多方利益共享。

同时，结合旅游业发展环境，如何在国家政策导向下，用好PPP解决旅游项目投资、建设、运营等问题，还任重道远。在实践中，首先要找到项目难落地的症结，争取能够通过可研报告、商业模式、融资渠道、实施方案等帮助合作方解决问题。

（材料来源：中国政府采购网，2017年6月23日，PPP频道经验案例）

本章小结

本章主要介绍了反不正当竞争法、反垄断法、招标投标法和政府采购法等规范市场竞争相关的法律。

不正当竞争行为的表现形式主要有：市场混淆行为、商业贿赂行为、虚假宣传行为、侵犯商业秘密行为、附不合理条件交易行为、低价倾销行为、不正当有奖销售、诋毁商誉行为等。我国的反不正当竞争法的执法机构主要是县级以上人民政府工商行政管理部门。垄断行为一般指三种经济垄断和一种行政垄断，具体包括垄断协议，滥用市场支配地位，具有或者可能具有排除、限制竞争效果的经营者集中，滥用行政权力排除、限制竞争的行为。反垄断执法机构依法对涉嫌垄断行为进行调查。

招标投标活动应当遵循公开、公平、公正和诚实信用的原则。招标投标必须按照法定程序进行：招标单位编制招标相关文件、文件报批和备案、发布招标公告和接受投标单位报名、资格预审、踏勘答疑、投标单位制作竞标书、投标单位投标、招标单位组织开标和评标、评标结果备案和公示、发出中标通知书、签订中标合同和合同备案等。政府采购实质上是一种特殊的招投标。政府采购应当遵循公平竞争、公开透明、公正和诚实信用等基本原则，以提高政府采购资金的使用效益，维护国家利益和社会公共利益，保护政府采购当事人的合法权益，促进廉政建设。

思考与练习

一、单项选择题

1．根据反不正当竞争法律制度的规定，下列行为中，属于不正当竞争行为的是（ ）。

A．甲因其所居住小区内的超市过于吵闹，影响其休息，遂捏造该超市出售伪劣商品的事实并进行散布，导致该超市营业额严重下降

B．乙家具制造企业将产自中国的家具产品的原产地标注为意大利

C．丙歌厅见与其相邻的另外一家歌厅价格低、服务好、客源多，遂雇用打手上门寻衅滋事，进行威胁

D．入夏前，丁商场为了筹集资金购进夏装，以低于进货价的价格甩卖了一批库存的羽绒服

2．下列广告中不为法律所禁止的商业宣传是（ ）。

A．“××酒，启瓶醉八方，香溢飘千里”

B．“××酒，行销全国，中国最优”

C．“××酒，消除紧张和焦虑，健康佳酿”

D．“××药酒，治愈风湿病，疗效100%”

3．某电器销售连锁店在本市一家主要媒体上刊登广告称为回报消费者，本店全场特惠，降幅10%至50%。但执法人员检查发现，该店先将商品价格悄然上涨10%，然后在此基础上下降10%，实际等于一点没降，该行为（ ）。

A．构成虚假宣传行为　　B．构成不正当亏本销售行为

C．不属于不正当竞争行为　　D．构成混同行为

4．某市百货商场在发出的邮购广告上以大字注明：“凡从本商场邮购微波炉，购买1台给付5%的回扣；5至20台给付8%的回扣；20至100台给付10%的回扣；100台以上给付15%的回扣。”有人见到广告后举报至有关部门，经查发现该商场所给付的回扣在账面上均有明确记载。该商场给付回扣的行为是（ ）。

A．不正当竞争行为　　B．正当竞争行为

C．行贿行为　　D．排挤竞争对手行为

5．下列各项，不属于不正当竞争行为构成要件的是（ ）。

A．经营者违反法律规定　　B．损害其他经营者的合法权益

C．扰乱社会秩序　　D．不正当竞争行为给受害人造成了重大损失

6．以下构成垄断协议的是：（ ）。

A．某市甲酒厂的白酒销售份额占该市的40%，乙酒厂的白酒销售份额占该市的50%，二酒厂为进一步控制市场份额达成了合并协议

B．某市电力公司与用户签订供电合同时，要求用户必须购买该电力公司出资设立的电力设备厂生产的电表

C．某市甲牛奶厂与乙牛奶厂的牛奶销售份额合计占该市的70%，二厂达成协议，共同将袋装牛奶的价格上涨2角钱

D．某市由于盲目投资，建有多家烟厂，生产的香烟绝大多数销在本市，由于各厂产量过高，积压严重，该市烟叶协会组织烟厂达成协议，各厂均减产30%

7. 下列关于市场支配地位的描述，正确的是（　）。

A. 市场支配地位是指经营者在整个市场中对其他经营者有较大的影响力

B. 认定市场支配地位，是判断滥用市场支配地位行为的前提

C. 经营者的市场份额难以成为判断经营者市场支配地位的便捷方法

D. 相关市场也包括与经营者的产品和服务无竞争关系的市场

8. 下列有关行政垄断的说法正确的是：（　）。

A. 行政机关制定含有限制竞争内容的规章属于行政垄断

B. 具有市场支配地位的经营者限定单位或者个人经营、购买、使用其指定的经营者提供的商品的行为属于行政垄断

C. 某市工商管理机关对于进入本市的奶制品都进行统一的有害添加剂检测，该行为属于滥用行政权力排除限制竞争

D. 行政机关和法律法规授权的具有管理公共事务职能的滥用行政权力排除限制竞争的，应当承担民事赔偿责任

9. 根据反垄断法行政制度的有关规定，行政机关滥用行政权力，实施限制竞争行为的，除法律、行政法规另有规定的，反垄断法机构可以采取的处理措施是（　）。

A. 责令行为人改正违法行为

B. 对直接负责的主管人员和其他直接责任人员给予处分

C. 对行为人处以罚款

D. 向有关上级机关提出依法处理的建议

10. 依《反垄断法》的规定，依据其在相关市场的市场份额，可以推定（　）具有市场支配地位。

A. 合计份额达到四分之三的三个经营者

B. 合计份额达到三分之二的两个经营者

C. B选项情形下，其中份额不足十分之一的经营者

D. 份额达到二分之一的一个经营者

11. 招标人或其委托的招标代理机构应至少在（　）家指定的媒介发布招标公告。

A. 2　　B. 3　　C. 5　　D. 1

12. 投标人少于（　）个的，招标人应当依法重新招标。

A. 5　　B. 2　　C. 3　　D. 4

13. 评标委员会成员名单一般应于（　）确定。

A. 开标过程中　　B. 开标后

C. 招标前　　D. 开标前

14. 必须公开招标的项目招标人可根据项目特点决定是否（　）。

A. 编制标底　　B. 编制招标文件

C. 发招标公告　　D. 公开标底

15.《招标投标法》规定，招标投标活动应当遵循公开、公平、公正和诚实信用的原则。公开原则，首先要求招标信息公开，其次还要求（　）公开。

A. 评标方式　　B. 招标投标过程

C. 招标单位　　D. 投标单位

16．关于联合体投标，下列表述中正确的是（　）。

A．联合体中应当至少有一方具备承担招标项目的相应能力

B．由同一专业的单位组成的联合体，按照资质等级较高的单位确定资质等级

C．联合体内部应当签订共同投标协议，并将共同投标协议连同投标文件一并提交招标人

D．联合体中标的，联合体应当指定一方与招标人签订合同

17．采取单一来源方式采购的，采购人与供应商应当遵循法律规定的原则，在保证（　）和双方商定合理价格的基础上进行采购。

A．采购项目质量　　B．采购资金

C．采购预算　　D．合同资金

18．采购的货物规格、标准统一、现货货源充足且价格变化幅度小的政府采购项目，可以依法采用（　）。

A．竞争性谈判方式采购　　B．询价方式采购

C．单一来源方式采购　　D．招标方式采购

19．采用竞争性谈判方式采购的，应当遵循下列程序（　）。

A．成立谈判小组；制定谈判文件；确定邀请参加谈判的供应商名单；谈判；确定成交供应商

B．邀请供应商；谈判；最终报价；确定供应商

C．成立谈判小组；邀请供应商报价；谈判小组评审；确定供应商

D．邀请供应商；公开唱标；谈判；最终报价；确定供应商

20．采用询价方式采购的，应当遵循下列程序（　）。

A．发出询价单；邀请报价；确定成交供应商

B．成立询价小组；反复询价；确定成交供应商

C．成立询价小组；确定被询价的供应商名单；询价；确定成交供应商

D．成立询价小组；选择供应商；讨价还价；确定成交供应商

二、多项选择题

1．根据反不正当竞争法律制度的规定，下列各项中属于不正当竞争行为的有（　）。

A．假冒他人注册商标　　B．对商品的质量作引人误解的虚假宣传

C．以明示入账方式给交易对方折扣　　D．窃取他人的商业秘密

2．某百货公司从国外进口一批男式衬衫，销售近两个月，顾客反应冷淡，为了尽快售出这批衬衫，回收资金偿还贷款，该百货公司决定采用有奖销售的方式，其符合法律规定的策划有（　）。

A．顾客购买一件衬衫，赠送奖券一张，奖券金额为50元

B．采用抽奖式的有奖销售，最高奖的金额为6 666元

C．以低于进货时的价格销售

D．在销售紧俏商品时搭售该衬衫

3．某百货公司从国外进口一批男式衬衫，销售近两个月，顾客反应冷淡，为了尽快售出这批衬衫，回收资金偿还贷款，该百货公司决定采用有奖销售的方式，其符合法律

规定的策划有（　）。

A．顾客购买一件衬衫，赠送奖券一张，奖券金额为50元

B．采用抽奖式的有奖销售，最高奖的金额为6 666元

C．以低于进货时的价格销售

D．在销售紧俏商品时搭售该衬衫

4．根据反垄断法律的规定，对于特定种类的可豁免垄断协议，经营者应当证明所达成协议不会严重限制相关市场的竞争，并且能够使消费者分享由此产生的利益，下列各项中，属于上述特定种类的可豁免垄断协议的有（　）。

A．为改进技术、研究开发新产品的垄断协议

B．为实现节约能源、保护环境、救灾救助等社会公共利益均沾的垄断协议

C．为提高中小经营者经营效率，增强中小经营者竞争力的垄断协议

D．为保障对外贸易和对外经济合作中的正当利益的垄断协议

5．根据《反垄断法》的规定，下列哪些选项不构成垄断协议？（　）

A．某行业协会组织本行业的企业就防止进口原料时的恶性竞争达成保护性协议

B．三家大型房地产公司的代表聚会，就商品房价格达成共识，随后一致采取涨价行动

C．某品牌的奶粉含有毒物质的事实被公布后，数家大型零售公司联合声明拒绝销售该产品

D．数家大型煤炭企业就采用一种新型矿山安全生产技术达成一致意见

6．关于市场支配地位推定制度，下列哪些选项是符合我国《反垄断法》规定的？（　）

A．经营者在相关市场的市场份额达到二分之一的，推定为具有市场支配地位

B．两个经营者在相关市场的市场份额合计达到三分之二，其中有的经营者市场份额不足十分之一的，不应当推定该经营者具有市场支配地位

C．三个经营者在相关市场的市场份额合计达到四分之三，其中有两个经营者市场份额合计不足五分之一的，不应当推定该两个经营者具有市场支配地位

D．被推定具有市场支配地位的经营者，有证据证明不具有市场支配地位的，不应当认定其具有市场支配地位

7．招标投标活动应遵循（　）的原则。

A．公平　　B．公正　　C．公开　　D．诚实信用

8．投标文件出现哪些情况招标人可不予受理？（　）

A．逾期送达的　　B．未按招标文件要求密封的

C．密封完好的　　D．不是法定代表人送达的

9．下列属于评标依据的是：（　）。

A．招标文件　　B．评标办法　　C．公司营业执照　　D．投标单位多少

10．我国政府采购的组织形式是（　）。

A．分散采购　　B．私人采购　　C．集中采购　　D．定时采购

11．政府采购的标的范围包括（　）。

A．货物　　B．贸易　　C．工程　　D．服务

12．在下列哪种情形下，政府采购人可以不采购本国货物、工程和服务？（　）

A．为在中国境外使用而进行采购的

B．具有特殊用途的物品

C．需要采购的货物、工程或者服务在中国境内无法获取的

D．需要采购的货物、工程或者服务在中国境内无法以合理的商业条件获取的

三、简答题

1．简述不正当竞争行为的构成要件。

2．简述不正当竞争行为的表现形式。

3．简述反垄断法的立法宗旨。

4．简述垄断行为。

5．简述招标程序。

6．简述可以不招标的项目范围。

7．政府采购应当遵循的基本原则。

8．简述政府采购方式。

7 消费者权益保护法与产品质量法

案例导读

女子买玛莎拉蒂频故障法院判退回全款另赔三倍车款

重庆车主游女士花130万元购买的玛莎拉蒂轿车多次出现无法点火、天窗漏水、爬坡无力、突然熄火等故障。在多次要求经销商退车或换车无果后，车主将其告上法院，要求退一赔三（详见《重庆晨报》2016年10月27日11版《130万玛莎拉蒂故障不断，商家被诉三倍赔偿》）。

6月27日，重庆市渝北区人民法院作出一审认定：经销商构成欺诈，判决经销商退还购车款130万元，并按退一赔三原则，赔偿390万元。

双方签订的究竟是什么合同？

在合同的性质上，车主和经销商双方各执一词。2014年，双方签下了一份《代理购车合同》，车主认为，这是一份买卖合同；经销商称，这是一份委托代理合同。

合同性质不同，决定了车主和经销商之间是否存在买卖关系，也决定了要承担责任的范围。

值得一提的是，这份合同中“代理购车合同”的字体型号明显偏小，判决书也特意提到了这个细节。

合同明确了车主付款、逾期、定金、罚金等细则，从法律上看，这些都是买卖合同的要素。最终，法院从根据合同的内容和相应的法律条款认定了双方的买卖关系成立。

经销商退130万再赔390万

6月27日，渝北区人民法院就该案作出了一审判决：根据《中华人民共和国合同法》第五十四条、五十五条规定，保留了车主的合同撤销权，判定撤销其与经销商的购车合同。合同撤销后，要求经销商判决生效十日内返还游女士130万购车款及购置税、保险费；同时，车主也要在判决生效十日内将玛莎拉蒂返还给经销商。

依据《中华人民共和国消费者权益保护法》第五十五条规定，要求爱尚公司在判决生效十日内支付游女士390万赔偿款。

“本案的价值在于，率先在全国以产地和改装问题认定了消费欺诈，在消费领域起到了一个很好的社会导向意义。”车主的代理律师介绍，从全国裁判文书网公开的案例看，这是全国首例平行进口车产地欺诈被退一罚三的判决。

（材料来源：http://toutiao.china.com/shsy/gundong4/13000238/20170704/30903815.html，2017年7月4日）

学习目标

- 掌握《消费者权益保护法》和《产品质量法》的主要内容，明白维护消费者权益及保障产品质量的必要性，知晓违反两部法律的责任及后果
- 提升依法保护自己合法权益的能力以及运用法律武器同多种违法经营活动作斗争的能力
- 培养自身的法律意识，提高自身学法、懂法、用法的自觉性，彰显权利和义务统一的和谐美，加强社会责任感

主要内容

- 消费者权益保护法
- 产品质量法

7.1 消费者权益保护法

7.1.1 消费者权益保护法概述

7.1.1.1 消费者权益保护法的概念

消费者权益保护法是调整因保护消费者的消费权益而产生的社会关系的法律规范总称。狭义的消费者权益保护法即《中华人民共和国消费者权益保护法》，该法于1993年10月31日第八届全国人民代表大会常务委员会第四次会议通过，2009年8月27日第十一届全国人民代表大会常务委员会第十次会议第一次修正，2013年10月25日第十二届全国人民代表大会常务委员会第五次会议第二次修正。广义上的消费者权益保护法除《消费者权益保护法》之外，还包括所有涉及消费者权益保护的其他法律规范，如《产品质量法》《民法总则》《合同法》等。

7.1.1.2 消费者权益保护法的立法宗旨和基本原则

（1）消费者权益保护法的立法宗旨

《消费者权益保护法》第1条规定："为保护消费者的合法权益，维护社会经济秩序，促进社会主义市场经济健康发展，制定本法。"该条确定了消费者权益保护法的立法宗旨，根本目的在于保护消费者的合法权益。

（2）消费者权益保护法的基本原则

《消费者权益保护法》第3条至第6条规定了该法的基本原则：

1）经营者应当依法为消费者提供其生产、销售的商品或者提供服务的原则。

2）经营者与消费者进行交易，应当遵循自愿、平等、公平、诚实信用的原则。

3）国家保护消费者的合法权益不受侵害的原则。国家采取措施，保障消费者依法行使权利，维护消费者的合法权益。

4）一切组织和个人对损害消费者合法权益的行为进行社会监督的原则。保护消费者的合法权益是全社会的共同责任。国家鼓励、支持一切组织和个人对损害消费者合法权益的行为进行社会监督。大众传播媒介应当做好维护消费者合法权益的宣传，对损害消费者合法权益的行为进行舆论监督。

7.1.2 消费者及消费者的权利

7.1.2.1 消费者

消费者是指为了满足生活需要而购买、使用商品或者接受服务的个人和单位。所谓消费即对

社会资源的消耗，包括生产消费和生活消费两大类。消费者权益保护法中涉及的消费，仅限于生活消费，即为生活消费需要而购买、使用商品和接受服务的行为，不包括生产消费。但是，根据《消费者权益保护法》第45条的规定，农民购买、使用直接用于农业生产的生产资料，也参照《消费者权益保护法》执行。

7.1.2.2 消费者的权利

（1）保障安全权

《消费者权益保护法》第7条规定："消费者在购买，使用商品和接受服务时享有人身、财产安全不受损害的权利"，简称安全权。安全权是消费者最重要的权利，也是宪法赋予公民的人身权、财产权在消费领域的体现。为了使这一权利真正得到体现，消费者有权要求经营者提供的商品和服务符合保障人身、财产安全的要求。有国家标准、行业标准的，消费者有权要求商品和服务符合国家标准或行业标准，如食品、药品、家用电器等；对于没有国家标准、行业标准的，如某些新开发的商品和服务项目，消费者有权要求经营者保证其购买、使用的商品或接受的服务不具有危害人身、财产安全的缺陷存在。

（2）知悉真情权

消费者享有知悉其购买、使用的商品或接受服务的真实情况的权利，简称知情权。该项权利表明：消费者在购买、使用商品或接受服务时，有权询问、了解商品或服务的有关真实情况；提供商品或者服务的经营者有义务真实地向消费者说明有关情况。《消费者权益保护法》第8条第2款规定：消费者有权根据商品或者服务的不同情况，要求经营者提供商品的价格、产地、生产者、用途、性能、规格、等级、主要成分、生产日期、有效期限、检验合格证明、使用方法说明书、售后服务，或者服务的内容、规格、费用等有关情况。

（3）自主选择权

消费者享有自主选择商品或者服务的权利，简称自主选择权。《消费者权益保护法》第9条明确规定，消费者有权自主选择提供商品或者服务的经营者，自主选择商品品种或者服务方式，自主决定购买或者不购买任何一种商品、接受或者不接受任何一项服务。消费者在自主选择商品或者服务时，有权进行比较、鉴别和挑选。

其主要包括以下几个方面的内容：消费者有权自主选择提供商品或者服务的经营者；消费者有权自主选择商品品种或者服务方式；消费者有权自主决定购买或者不购买任何一种商品、接受或者不接受任何一项服务；消费者在自主选择商品或服务时，有权进行比较、鉴别和挑选。

（4）公平交易权

消费者享有公平交易的权利，简称公平交易权。市场交易的基本规则是：自由、公平、诚实信用、遵守法律规范、不得违反公认的商业道德。因此，消费者和经营者都享有公平交易的权利。但由于在市场交易中，消费者往往处于弱者的地位，更需要突出强调享有公平交易的权利以便从法律上给予保护。根据《消费者权益保护法》第10条的规定，这项权利主要体现在以下两个方面：一方面有权获得质量保障、价格合理、计量正确等公平交易条件；另一方面有权拒绝经营者的强制交易行为。

（5）消费者的索赔权

消费者因购买、使用商品或者接受服务受到人身、财产损害的，享有依法获得赔偿的权利，简称索赔权。享有求偿权的主体是因购买、使用商品或者接受服务而受到人身、财产损害的消费者，包括以下几种类型：①商品的购买者；②商品的使用者；③ 服务的接受者；④ 第三人。第三人是指除商品的购买者、使用者或者服务的接受者之外的，因为偶然原因而在事故现场受到损害的其他人。

为了保障消费者获得赔偿权的实现，《消费者权益保护法》对在不同情况下，消费者应向谁要求赔偿作了具体规定：

1）消费者在购买、使用商品时，其合法权益受到损害的，可以向销售者要求赔偿。销售者赔偿后，属于生产者的责任或者属于向销售者提供商品的其他销售者的责任，销售者有权向生产者或者其他销售者追偿。这里规定的是商业先行赔偿的原则。

2）消费者或其他受害人因商品缺陷造成人身、财产损害的，可以向销售者要求赔偿，也可以向生产者要求赔偿。属于生产者责任的，销售者赔偿后，有权向生产者追偿。属于销售者责任的，生产者赔偿后，有权向销售者追偿。

3）消费者在接受服务时，其合法权益受到损害的，可以向服务者要求赔偿。

（6）消费者的结社权

消费者享有依法成立维护自身合法权益的社会团体的权利，简称为结社权。我国《消费者权益保护法》第12条规定："消费者享有依法成立维护自身合法权益的社会团体的权利。"赋予消费者结社权，使消费者通过有组织的活动，维护自身合法权益是非常必要的，也是国家鼓励全社会共同保护消费者合法权益的体现。

（7）消费者的受教育权

消费者享有获得有关消费和消费者权益保护方面的知识的权利，被称为消费者的受教育权。根据《消费者权益保护法》第13条所述，这一权利包括两方面的内容：一是获得有关消费方面的知识，比如有关消费观的知识，有关商品和服务的基本知识，有关市场的基本知识；二是获得有关消费者权益保护方面的知识，比如消费者权益保护的法律、法规和政策，以及保护机构和争议解决途径等方面的知识。

（8）消费者的受尊重权

消费者的受尊重权，是指消费者在购买、使用商品，接受服务时享有的人格尊严、民族风俗习惯受到尊重，个人信息依法得到保护的权利。《消费者权益保护法》第14条规定："消费者在购买、使用商品和接受服务时，享有人格尊严、民族风俗习惯得到尊重的权利，享有个人信息依法得到保护的权利。"

值得注意的是，消费者受尊重权是法律赋予消费者的一项法定权利，经营者不得以任何方式予以剥夺。一些商店企图通过店堂告示等方法使其侵犯消费者人格权的行为合法化，如"本商城有权搜查顾客携带的包袋"，这种告示不仅不具有法律效力，而且其本身就是对消费者权益的侵害。

（9）消费者的监督权

《消费者权益保护法》是为了保护消费者利益而制定的法律，《消费者权益保护法》的实施关系到第一个消费者的利益，因此，保证《消费者权益保护法》能够得以遵守和执行，不仅是国家的重要职责，也是消费者自己的重要任务。消费者是广泛的社会力量，每一人都可以成为消费者，并且，消费者权益保护工作进行得好坏与每一个消费者都有一定的利害关系，他们对自己的利益最关心，因而，必然会发挥最有效的监督作用。

《消费者权益保护法》第15条规定："消费者享有对商品和服务以及保护消费者权益工作进行监督的权利。消费者有权检举、控告侵害消费者权益的行为和国家机关及其工作人员在保护消费者权益工作中的违法失职行为，有权对保护消费者权益工作提出批评、建议。"

7.1.3 经营者的义务

我国《消费者权益保护法》以专章的形式明确规定了经营者的义务。经营者的义务是与消费者的权利对立统一的，不规定经营者的义务，消费者的权利就难以实现；不规定消费者的权利，经营者的义务就失去了存在的意义。《消费者权益保护法》规定了经营者以下义务。

（1）履行法律义务、恪守公德、诚信经营的义务

法律义务包括法律直接规定的义务，即法定义务和经一定法律行为而设置的义务，即约定义务。约定义务本身虽由当事人约定，但履行依法约定义务则是一种法定义务。《消费者权益保护法》不可能对经营者的一切义务都一一列举，对其他法律规定的以及经营者与消费者依法约定的义务，经营者当然应当履行。

经营者向消费者提供商品或者服务，应当依照本法和其他有关法律、法规的规定履行义务。经营者和消费者有约定的，应当按照约定履行义务，但双方的约定不得违背法律、法规的规定。经营者向消费者提供商品或者服务，应当恪守社会公德，诚信经营，保障消费者的合法权益；不得设定不公平、不合理的交易条件，不得强制交易。

（2）接受消费者监督的义务

这是与消费者享有的批评、监督权相对应的经营者的义务。经营者应当听取消费者对其提供的商品或者服务的意见，接受消费者的监督。我国《消费者权益保护法》第17条明确规定了经营者应当听取消费者对其提供的商品或者服务的意见，接受消费者的监督。

（3）商品、服务安全保证义务

消费者的人身与财产安全是其最基本的利益所系，安全权亦是消费者最基本的权利。消费者的这一权利要得到实现，就必须要求经营者提供的商品和服务具有可靠的安全性。《消费者权益保护法》第18条规定："经营者应当保证其提供的商品或者服务符合保障人身、财产安全的要求。对可能危及人身、财产安全的商品和服务，应当向消费者作出真实的说明和明确的警示，并说明和标明正确使用商品或者接受服务的方法以及防止危害发生的方法。宾馆、商场、餐馆、银行、机场、车站、港口、影剧院等经营场所的经营者，应当对消费者尽到安全保障义务。"

第19条进一步规定："经营者发现其提供的商品或者服务存在缺陷，有危及人身、财产安全危险的，应当立即向有关行政部门报告和告知消费者，并采取停止销售、警示、召回、无害化处理、销毁、停止生产或者服务等措施。采取召回措施的，经营者应当承担消费者因商品被召回支出的必要费用。"

（4）信息提供义务

商品经济中信息不均衡现象是引起消费者问题的固有原因之一，消费者对商品、服务正确地判断、评价以及选择、使用、消费等，均有赖于经营者提供必要的信息。为了克服信息不均衡而给消费者带来的消极影响，便有必要使经营者承担信息提供义务。《消费者权益保护法》第20条规定："经营者向消费者提供有关商品或者服务的质量、性能、用途、有效期限等信息，应当真实、全面，不得作虚假或者引人误解的宣传。经营者对消费者就其提供的商品或者服务的质量和使用方法等问题提出的询问，应当作出真实、明确的答复。经营者提供商品或者服务应当明码标价。"

（5）身份标明义务

《消费者权益保护法》第21条规定："经营者应当标明其真实名称和标记。租赁他人柜台或者

场地的经营者，应当标明其真实名称和标记。”从这一规定可以看出，经营者在与消费者的交易中，都应当标明自己的真实身份。从对消费者保护角度来看，身份标明义务的设置主要有两方面的意义：一是有利于消费者作出正确的判断、选择，避免上当受骗；二是便于消费者救济。

（6）出具凭证、单据义务

《消费者权益保护法》第22条规定：“经营者提供商品或者服务，应当按照国家有关规定或者商业惯例向消费者出具发票等购货凭证或者服务单据；消费者索要发票等购货凭证或者服务单据的，经营者必须出具。”购货凭证和服务单据通常表现为发票、收据、保修单等形式，它是经营者与消费者之间签订的合同凭证，是消费者借以享受有关权利以及在其合法利益受到损害时向经营者索赔的依据。例如，对实行“三包”的产品，若没有经营者出具的凭证，则消费者很难享受“三包”权利。在消费者权益受到侵害的情况下，有关凭证单据便可作为仲裁、诉讼程序中确定当事人责任的直接证据。

（7）品质担保义务

品质担保义务来源于传统民法中的物之瑕疵担保义务，即出卖人担保其出卖之物具有该物通常所具有的或出卖人所保证的品质。当其不具有这种品质时，出卖人即违反瑕疵担保义务。

根据《消费者权益保护法》的规定，经营者应当保证在正常使用商品或者接受服务的情况下其提供的商品或者服务应当具有的质量、性能、用途和有效期限；但消费者在购买该商品或者接受该服务前已经知道其存在瑕疵，且存在该瑕疵不违反法律强制性规定的除外。经营者以广告、产品说明、实物样品或者其他方式表明商品或者服务的质量状况的，应当保证其提供的商品或者服务的实际质量与表明的质量状况相符。经营者提供的机动车、计算机、电视机、电冰箱、空调器、洗衣机等耐用商品或者装饰装修等服务，消费者自接受商品或者服务之日起六个月内发现瑕疵，发生争议的，由经营者承担有关瑕疵的举证责任。

（8）退货、更换、修理义务

《消费者权益保护法》对退货、更换、修理作出了明确的规定。经营者提供的商品或者服务不符合质量要求的，消费者可以依照国家规定、当事人约定退货，或者要求经营者履行更换、修理等义务。没有国家规定和当事人约定的，消费者可以自收到商品之日起七日内退货；七日后符合法定解除合同条件的，消费者可以及时退货，不符合法定解除合同条件的，可以要求经营者履行更换、修理等义务。并且，进行退货、更换、修理的运输等必要费用，由经营者承担。

经营者采用网络、电视、电话、邮购等方式销售商品，消费者有权自收到商品之日起七日内退货，且无须说明理由，但下列商品除外：

1）消费者定作的；

2）鲜活易腐的；

3）在线下载或者消费者拆封的音像制品、计算机软件等数字化商品；

4）交付的报纸、期刊。

除上述所列商品外，其他根据商品性质并经消费者在购买时确认不宜退货的商品，不适用无理由退货。

消费者退货的商品应当完好。经营者应当自收到退回商品之日起七日内返还消费者支付的商品价款。退回商品的运费由消费者承担；经营者和消费者另有约定的，按照约定。

（9）不得不当免责的义务

经营者往往利用合同的“契约自由”原则来设立有利于自己的不公平或不合理的约定，或不当免除自己在损害消费者利益时应承担的责任。随着现代经济的发展，格式条款在消费交易中的使用极为普遍。为了解决这一问题，各国立法均开始对格式条款加以规范，我国《合同法》第39、40、41条也对格式条款作出了规定。

《消费者权益保护法》对此也提出了原则性要求。该法第26条规定了经营者在经营活动中使用格式条款的，应当以显著方式提请消费者注意商品或者服务的数量和质量、价款或者费用、履行期限和方式、安全注意事项和风险警示、售后服务、民事责任等与消费者有重大利害关系的内容，并按照消费者的要求予以说明。

减轻或者免除经营者责任、加重消费者责任等对消费者不公平、不合理的规定，不得利用格式条款并借助技术手段强制交易。格式条款、通知、声明、店堂告示等含有这些内容的，其内容无效。

（10）尊重消费者人格义务

人格权是民事主体作为独立的人而享有的基本权利，它包括生命权、健康权等具体人格权，也包括民事主体的人格尊严，即一般人格权。其中，经常可能受经营者侵害的消费者的人格权包括生命权、健康权、名誉权等。由于长期以来官商作风的影响，在我国，经营者对消费者侮辱、诽谤、搜身甚至扣留、拘禁、殴打的现象仍时有发生。为了保护消费者在购买商品或接受服务时，其人格不受经营者侵犯，《消费者权益保护法》第27条规定："经营者不得对消费者进行侮辱、诽谤，不得搜查消费者的身体及其携带的物品，不得侵犯消费者的人身自由。"

（11）特定经营者的基本信息提供义务

《消费者权益保护法》第28条规定："采用网络、电视、电话、邮购等方式提供商品或者服务的经营者，以及提供证券、保险、银行等金融服务的经营者，应当向消费者提供经营地址、联系方式、商品或者服务的数量和质量、价款或者费用、履行期限和方式、安全注意事项和风险警示、售后服务、民事责任等信息。"

规定特殊经营者基本信息提供义务，不仅有利于消费者准确了解与自己利益相关的交易情况，也有利于在发生纠纷时及时、有效地寻求救济。

（12）合法收集、利用消费者个人信息的义务

在计算机和网络技术高度发达的现代社会，个人信息安全受到了前所未有的挑战。在经济领域，由于个人需求大多通过市场交易来得到满足，而交易过程在很多情况下都要通过获得个人信息才能完成，因此个人信息的利用和扩散在网络时代似乎不可避免。然而，个人信息不仅可以为正当的目的而搜集和利用，也可能为不正当的目的而搜集和利用。当它被人用于不正当的目的时，就可能对相关的个人造成严重的侵害。

为了防止个人信息被不法搜集、利用，保护消费者的合法权益，《消费者保护法》规定，经营者收集、使用消费者个人信息，应当遵循合法、正当、必要的原则，明示收集、使用信息的目的、方式和范围，并经消费者同意。经营者收集、使用消费者个人信息，应当公开其收集、使用规则，不得违反法律、法规的规定和双方的约定收集、使用信息。

经营者及其工作人员对收集的消费者个人信息必须严格保密，不得泄露、出售或者非法向他人提供。经营者应当采取技术措施和其他必要措施，确保信息安全，防止消费者个人信息泄露、丢失。在发生或者可能发生信息泄露、丢失的情况时，应当立即采取补救措施。

经营者未经消费者同意或者请求，或者消费者明确表示拒绝的，不得向其发送商业性信息。

7.1.4 对消费者合法权益的保护

7.1.4.1 国家对消费者合法权益的保护

（1）政府的职责

《消费者权益保护法》规定，国家制定有关消费者权益的法律、法规、规章和强制性标准，应当听取消费者和消费者协会等组织的意见。各级人民政府应当加强领导与监督，组织、协调、督促有关行政部门做好保护消费者合法权益的工作，落实保护消费者合法权益的职责，预防危害消费者人身、财产安全行为的发生，及时制止危害消费者人身、财产安全的行为。

（2）部门的职责

《消费者权益保护法》规定，各级人民政府工商行政管理部门和其他有关行政部门应当依照法律、法规的规定，在各自的职责范围内，采取措施，保护消费者的合法权益。有关行政部门应当听取消费者和消费者协会等组织对经营者交易行为、商品和服务质量问题的意见，及时调查处理。有关行政部门在各自的职责范围内，应当定期或者不定期对经营者提供的商品和服务进行抽查检验，并及时向社会公布抽查检验结果。有关行政部门发现并认定经营者提供的商品或者服务存在缺陷，有危及人身、财产安全危险的，应当立即责令经营者采取停止销售、警示、召回、无害化处理、销毁、停止生产或者服务等措施。

（3）其他机关的职责

《消费者权益保护法》规定，有关国家机关应当依照法律、法规的规定，惩处经营者在提供商品和服务中侵害消费者合法权益的违法犯罪行为。人民法院应当采取措施，方便消费者提起诉讼。对符合《中华人民共和国民事诉讼法》起诉条件的消费者权益争议，必须受理，及时审理。

7.1.4.2 消费者组织

（1）消费者组织的概念

根据《消费者权益保护法》第36条的规定，消费者协会和其他消费者组织是依法成立的对商品和服务进行社会监督的保护消费者合法权益的社会组织。从法律性质来看，消费者组织属于社会团体，是不以营利为目的的非营利性的社会组织。

（2）消费者组织的职能

消费者组织的职能主要有：向消费者提供消费信息和咨询服务；参与有关行政部门对商品和服务的监督、检查；就有关消费者合法权益的问题，向有关行政部门反映、查询，提出建议；受理消费者的投诉，并对投诉事项进行调查、调解；投诉事项涉及商品和服务质量问题的，可以提请鉴定部门鉴定，鉴定部门应当告知鉴定结论；就损害消费者合法权益的行为，支持受损害的消费者提起诉讼；对损害消费者合法权益的行为，通过大众传播媒介予以揭露。

（3）消费者组织的限制

《消费者权益保护法》第38条规定："消费者组织不得从事商品经营和营利性服务，不得以收取费用或其他牟取利益的方式向消费者推荐商品和服务。"这一规定是根据消费者组织的性质、宗旨而对其提出的特殊要求，是消费者组织独立、公正地履行职能的重要保证。

7.1.5 争议的解决和法律责任

7.1.5.1 消费者权益纠纷的解决

（1）解决途径

根据《消费者权益保护法》的相关规定，消费者与经营者发生消费者权益争议的，可以通过下列途径解决：

1）与经营者进行协商和解；

2）请求消费者协会调解；

3）向有关行政部门投诉；

4）根据与经营者达成的仲裁协议提请仲裁机构仲裁；

5）向人民法院提起诉讼。

（2）承担责任的主体

1）基本责任主体。消费者在购买、使用商品时，其合法权益受到损害的，可以向销售者要求赔偿。销售者赔偿后，属于生产者的责任或者属于向销售者提供商品的其他销售者的责任的，销售者有权向生产者或者其他销售者追偿。消费者或者其他受害人因商品缺陷造成人身、财产损害的，可以向销售者要求赔偿，也可以向生产者要求赔偿。属于生产者责任的，销售者赔偿后，有权向生产者追偿。属于销售者责任的，生产者赔偿后，有权向销售者追偿。消费者在接受服务时，其合法权益受到损害的，可以向服务者要求赔偿。

2）特殊情况责任主体。消费者在购买、使用商品或者接受服务时，其合法权益受到损害，因原企业分立、合并的，可以向变更后承受其权利义务的企业要求赔偿。使用他人营业执照的违法经营者提供商品或者服务，损害消费者合法权益的，消费者可以向其要求赔偿，也可以向营业执照的持有人要求赔偿。消费者在展销会、租赁柜台购买商品或者接受服务，其合法权益受到损害的，可以向销售者或者服务者要求赔偿。展销会结束或者柜台租赁期满后，也可以向展销会的举办者、柜台的出租者要求赔偿。展销会的举办者、柜台的出租者赔偿后，有权向销售者或者服务者追偿。

3）网络交易责任主体。消费者通过网络交易平台购买商品或者接受服务，其合法权益受到损害的，可以向销售者或者服务者要求赔偿。网络交易平台提供者不能提供销售者或者服务者的真实名称、地址和有效联系方式的，消费者也可以向网络交易平台提供者要求赔偿；网络交易平台提供者作出更有利于消费者的承诺的，应当履行承诺。网络交易平台提供者赔偿后，有权向销售者或者服务者追偿。网络交易平台提供者明知或者应知销售者或者服务者利用其平台侵害消费者合法权益，未采取必要措施的，依法与该销售者或者服务者承担连带责任。

4）虚假广告责任主体。消费者因经营者利用虚假广告或者其他虚假宣传方式提供商品或者服务，其合法权益受到损害的，可以向经营者要求赔偿。广告经营者、发布者发布虚假广告的，消费者可以请求行政主管部门予以惩处。广告经营者、发布者不能提供经营者的真实名称、地址和有效联系方式的，应当承担赔偿责任。广告经营者、发布者设计、制作、发布关系消费者生命健康商品或者服务的虚假广告，造成消费者损害的，应当与提供该商品或者服务的经营者承担连带责任。社会团体或者其他组织、个人在关系消费者生命健康商品或者服务的虚假广告或者其他虚假宣传中向消费者推荐商品或者服务，造成消费者损害的，应当与提供该商品或者服务的经营者承担连带责任。

消费者向有关行政部门投诉的，该部门应当自收到投诉之日起七个工作日内，予以处理并告知消费者。对侵害众多消费者合法权益的行为，中国消费者协会以及在省、自治区、直辖市设立的消费者协会，可以向人民法院提起诉讼。

7.1.5.2 法律责任

（1）民事责任

1）承担民事责任的情形。根据《消费者权益保护法》第48条的规定，经营者提供商品或者服务有下列情形之一的，应当根据《消费者权益保护法》以及其他相关法律承担民事责任：

① 商品或者服务存在缺陷的；

② 不具备商品应当具备的使用性能而出售时未作说明的；

③ 不符合在商品或者其包装上注明采用的商品标准的；

④ 不符合商品说明、实物样品等方式表明的质量状况的；

⑤ 生产国家明令淘汰的商品或者销售失效、变质的商品的；

⑥ 销售的商品数量不足的；

⑦ 服务的内容和费用违反约定的；

⑧ 对消费者提出的修理、重作、更换、退货、补足商品数量、退还货款和服务费用或者赔偿损失的要求，故意拖延或者无理拒绝的；

⑨ 法律、法规规定的其他损害消费者权益的情形。

经营者对消费者未尽到安全保障义务，造成消费者损害的，也应当承担侵权责任。

2）民事责任的内容。经营者侵犯消费者人身权的，应依法承担以下责任：

① 经营者提供商品或者服务，造成消费者或者其他受害人人身伤害的，应当赔偿医疗费、护理费、交通费等为治疗和康复支出的合理费用，以及因误工减少的收入。造成残疾的，还应当赔偿残疾生活辅助具费和残疾赔偿金。造成死亡的，还应当赔偿丧葬费和死亡赔偿金。

② 经营者侵害消费者的人格尊严、侵犯消费者人身自由或者侵害消费者个人信息依法得到保护的权利的，应当停止侵害、恢复名誉、消除影响、赔礼道歉，并赔偿损失。

③ 经营者有侮辱诽谤、搜查身体、侵犯人身自由等侵害消费者或者其他受害人人身权益的行为，造成严重精神损害的，受害人可以要求精神损害赔偿。

经营者提供的商品或者服务不符合标准或者合同约定的，应承担以下责任：

① 经营者提供的商品或者服务，造成消费者财产损害的，应当依照法律规定或者当事人约定承担修理、重作、更换、退货、补足商品数量、退还货款和服务费用或者赔偿损失等民事责任。

② 经营者以预收款方式提供商品或者服务的，应当按照约定提供。未按照约定提供的，应当按照消费者的要求履行约定或者退回预付款；并应当承担预付款的利息、消费者必须支付的合理费用。

③ 依法经有关行政部门认定为不合格的商品，消费者要求退货的，经营者应当负责退货。

经营者有欺诈行为的，应承担以下惩罚性赔偿责任：

① 经营者提供商品或者服务有欺诈行为的，应当按照消费者的要求增加赔偿其受到的损失，增加赔偿的金额为消费者购买商品的价款或者接受服务的费用的三倍；增加赔偿的金额不足五百元的，为五百元。法律另有规定的，依照其规定。

② 经营者明知商品或者服务存在缺陷，仍然向消费者提供，造成消费者或者其他受害人死亡或者健康严重损害的，受害人有权要求经营者依照《消费者权益保护法》第49条、第51条等法律规定赔偿人身损害和财产损失，并有权要求所受损失二倍以下的惩罚性赔偿。

（2）经营者违反消费者权益保护法的行政责任

根据《消费者权益保护法》第56条的相关规定，经营者有下列情形之一，除承担相应的民事责任外，其他有关法律、法规对处罚机关和处罚方式有规定的，依照法律、法规的规定执行；法律、法规未作规定的，由工商行政管理部门或者其他有关行政部门责令改正，可以根据情节单处或者并处警告、没收违法所得、处以违法所得一倍以上十倍以下的罚款，没有违法所得的，处以五十万元以下的罚款；情节严重的，责令停业整顿、吊销营业执照：

1）提供的商品或者服务不符合保障人身、财产安全要求的；

2）在商品中掺杂、掺假，以假充真，以次充好，或者以不合格商品冒充合格商品的；

3）生产国家明令淘汰的商品或者销售失效、变质的商品的；

4）伪造商品的产地，伪造或者冒用他人的厂名、厂址，篡改生产日期，伪造或者冒用认证标志等质量标志的；

5）销售的商品应当检验、检疫而未检验、检疫或者伪造检验、检疫结果的；

6）对商品或者服务作虚假或者引人误解的宣传的；

7）拒绝或者拖延有关行政部门责令对缺陷商品或者服务采取停止销售、警示、召回、无害化处理、销毁、停止生产或者服务等措施的；

8）对消费者提出的修理、重作、更换、退货、补足商品数量、退还货款和服务费用或者赔偿损失的要求，故意拖延或者无理拒绝的；

9）侵害消费者人格尊严、侵犯消费者人身自由或者侵害消费者个人信息依法得到保护的权利的；

10）法律、法规规定的对损害消费者权益应当予以处罚的其他情形。

经营者有上述情形的，除依照法律、法规规定予以处罚外，处罚机关应当记入信用档案，向社会公布。

（3）经营者和国家机关工作人员违反消费者权益保护法的刑事责任

1）经营者提供商品或者服务，造成消费者或者其他受害人人身伤害或死亡，构成犯罪的，依法追究刑事责任。

2）以暴力、威胁等方法阻碍有关行政部门工作人员依法执行职务的，依法追究刑事责任；拒绝、阻碍有关行政部门工作人员依法执行职务，未使用暴力、威胁方法的，由公安机关依照《中华人民共和国治安管理处罚条例》的规定处罚。

3）国家机关工作人员玩忽职守或者包庇经营者侵害消费者合法权益的行为的，由其所在单位或者上级机关给予行政处分；情节严重，构成犯罪的，依法追究刑事责任。

阅读专栏

消费者权益保护法“退一赔一”修改为“退一赔三”

保护消费者个人信息

在移动互联网时代，消费者反映个人信息泄露、骚扰信息不断等问题屡禁不止且有愈演愈烈之势。新《消费者权益保护法》明确规定了经营者收集和使用消费者个人信息应当履行的告知义务、保密义务以及经营者的商业推销不得侵犯消费者的生活安宁权。新《消费者权益保护法》第五十六条规定，“除承担相应的民事责任外，其他有关法律、法规对处罚机关和处罚方式有规定的，依照法律、法规的规定执行；法律、法规未作规定的，由工商行政管理部门或者其他有关行政部门责令改正，可以根据情节单处或者并处警告、没收违法所得，处以五十万元以下的罚款；情节严重的，责令停业整顿、吊销营业执照”。

“退一赔三”保底500元

对于经营者的欺诈行为，新《消费者权益保护法》将现行《消费者权益保护法》规定的

“退一赔一”修改为“退一赔三”，并增加了“增加赔偿的金额不足五百元的，为五百元”的规定，旨在有效调动消费者维护自身合法权益的积极性，强化经营者的义务。

新《消费者权益保护法》对违法经营者规定了“没收违法所得、处以违法所得一倍以上十倍以下的罚款，没有违法所得的，处以五十万元以下的罚款；情节严重的，责令停业整顿、吊销营业执照”。相比于现行《消费者权益保护法》中的“处以违法所得一倍以上五倍以下的罚款，没有违法所得的，处以一万元以下的罚款”，大大增加了经营者的受处罚金额，进一步加大了对消费者合法权益的保护。

金融消费跟“忽悠”说不

现行《消费者权益保护法》对于消费者在金融服务领域中遭到经营者的不法侵害处于一种“真空”状态，而新《消费者权益保护法》则新增了“提供证券、保险、银行等金融服务的经营者，应当向消费者提供经营地址、联系方式、商品或者服务的数量或者质量、价款或者费用、履行期限和方式、安全注意事项和风险警示、售后服务、民事责任等信息”的规定。

对于一些金融产品，尤其是与国际大宗商品价格挂钩的金融衍生产品，消费者普遍缺乏相关专业知识，容易听信销售人员的推销，忽略购买金融产品存在的风险。而此次新《消费者权益保护法》规定了金融服务领域经营者的信息披露义务，保护了消费者的基本知情权。

消费者网购有“后悔权”

消费者通过非现场购物不能直观地判断商品的品质、质量、性能等，只能通过经营者提供的信息来判断，这必然会带来一些判断上的误差。现行《消费者权益保护法》对网络、电视、电话、邮购等方式销售的商品中产生的上述问题没有明确的规定，新《消费者权益保护法》对消费者在无理由退货方面作出了新的明确规定，这一规定其实是新增了冷静期制度，赋予消费者在网购时的“后悔权”，旨在平衡消费者和经营者之间信息不对称导致的问题。

考虑到网络购物市场的发育程度和对经营者的影响，防止有的消费者滥用这种权利，同时明确了不宜退货的情形、退货的商品应当完好，以及退货费用的承担等细节，从而增强了法律适用的确定性和可操作性。对于法律明确列明的商品之外，商品性质不宜退货的，要求必须经消费者购买时确认，解决了可能发生的事后争议。

（材料来源：新民网http：//shanghai.xinmin.cn/msrx/2014/01/21/23319859.html）

7.2 产品质量法

7.2.1 产品质量法概述

7.2.1.1 产品质量法的基本概念

1）产品的定义：指经过加工、制作，用于销售的物品，包括工业、手工业品、工艺品及经过加工的农副产品。

2）产品质量的定义：指产品满足需要的适用性、安全性、可靠性、耐用性、可维修性、经济性等特征和特性的总和。

3）产品质量法：是调整产品在生产、流通、交换、消费领域中因产品质量而产生的社会关系的法律规范总称。

7.2.1.2 产品质量法的立法

广义的产品质量法主要由产品质量基本法、基本法的配套法和其他法律法规构成。我国产品质量立法进一步建立和完善，相继制定和颁布了一系列有关产品质量的法律、法规。具体有《产品质量法》《消费者权益保护法》《反不正当竞争法》《食品卫生法》《药品管理法》《标准化法》《计量法》《商品检验法》《化妆品卫生监督条例》《工业产品生产许可证管理条例》《进口商品质量监督管理办法》《工业产品质量责任条例》《产品质量认证管理条例》以及国务院质量技术管理部门的相关行政规章、制度等。

7.2.1.3 产品质量法的立法宗旨和适用范围

（1）产品质量法立法宗旨

我国《产品质量法》第1条规定产品质量法的立法宗旨是加强对产品质量的监督管理，提高产品质量水平，明确产品质量责任，保护消费者的合法权益，维护社会经济秩序。其最终目的是严厉惩治生产、销售假冒伪劣产品的违法行为，遏制假冒伪劣产品的生产和流通，切实保护用户、消费者的合法权益，完善我国的产品质量民事赔偿制度。

（2）产品质量法适用范围

我国《产品质量法》第2条规定："本法所称产品是指经过加工、制作，用于销售的产品。建筑工程不适用本法规定，但建筑工程使用的建筑材料、建筑构配件和设备，属于加工、制作并用于销售的产品，适用《产品质量法》"。

7.2.2 产品质量监督管理

7.2.2.1 产品质量监督部门及其职权

国务院产品质量监督部门及县以上地方产品质量监督部门分别主管全国或地方本行政区域内的产品质量监督工作，国务院有关主管部门及县级以上地方政府有关主管部门在各自的职责范围内负责产品质量监督工作。

法律对产品质量的监督部门另有规定的，依照其规定执行。这主要是指对食品卫生和药品的质量监督，应分别按《食品卫生法》和《药品管理法》的规定执行。

各级人民政府要把提高产品质量纳入国民经济发展规划，加强对产品质量工作的统筹规划和组织领导；要引导、督促生产者、销售者加强产品质量管理，提高产品质量；组织各有关部门依法采取措施，制止产品生产、销售中违反《产品质量法》规定的行为，保障产品质量法的实施。

7.2.2.2 产品质量监督检查制度

（1）企业质量体系认证制度

"企业质量体系认证"是指根据企业申请，由国家认可的认证机构依据认证标准，按照规定的程序对企业的质量保证体系，包括企业的质量管理制度、企业的生产、技术条件等保证产品质量的诸因素进行全面的评审，对符合认证要求，通过颁发认证证书的形式证明企业的质量保证能力符合相应标准的活动。

《产品质量法》规定，企业质量体系认证应当"根据国际通用的质量管理标准"。国家标准组织颁布了ISO9000《质量管理和质量保证》系列国际标准，为开展国际质量体系认证提供了统一的依据。我国于1988年正式发布等效采用ISO9000系列标准的国家标准。

（2）产品质量认证制度

所谓产品质量认证，是由依法取得产品质量认证的认证机构依据有关的产品标准和要求，按照规定的程序对申请认证的产品进行工厂审查和产品检验，并对符合条件要求的，通过颁发认证证书和认证标志以证明该产品符合相应标准要求的活动。

实施产品质量认证的机构，是国务院产品质量监督部门认可的或者经国务院产品质量监督部门授权的部门认可的认证机构。

（3）产品质量监督抽查制度

国家对产品质量实行以抽查为主要方式的监督检查制度。产品质量监督部门组织产品质量的监督抽查，应以可能危害消费者人身、财产安全的产品为重点进行抽查。应避免重复抽查和加重企业负担。

（4）社会监督制度

消费者有权就产品质量问题，向产品的生产者、销售者查询，向产品质量监督部门、工商行政管理部门及有关部门申述，有关部门应当负责处理。保护消费者权益的社会组织可以就消费者反映的产品质量问题建议有关部门负责处理，支持消费者对因产品质量造成的损害向人民法院起诉。

7.2.3 生产者、销售者的产品质量义务

7.2.3.1 生产者的产品质量义务

根据《产品质量法》的相关规定，产品生产者应当履行以下义务：

（1）保证产品的质量合法

生产者应当对其生产的产品质量负责，其生产的产品应当符合以下要求：

1）保证产品无缺陷。即产品不存在危及人身、财产安全的不合理的危险，有保障人体健康和人身、财产安全的国家标准、行业标准的，应当符合该标准。

2）产品具有应当具有的使用性能。产品具备产品应当具备的使用性能，但是，对产品存在使用性能的瑕疵作出说明的除外。

3）符合在产品或者其包装上注明采用的产品标准，符合以产品说明、实物样品等方式表明的质量状况。

（2）保证产品或者其包装上的标识真实、准确、合法

1）有产品质量检验合格证明；

2）有中文标明的产品名称、生产厂厂名和厂址；

3）根据产品的特点和使用要求，需要标明产品规格、等级、所含主要成分的名称和含量的，相应予以标明；

4）限期使用的产品，标明生产日期和安全使用期或者失效日期；

5）使用不当，容易造成产品本身损坏或者可能危及人身、财产安全的产品，有警示标志或者中文警示说明。

6）裸装的食品和其他根据产品的特点难以附加标识的裸装产品，可以不附加产品标识。

（3）特殊产品包装符合要求

易碎、易燃、易爆、有毒、有腐蚀性、放射性等危险物品以及运输中不能倒置和其他有特殊要求的产品，其包装必须符合相应要求，有警示标志或中文警示说明，标明储运注意事项。

（4）其他禁止性义务

生产者不得生产国家明令淘汰的产品，不得伪造产地，不得伪造或冒用他人的厂名、厂址，

不得伪造或冒用认证标志、名优标志等质量标志，产品不得掺杂、掺假，不得以假充好，不得以不合格产品冒充合格产品。

7.2.3.2 销售者的产品质量义务

根据《产品质量法》的规定，产品的销售者应当履行以下义务。

（1）作为的义务

1）进货验收义务。销售者应当建立并执行进货检查验收制度，验明产品合格证明和其他标识。

2）保持产品质量义务。销售者应当采取措施，保持销售产品的质量。

3）产品质量标识义务。销售者销售的产品的标识应当符合产品质量法的相关要求。

（2）不作为的义务

1）销售者不得销售国家明令淘汰并停止销售的产品和失效、变质的产品。

2）销售者不得伪造产地，不得伪造或者冒用他人的厂名、厂址。

3）销售者不得伪造或者冒用认证标志等质量标志。

4）销售者销售产品，不得掺杂、掺假，不得以假充真、以次充好，不得以不合格产品冒充合格产品。

7.2.4 产品质量责任

产品质量责任与产品责任的区别。产品质量责任，是指产品的生产者、销售者、对产品质量负有直接责任的人员违反产品质量义务所应承担的法律后果。具体包括民事责任、行政责任和刑事责任。产品责任又称产品侵权责任，是产品民事责任的一种主要形式，是指产品存在可能危及人身、财产安全的不合理危险，造成消费者或他人人身伤害或除缺陷产品以外的其他财产损失的，缺陷产品的生产者、销售者应当承担的法律责任。

7.2.4.1 产品质量民事责任

（1）产品质量合同责任

产品质量合同责任是指销售者违反明示或者默示的产品质量担保义务，给消费者造成损失所应当承担的损害赔偿责任。承担产品质量合同责任的基础是销售者与消费者之间的销售合同关系。

销售者销售产品违反明示或默示担保义务的，应承担产品质量义务，即销售者应当负责修理、更换、退货；给购买产品的消费者造成损失的销售者应当赔偿损失。

（2）产品责任

产品责任又称产品侵权责任，是指产品存在可能危及人身、财产安全的不合理危险，造成消费者或他人人身伤害或除缺陷产品以外的其他财产损失的，缺陷产品的生产者、销售者应当承担的法律责任。掌握产品责任主要把握以下几个问题：

1）产品缺陷。产品缺陷是指产品存在可能危及人身、财产安全的不合理的危险，产品有保障人体健康和人身、财产安全的国家标准、行业标准的，是指不符合该标准。一般认为，产品缺陷分为三类：①设计上的缺陷，是指产品在设计上存在着不安全、不合理的因素。②制造上的缺陷，是指产品在加工、制作、装配等制造过程中，不符合设计规范，或者不符合加工工艺要求，没有完善的控制和检验手段，致使产品存在不安全的因素。③警示上的缺陷，是指在产品的警示说明上或在产品的使用标志上未能清楚地告知使用人应当注意的使用方法，以及应当引起警惕的注意事项。产品存在缺陷是责任人承担产品责任的重要前提条件。

2）生产者的责任。

① 归责原则为严格责任原则，即无过错责任原则，是指因产品存在缺陷，造成人身、缺陷产品以外的其他财产损害的，无论生产者有无主观过错，均应当承担赔偿责任。

② 生产者承担产品责任的条件：产品缺陷；有损害事实存在；产品缺陷与损害事实之间有因果关系。

③ 产品责任的免除。生产者能证明有以下情形之一的，不承担赔偿责任：未将产品投入流通的；产品投入流通时，引起损害的缺陷尚不存在的；将产品投入流通时的科学技术水平尚不能发现缺陷存在的。

3）销售者的责任。

销售者在两种情形下承担产品责任。销售者在两种情形下承担赔偿责任：

① 销售者因过错使产品存在缺陷，造成他人人身、财产损害的；

② 销售者不能指明缺陷产品的生产者也不能指明缺陷产品的供货者的。产品销售者的责任主要是过错责任。

4）受害人的赔偿请求权和先行赔偿人的追偿权。

受害人的赔偿请求权。根据《产品质量法》的规定，受害人因产品质量存在缺陷遭受人身、财产损失后，可以向缺陷产品的生产者或销售者中的任何一方提出损害赔偿请求，即受害人有选择赔偿人的权利。

先行赔偿人的追偿权。受害人选择赔偿责任人后，属于产品的生产者的责任，产品的销售者赔偿的，产品的销售者有权向产品的生产者追偿；属于产品的销售者的责任，产品的生产者赔偿的，产品的生产者有权向产品的销售者追偿。

5）产品责任的范围。因产品缺陷造成受害人人身伤害的，侵害人承担产品责任的范围与一般民事侵权责任的赔偿范围相同，因产品缺陷造成受害人财产损失的，侵害人应当恢复原状或者折价赔偿。受害人因此遭受其他重大损失的，侵害人应当赔偿损失。

6）产品责任的诉讼时效和责任期限。因产品存在缺陷造成损害要求赔偿的诉讼时效为2年时效。因产品存在缺陷造成损害要求赔偿的请求权，自造成损害的缺陷产品交付最初消费者满10年时丧失，尚未超过明示的安全使用期的除外。

7.2.4.2 产品质量行政责任

产品质量行政责任是指违反《产品质量法》所应承担的法律后果，包括行政处罚和行政处分。

根据责任的主体不同，产品质量行政责任可分为生产者、销售者的行政责任，产品质量检验机构、认证机构的行政责任，服务业的经营者的行政责任，各级人民政府和国家机关工作人员的行政责任，产品质量主管部门或其他有关机关的行政责任等。

实践中最主要的行政责任是行政处罚。行政处罚主要包括：责令停止生产销售、没收违法生产销售的产品和违法所得、罚款、警告、责令停业整顿、吊销营业执照等。

7.2.4.3 产品质量刑事责任

产品质量刑事责任，是指违反《产品质量法》的犯罪行为所必须承担的刑事法律后果。

违反产品质量法的犯罪主要有：生产、销售伪劣产品罪、中介组织人员提供虚假证明文件重大失实罪、渎职罪、妨害公务罪等。

本章小结

本章主要介绍了消费者权益保护法和产品质量责任法的主要内容。

对于消费者权益保护法，需要理解狭义消费者的概念和特征，消费者权益保护法的宗旨、适用范围和基本原则，重点掌握消费者法定权利和生产者、经营者法定义务，并了解消费者组织，争议的解决以及法律责任等内容，明确保护消费者权益是国家的一项基础性制度，是每一位消费者的基本权益，也是全社会的共同责任。

对于产品质量法，应当理解产品的概念和特征、产品质量法的概念和基本原则、产品质量的监督管理制度，重点掌握生产者、销售者的产品质量义务和产品质量法律责任。

思考与练习

一、单项选择题

1. 某品牌的电器在市场流通一个月后发现该电器存在一定的安全隐患，故经理发出召回商品的通知，召回途中哪些行为是正确的？（　）

A．召回商品的额外费用由消费者承担

B．该公司承担消费者因商品被召回的必要费用

C．私下召回该电器

D．该电器召回后不作任何处理

2. 经营者提供商品或者服务有欺诈行为的，应当按照消费者的要求增加赔偿其受到的损失，增加赔偿的金额为消费者购买商品的价款或接受服务的费用的（　）。

A．一倍　　B．二倍　　C．三倍　　D．四倍

3. 消费者向有关行政部门投诉的，可以在（　）日之内得到回复。

A．7　　B．5　　C．15　　D．10

4. 下列哪些条款是《消费者权益保护法》总则的新增条款？（　）

A．国家倡导文明、健康、节约资源和保护环境的消费方式，反对浪费

B．国家采取措施，保障消费者依法行使权利，维护消费者的合法权益

C．没有国家规定和当事人的约定的，消费者可以自收到商品之日起七日内退货

D．经营者收集、使用消费者个人信息，应当遵循合法、正当、必要的原则，明示收集、使用信息的目的、方式和范围，并经消费者同意

5. 下列产品不属于《产品质量法》调整的范围是（　）。

A．药品质量　　B．建筑工程质量　C．食品卫生质量　　D．建筑材料质量

6. 某厂开发一种新型节能炉具，先后制造出10件样品，后来样品有6件丢失。1996年某户居民的燃气罐发生爆炸，查明原因是使用了某厂丢失的6件样品炉具中的一件，而该炉具存在重大缺陷。该户居民要求某厂赔偿损失，某厂不同意赔偿，下列理由中哪一个最能支持某厂立场？（　）

A．该炉具尚未投入流通

B. 该户居民如何得到炉具的事实不清

C. 该户居民偷盗样品，由此造成的损失应由其自负

D. 该户居民应向提供给其炉具的人索赔

7. 一日，李女士在家中做饭时高压锅突然爆炸，李女士被炸飞的锅盖击中头部，经抢救无效死亡。后据质量检测专家鉴定，高压锅发生爆炸的直接原因是设计不尽合理，使用时造成排气孔堵塞而发生爆炸，本案中，可以以下列何种依据判定生产者承担责任？（　）

A. 产品存在的缺陷　　B. 产品买卖合同约定

C. 产品默示担保条件　　D. 产品明示担保条件

8. 甲公司售于乙商场一批玻璃花瓶，称花瓶上有不规则的抽象花纹为新产品，乙商场接货后即行销售，后受到很多消费者投诉，消费者说花瓶上的花纹实际上裂缝，花瓶漏水，要求乙商场退货并赔偿损失，乙商场与甲公司交涉，甲公司称此类花瓶是用于插装塑料花的，裂缝不影响使用，且有特殊的美学效果，拒绝承担责任。经查，消费者所述属实。下列答案中不正确的是哪项？（　）

A. 乙商场应予退换并赔偿损失

B. 乙商场退换并赔偿损失后可向甲公司追偿

C. 消费者丙被花瓶裂缝划伤，可向甲公司直接索赔

D. 乙商场无过错，不应当对此负责

9. 产品或其包装上没有中文标明的产品名称、生产厂厂名和厂址的，对此种行为应如何处理？（　）

A. 责令改正

B. 没收违法所得

C. 处货值金额等值以上二倍以下的罚款

D. 处货值金额等值以上三倍以下的罚款

二、多项选择题

1. 经营者提供商品或者服务，造成消费者或者其他受害人人身伤害的，应当赔偿的为治疗和康复支出的合理费用包括（　）。

A. 医疗费　　B. 交通费　　C. 护理费　　D. 伙食费

2. 经营者提供的（　）商品或者服务，消费者自接受商品或者服务之日起六个月内发现瑕疵，发生争议的，由经营者承担有关瑕疵的举证责任。

A. 家庭用机动车　　B. 计算机、打印机、扫描仪

C. 电视机、电冰箱、空调器、洗衣机　　D. 装饰装修

3.（　）等经营场所的经营者，应当对消费者尽到安全保障义务。

A. 宾馆及商场　　B. 银行　　C. 机场及车站　　D. 电影院

4. 下列说法中正确的是哪些？（　）

A. 经营者提供商品或者服务有欺诈行为的，应当按照消费者的要求增加赔偿其受到的损失，增加赔偿金额为消费者购买商品的价款或者接受服务的费用的10倍

B. 经营者对行政处罚决定不服的，可以依法申请行政复议或者提起行政诉讼

C. 对包修、包换、包退的大件商品，消费者要求经营者修理、更换、退货的，经营

者应当承担运输等合理费用

D．拒绝、阻碍有关行政部门工作人员依法执行职务，未使用暴力及威胁方法的，由公安机关依照《中华人民共和国治安管理处罚法》的规定处罚

5.《消费者权益保护法》第25条规定，经营者采用（　）等方式销售商品（法定商品除外），消费者有权自收到商品之日起七日内退货，且无须说明理由。

A．网络　B．电话　C．传真　D．邮购

6．下列关于产品责任的表述中正确的是（　）。

A．因产品缺陷造成他人人身、财产损害的，产品的生产者对该损害承担无过错责任

B．因产品缺陷造成他人人身、财产损害的，产品的生产者、销售者对该损害承担连带责任

C．销售者不能指明缺陷产品的生产者，也不能指明缺陷产品的供货者的，应承担赔偿责任

D．因缺陷产品造成损害要求赔偿的诉讼时效期间为1年

7．生产者在下列哪种情况下不对消费者负责赔偿？（　）

A．消费者甲从销售者处购买的减肥产品不具有包装上标明的使用效果

B．乙从生产者处盗窃其开发中的高压锅样品，在使用时被炸伤

C．因销售者贮存不当致使药品变质而使某患者丙服药后过敏

D．消费者丁使用产品后发生不适，但现在科学技术无法证明产品与不适之间的关系

8．甲从国外低价购得一项未获当地政府批准销售的专利产品“近视治疗仪”。甲将产品样品和技术资料提交给我国×市卫生局指定的医疗产品检验机构。该机构未作任何检验，按照甲书写的文稿出具了该产品的检验合格报告。随后，该市退休医师协会的秘书长乙又以该协会的名义出具了该产品的质量保证书。该产品投入市场后，连续造成多起青少年因使用该产品致眼睛严重受损的事件。现除要求追究甲的刑事责任外，受害者还可以采用哪些民事补救方法？（　）

A．要求甲承担损害赔偿责任

D．要求该卫生局承担连带赔偿责任

C．要求该检验机构承担连带赔偿责任

D．要求该退休医师协会承担连带赔偿责任

9．张某从甲商场购买一电热毯，电热毯为乙厂所产。使用中电热毯发生漏电，致使房间着火，烧毁价值5 000元的财产，张某本人也被烧伤致残。下列何种表述是正确的？（　）

A．甲商场和乙厂应对张某的损失承担连带责任

B．张某因身体伤害要求赔偿的诉讼时效为2年

C．张某可以向被告请求精神损害赔偿

D．张某遭受的财产损失不属于产品责任，而属于违约责任

10．下列选项中哪些属于生产者对产品质量的默示担保义务？（　）

A．电冰箱应当具备制冷的功能

B．家具应当符合以实物样品表明的质量状况

C．化妆品所含主要成分及其含量应当与其产品说明所列标准相吻合

D．燃气热水器应当符合保障人身、财产安全的国家标准

三、案例分析题

1．张女士在某百货商店购买一件纯羊毛大衣，售价1 280元。商店标明换季商品，概不退换，穿了三天后衣服起满毛球，于是到市质量监督检验：鉴定结果证明羊毛大衣所用原料为100%腈纶，张女士到购买衣服的百货商店要求退货并赔偿因此而造成的损失，商店营业员回答：当时标明换季商品，概不退换，再说店内该柜是出租给个体户的，现在他已破产，租借柜台的费用尚未付清，人也找不到，你只好自认倒霉。

请问：

（1）商店（经营者）违反了我国消费权益保护法的哪些内容？

（2）商店对张女士应负哪些责任？

2．刘某伙同王某从某电扇厂仓库盗窃未经检验的轮船用小型电扇两台。二人各分得一台，刘某将电扇以60元的价格卖给高某，高某在使用时，被飞出的扇叶削掉半截左耳。高某以扇叶及保护网设计及制造中有瑕疵为由，向电扇厂提出索赔。

请问：高某是否有权向电扇厂索赔？法律依据是什么？

8 知识产权法

案例导读

北京东城跨区域、跨部门协同打击商标侵权

近日，北京市工商局东城分局查处一起涉嫌侵犯注册商标专用权案件。据悉，此次执法检查行动是东城工商分局首次尝试采用跨区域、跨部门协同监管的执法模式。

此前，东城工商分局接到商标权利人好妈妈英国有限公司委托代理人的投诉，对方称百荣世贸商城内一商户涉嫌销售侵犯其Mothercare、m及图注册商标专用权的商品，请求工商部门查处。

经过调查，东城工商分局执法人员及商标权利人发现该商户销售的涉嫌侵权商品均由江苏省常熟市某厂家生产。该商户进货后在百荣世贸商城内销售，涉案商品数量和案值较大。为了从源头上彻底清除商标侵权行为，东城工商分局积极开展跨区域、跨部门的联合执法工作。商标权利人、东城工商分局、常熟市市场监管局三方积极沟通协调，详细讨论并制订了行动计划。2月17日，东城工商分局、常熟市市场监管局于同一时间分别到达现场，对涉嫌商标侵权的销售商、生产商进行了现场执法。行动中，东城工商分局现场查获带有与Mothercare、m及图商标近似标识的商品1390件。同时，常熟市市场监管局对生产厂家进行了检查，从源头上查抄了涉嫌侵权商品。目前，东城工商分局已对涉嫌侵权商品采取了扣押措施，并将对当事人的行为进一步立案调查。（记者 粟世民　通讯员 侯文静）

（材料来源：中国工商报，2017年3月8日）

学习目标

- 了解知识产权法基本概念、基本理论和基本知识
- 掌握专利权、商标权和著作权的基本概念、特征取得的条件和保护的时间、范围和方法
- 理解经济法的基本原则
- 理解知识产权在现在国内市场经济竞争和国际竞争中的重要作用

主要内容

- 知识产权的概念和种类
- 专利权、著作权和商标权的概念、特征和法律保护

8.1 知识产权法概述

8.1.1 知识产权的概念和特征

知识产权是权利人依法就作品、发明、实用新型、外观设计、商标、地理标志、商业秘密、集成电路布图设计、植物新品种、法律规定的其他客体享有的专有的权利。这一规定借鉴有关国际条约①用列举的方式对知识产权进行了界定。法学理论上通常认为知识产权是人们就其智力创造的成果依法享有的专有权利，在台湾叫作智慧产权。

知识产权为民事财产权利的一种，和物权、债权相比，知识产权是一种无形财产权。其特征表现为专有性、地域性和时间性。专有性是指知识产权为权利人专有并受到严格保护，法律无规定或未经知识产权的权利人许可，任何人不得使用权利人的知识产品。地域性是指依照本国法律获得的知识产权，只能在该国发生法律效力，在该国域外则不能当然受到域外法律的承认和保护。知识产权若要获得多个国家的保护，需权利人是否本国加入的国际条约或双边、多边协定的规定采取相关的申请或注册行为。时间性是指知识产权与物权和债权不同，有法律规定的保护期限，不能永远存续。在法律规定的期限内知识产权受到保护，法定期间届满后或者因权利人未履行与权利对应的相关义务，知识产权权利就消灭。知识产权保护的相关客体及精神财富就成为全社会的共同财富。

8.1.2 知识产权法的概念

知识产权法是指调整智力成果归属、利用和保护而产生的各种社会关系的法律规范的总称。知识产权法属于民法部门中的一部分，但知识产权的权利的实现与其他民事权利相比，权利的取得和保护对国家行政权力有更多的依赖，因此知识产权法有着较多的行政法色彩。民法的基本原则、制度和法律规范都适用于知识产权法。

1983年、1985年、1991年和1993年我国先后颁布并实施了《商标法》《专利法》《著作权法》以及这些法律的细则、条例等配套法规。为了适应我国加入世贸组织的谈判要求，提高对知识产权的保护水平，我国对主要的知识产权法律和配套法规进行了多次的修订。其他知识产权的保护。植物新品种保护、集成电路设计布图保护，制定了专门行政法规。商号、商业秘密等，适用反不正当竞争法、合同法给予必要的保护。

知识产权法主要由专利法、商标法、著作权法和反不正当竞争法四部法律渊源。其他知识产权法的渊源主要是国务院发布的行政法规，如1996年的《特殊标志管理条例》、1997年的《中华人民共和国植物新品种保护条例》（2013年修订）、2001年的《集成电路布图设计保护条例》、2002年的《奥林匹克标志保护条例》和2004年的《世界博览会标志保护条例》②。

8.1.3 知识产权的保护

8.1.3.1 知识产权司法保护

由于知识产权案件专业性强、技术含量高的特点，审理著作权和商标权民事纠纷的第一审法

①参阅《成立世界知识产权组织公约》第二条、世界贸易组织《与贸易有关的知识产权协议》（TRIPs）第一条。

②国家知识产权局网站，网址http://www.sipo.gov.cn/zcfg/gjty/.

院为中级人民法院，审理专利权纠纷的一审人民法院为省会城市中级人民法院和开放城市中级人民法院。我国一些省份和直辖市人民法院、省级人民政府所在地、各经济特区中级人民法院设立了知识产权审判庭或者在有关审判庭里设立了专门审理知识产权案件的合议庭。这样集中审理知识产权案件，有利于提高知识产权案件的司法水平。

2014年8月31日第十二届全国人民代表大会常务委员会第十次会议通过《关于在北京、上海、广州设立知识产权法院的决定》，管辖有关专利、植物新品种、集成电路布图设计、技术秘密等专业技术性较强的第一审知识产权民事和行政案件。不服国务院行政部门裁定或者决定而提起的第一审知识产权授权确权行政案件，由北京知识产权法院管辖。知识产权法院对第一款规定的案件实行跨区域管辖。在知识产权法院设立的三年内，可以先在所在省（直辖市）实行跨区域管辖。知识产权法院所在市的基层人民法院第一审著作权、商标等知识产权民事和行政判决、裁定的上诉案件，由知识产权法院审理。知识产权法院第一审判决、裁定的上诉案件，由知识产权法院所在地的高级人民法院审理。

2017年的“两会”召开有代表提议在深圳、杭州、郑州和合肥设立知识产权法院。

最高人民法院在2017年3月12日第十二届全国人民代表大会第五次会议的工作报告显示，2016年全国各级法院审结一审知识产权案件14.7万件。广东自由贸易区南沙片区人民法院自2015年成立，截至2016年11月底共受理涉自贸区案件497件，知识产权案件的数量居各类案件之首。

北京、上海、广州和长沙在检察院成立知识产权检察局，按照“三检（民事、行政和刑事）合一”“五项职能（批捕、起诉、监督、查办、预防）融合”的指导思想，其主要职责是对知识产权领域行政执法活动的法律监督，对知识产权领域刑事案件的审查逮捕、审查起诉、出庭公诉等，对不服人民法院涉及知识产权领域的民事、行政诉讼活动的法律监督，对涉及知识产权领域的刑事诉讼活动进行法律监督，知识产权领域的支持、督促起诉和公益诉讼等，查办涉及知识产权行政监督和行政执法中的职务犯罪案件。

8.1.3.2 知识产权行政保护

知识产权法律都规定了知识产权保护的行政途径。行政保护主动性强，程序简便。行政保护的执法部门为著作权行政管理、专利行政管理机关、商标行政管理机关和其他有关知识产权管理的行政机关。

海关保护是行政保护和行政执法的组成部分。海关行政保护由国家进出境监管机关实施，通过对进出口货物的监管，禁止侵权产品进口、出境，保护知识产权。保护范围是“与进出境货物有关并受中国法律法规保护的知识产权”。

8.1.3.3 知识产权的国际保护

知识产权体系是一个动态的发展过程。在国际层面对知识产权的保护始于19世纪后期，随着经济全球化和科学技术的迅猛发展，知识产权的商业重要性及其对全球经济的作用日益彰显，知识产权的保护标准也不断提升。20世纪以来，知识产权的发展体现为不断的权利扩张，知识产权保护日益高标准化。国际上为了解决按照一个国家的国内法取得的专利、商标和版权等知识产权，只在该国领域内受到保护，在其他国家内不能发生法律上的效力的问题，而签订双边或多边条约，实现对知识产权的国际保护，以促进技术、知识的国际交流。

国际保护的实质是通过双边、多边协定和国际条约将受一国保护的专利权、商标权、著作权及其他知识产权延伸到他国，以他国的行政和司法权来保护。

目前已经生效的条约有《保护工业产权巴黎公约》（1883年）、《制止产品来源虚假或欺骗性标记马德里协定》(1891年)、《商标国际注册马德里协定》(1891年)、《工业品外观设计国际保存海牙协定》(1925年)、《商标注册用商品与劳务国际分类尼斯协定》(1957年)、《保护原产地名称及其国际注册里斯本协定》(1958年),《建立工业品外观设计国际分类洛迦诺协定》(1968年)、《专利合作条约》(1970年)、《国际专利分类协定》(1971年)、《商标注册条约》(1973年)、《保护植物新品种国际公约》(1961年)、《国际承认用于专利程序的微生物保存布达佩斯条约》(1977年)、《保护奥林匹克会徽的内华罗条约》、《保护文学艺术作品伯尔尼公约》(1886年),《世界版权公约》(1952年)、《保护表演者、唱片录制者和广播组织国际公约》(1961年)、《保护唱片录制者防止其唱片被擅自复制的公约》(1971年)、《人造卫星播送载有节目信号公约》(1974年)、《避免对版权提成费双重征税的马德里多边公约》。

8.2 著作权法

8.2.1 著作权法概述

著作权是指文学、艺术和科学作品的创作者就其创作之作品，依法在一定期限内所享有的专有人身权和财产权的总称。狭义的著作权仅指作者权利，广义的著作权还包括艺术表演者、录音录像制品制作者和广播电视节目的制作者依法享有的权利。在法律上，通常叫作著作邻接权或者称作与著作权有关的权利。

我国著作权法第1条规定的著作权法的立法宗旨是保护文学、艺术和科学作品作者的著作权，以及与著作权有关的权益，鼓励有益于社会主义精神文明、物质文明建设的作品的创作和传播，促进社会主义文化和科学事业的发展与繁荣。因此，著作权法即是为了实现上述宗旨和目的，通过法律手段调整各法律主体在著作权的产生、行使、利用和管理过程中的法律关系的各种法律规范的总称。广义的著作权法包括著作权法、邻接权法、各种相关的法律规范以及调整国家与国家之间，就相互提供著作权保护而缔结的国际条约。

我国著作权法律规范的主要渊源是《中华人民共和国宪法》、《中华人民共和国民法通则》、《中华人民共和国著作权法》、《中华人民共和国刑法》及其他行政法规、规章以及最高人民法院的司法解释等文件中。我国参加的与著作权有关的知识产权国际条约和我国与其他国家签订的有关著作权保护的双边条约，通过立法程序，也可以转化为我国著作权法的法源。

著作权制度18世纪首次在欧洲出现，直到1709年英国《安娜女王法》颁布，这是人类历史上第一部保护作者权利的法律，标志着著作权法律制度的诞生；19世纪中叶开始了现代版权保护阶段，随着1952年《世界版权公约》的问世，著作权保护进入了国际化阶段。我国在北宋年间，就曾以禁令形式保护著作权。清末我国出现了第一部著作权法《大清著作权律》，但由于清政府的中介，该法并未实施，但影响了后世的著作权制度的建立实施。

8.2.2 著作权人、著作权内容

8.2.2.1 著作权人

著作权人，是指对文学、艺术和科学作品依照法律规定享有著作权的人。著作权人可分为创作作品的作者和作者以外的其他依法享有著作权的人两大类。

作者是指在作品创作完成后，直接根据法律规定或合同的约定，在不存在其他基础性权利的

前提下，即对作品直接享有著作权的人。法人或其他组织依法律规定取得作品权利可以成为著作权的原始主体。

中国公民、法人和其他组织的作品，不论是否发表，依照著作权法享有著作权。外国人、无国籍人的作品是否直接受我国著作权法保护，要区分不同情况区别对待。外国人、无国籍人的作品根据其作者所属国或者经常居住地国同中国签订的协议或者共同参加的国际条约享有的著作权，受我国著作权法保护。

外国人、无国籍人的作品首先在中国境内出版的，依照我国著作权法享有著作权。未与中国签订协议或者共同参加国际条约的国家的作者以及无国籍人的作品首次在中国参加的国际条约的成员国出版的，或者在成员国和非成员国同时出版的，受我国著作权法保护。

作者之外的其他著作权人是指通过法定的事实或行为的发生，自著作权原始主体作者那里，取得了部分著作权的人。主要有以下几种情况：

1）自然人因继承取得著作权。著作权属于中国公民、外国人或者无国籍人等自然人作者的，作者死亡后，其著作权在法定保护期内，依照继承法的规定由其继承人继承，继承人成为著作权主体。

2）法人或其他组织以及国家因继受成为著作权主体。著作权属于法人或者其他组织的，在法人或其他组织变更，终止后，其依法享有的著作权在著作权法规定的保护期内，由承受其权利义务的法人或其他组织享有；没有承受其权利义务的法人或其他组织的，由国家享有。

3）自然人、法人或其他组织及国家因接受赠与或转让成为著作权人。自然人、法人或其他组织及国家，可以通过接受原始著作权人或者继受著作权人的赠与成为著作权主体。还可以依据转让或委托关系，受让作品的著作权而成为享有著作财产权的人。

8.2.2.2 著作权内容

著作权有著作人身权和著作财产权两种。

著作人身权是指作者等著作权人就其作品依法所享有的以人格权利为主要内容的专有权利，即精神方面的著作权内容。包括发表权、署名权、修改权和保护作品完整权。发表权即决定作品是否公之于众的权利；署名权，即表明作者身份，在作品上署名的权利；修改权，即修改或者授权他人修改作品的权利；保护作品完整权，即保护作品不受歪曲、篡改的权利。

著作财产权，是指作者等著作权人依法通过各种方式使用作品并获得报酬的权利，主要由作品的许可使用权和获得报酬权所构成。根据我国著作权法规定著作财产权有复制权、发行权、出租权、展览权、表演权、放映权、广播权、信息网络传播权、摄制权、改编权、翻译权、汇编权及应当由著作权人享有的其他权利。

复制权，即以印刷、复印、拓印、录音、录像、翻录、翻拍等方式将作品制作一份或者多份的权利；发行权，即以出售或者赠与方式向公众提供作品的原件或者复制件的权利；出租权，即有偿许可他人临时使用电影作品和以类似摄制电影的方法创作的作品、计算机软件的权利，计算机软件不是出租的主要标的的除外；展览权，即公开陈列美术作品、摄影作品的原件或者复制件的权利；表演权，即公开表演作品，以及用各种手段公开播送作品的表演的权利；放映权，即通过放映机、幻灯机等技术设备公开再现美术、摄影、电影和以类似摄制电影的方法创作的作品等的权利；广播权，即以无线方式公开广播或者传播作品，以有线传播或者转播的方式向公众传播广播的作品，以及通过扩音器或者其他传送符号、声音、图像的类似工具向公众传播广播的作品的权利；信息网络传播权，即以有线或者无线方式向公众提供作品，使公众可以在其个人选定的时间和地点获得作品的权利；摄制权，即以摄制电影或者以类似摄制电影的方法将作品固定在载体上的权利；改编权，即改变作品，创作出具有独创性的新作品的权利；翻译权，即将作品从一种语言文字转换成另一种语言文字的权利；汇编权，即将作品或者作品的片段通过选择或者编排，汇集成新作品的权利；应当由著作权人享有的其他权利。

著作权人可以许可他人行使上述著作财产权，或者将上述著作财产权全部或者部分转让给他人，并依照约定或者法律规定有关规定获得报酬。

8.2.2.3 作品

《著作权法》第1条开宗明义地说明“为保护文学、艺术和科学作品作者的著作权……”，作品是指文学、艺术和科学领域内，具有独创性并能以某种有形形式复制的智力创作成果。在著作权法律关系中，作品是著作权产生和存在的基础。著作权保护的作品应当具有独创性表达，能够以某种物质形式表现出来并能够复制或再现，能被他人感知，包括文学、艺术和自然科学、社会科学、工程技术等作品。作品的表现形式有多种，著作权法列举了文字作品、口述作品、音乐、戏剧、曲艺、舞蹈、杂技艺术作品、美术、建筑作品、摄影作品、电影作品和以类似摄制电影的方法创作的作品、工程设计图、产品设计图、地图、示意图等图形作品和模型作品、计算机软件和法律、行政法规规定的其他作品。

法律、法规，国家机关的决议、决定、命令和其他具有立法、行政、司法性质的文件及其官方正式译文；时事新闻；历法、通用数表、通用表格和公式等虽有作品的表面特征，但不适用著作权法。法律法规鼓励公众传播学习，时事新闻属于对事件的单纯事实性描述，历法、通用数表、通用表格和公式等已经属于公知领域的工具，用著作权对公众的利用和社会文化的发展不利，与著作权法的宗旨相悖，故著作权法不适用于上述“作品”。

国家对作品的出版、传播依法进行监督管理。因此依法禁止出版、传播的作品也不能以著作权保护。民间文学艺术作品的著作权保护办法由国务院另行规定。

8.2.2.4 著作权的保护

（1）著作权的取得和归属

著作权的取得，是指作者因其创作作品而获得著作权法律保护，从而享有法定的著作人身权和著作财产权。著作权因作品创作完成自动产生或者因作品登记注册而产生。

著作权属于作者，创作作品的公民是作者。由法人或者其他组织主持，代表法人或者其他组织意志创作，并由法人或者其他组织承担责任的作品，法人或者其他组织视为作者。如无相反证明，在作品上署名的公民、法人或者其他组织为作者。改编、翻译、注释、整理已有作品而产生的作品，其著作权由改编、翻译、注释、整理人享有，但行使著作权时不得侵犯原作品的著作权。两人以上合作创作的作品，著作权由合作作者共同享有。没有参加创作的人，不能成为合作作者。合作作品可以分割使用的，作者对各自创作的部分可以单独享有著作权，但行使著作权时不得侵犯合作作品整体的著作权。汇编若干作品、作品的片段或者不构成作品的数据或者其他材料，对其内容的选择或者编排体现独创性的作品，为汇编作品，其著作权由汇编人享有，但行使著作权时，不得侵犯原作品的著作权。电影作品和以类似摄制电影的方法创作的作品的著作权由制片者享有，但编剧、导演、摄影、作词、作曲等作者享有署名权，并有权按照与制片者签订的合同获得报酬。电影作品和以类似摄制电影的方法创作的作品中的剧本、音乐等可以单独使用的作品的作者有权单独行使其著作权。

公民为完成法人或者其他组织工作任务所创作的作品是职务作品，除了法人作者的情况以外，著作权由创作者享有，但法人或者其他组织有权在其业务范围内优先使用。作品完成两年内，未经单位同意，创作者不得许可第三人以与单位使用的相同方式使用该作品。

主要利用法人或者其他组织的物质技术条件创作，并由法人或者其他组织承担责任的工程设计图、产品设计图、地图、计算机软件等职务作品；法律、行政法规规定或者合同约定著作权由法人或者其他组织享有的职务作品。创作的作者享有署名权，著作权的其他权利由法人或者其他组织享有，法人或者其他组织可以给予作者奖励。

受委托创作的作品，著作权的归属由委托人和受托人通过合同约定。合同未作明确约定或者没有订立合同的，著作权属于受托人。

美术等作品原件所有权的转移，不视为作品著作权的转移，但美术作品原件的展览权由原件所有人享有。

（2）著作权的保护期

著作权的保护期，是指国家法律明确规定的创作文学、艺术、科学作品的作者等著作权人受到的著作权法律保护的法定期限。

1）著作人身权的保护期。作品的署名权，修改权和保护作品完整权的保护期不受限制，该等著作权随作品的存在永远归属于作者。作品发表权的保护期为自作品创作完成之日起，至作者终生及其死亡后五十年，截止于作者死亡后的第五十年十二月三十一日；法人或其他组织的作品发表权保护期为五十年，自作品创作完成之日起五十年内未发表的，著作权法不再保护；电影类作品和摄影作品的发表权，不论作者是公民还是组织，一律保护五十年，自作品创作完成后五十年内未发表的，著作权法不再保护。

2）著作财产权的保护期。公民作者所创作之作品的著作财产权保护期为作者终生及其死亡后五十年，无论作品是否发表及何时发表，截止于最后一位合作作者死亡后的第五十年十二月三十一日。法人或其他组织作品著作财产权保护期。法人或其他组织的作品，包括署名权除外的由法人或其他组织享有著作财产权的职务作品，著作财产权的保护期均为五十年，截止于作品首次发表后的第五十年十二月三十一日，但作品自创作完成后五十年内未发表的，著作权法不再予以保护。

3）电影类和摄影作品的著作财产权保护期。电影作品和以类似拍摄电影的方法创作的作品、摄影作品的著作财产权，无论制片人或作者是个人还是组织，这些作品的保护期统一为五十年，截止于作品首次发表后的第五十年十二月三十一日，但作品于创作完成后五十年内未发表的，著作权法不再予以保护。

4）作者身份不明作品的著作财产权保护期。对于作者身份不明的作品，著作权财产权的保护期，采取自作品首次发表保护五十年的办法，保护期截止于作品首次发表后的第五十年十二月三十一日。但作者身份一经确定，再根据具体情况，决定使用公民或法人作者的不同保护期规定。

5）计算机软件著作权的保护期。自然人开发者的保护期为其生前及死后五十年；软件的开发者是法人等单位的，自软件首次发表之日起保护五十年。

8.2.2.5 著作权的利用

（1）著作权的许可使用

著作权许可使用是指创作作品之作者等著作权人，依法有权在一定的期限和区域内许可他人使用其作品和行使部分著作权的法律制度。

使用他人作品应当同著作权人订立许可使用合同，许可使用合同包括下列主要内容：许可使用的权利种类、许可使用的权利是专有使用权或者非专有使用权、许可使用的地域范围和期间、付酬标准和办法、违约责任及双方认为需要约定的其他内容。

（2）著作权的转让使用

著作权中的人身权不可转让，著作财产权的权利可以部分或全部转让，著作权中规定此类转让行为，应当订立书面合同。

权利转让合同包括下列主要内容：作品的名称、转让的权利种类、地域范围、转让价金、交付转让价金的日期和方式、违约责任及双方认为需要约定的其他内容。在办理著作权转让事宜时，应特别注意审查待转让的标的著作权中的财产权是否已经出质。

（3）著作权的其他利用

著作权还可作为债的担保、信托和强制执行的对象财产。以著作权出质的，由出质人和质权人向国务院著作权行政管理部门办理出质登记。

8.2.2.6 著作权的限制

著作权法对作者享有的著作财产权利，除了受到保护期的限制外，还表现在对享有著作权的作品使用方面，也存在限制，主要体现在著作权法规定的合理使用，法定许可及强制许可等方面。

（1）著作权合理使用

著作权合理使用是指在法定情形出现的情况下，任何人可在法律规定的限度内，自由使用享有著作权的作品，即不必征得作者等著作权人的许可同意，也不必向其支付使用报酬的。但应当指明作者姓名、作品名称，并且不得侵犯著作权人享有的其他著作权利的法律制度。

合理使用必须符合以下几个条件：首先，被使用的作品必须已经发表；其次，使用作品的目的必须是非商业用途；最后，合理使用不应侵犯著作权人著作财产权以外的其他合法权利，包括著作人身权。法定的著作权合理使用情形有：以个人使用为目的而使用，为介绍、评论作品和说明问题而适当引用，以时事新闻报道为目的而使用，传媒对时事性文章的转载与转播，传媒刊登或播放公开演讲，以教学或科研为目的而使用，以执行公务为目的而使用，以馆藏为目的而使用，以免费表演为目的而使用，室外陈列艺术品的使用，翻译成少数民族文字使用，翻译成盲文使用。

（2）著作权法定许可使用

著作权法定许可使用是指在我国著作权法规定的范围以内，使用他人享有著作权的已发表作品时，如无著作权人的不许使用声明，则可以不经原作品著作权人的许可，但应向其支付使用作品的报酬，并不得侵犯原作品著作权人的其他著作权利的法律制度。

我国著作权法规定的适用法定许可情形如下：为实施九年义务教育和完成国家教育规划而编写出版教科书、为传播作品过程中限制邻接权而适用的法定许可，包括对出版者权、表演者权、录音录像制作者权、广播电台和电视台播放者权进行限制的法定许可。

（3）著作权强制许可使用

著作权强制许可使用是指基于法律规定的正当的理由，需要使用他人已经发表的作品时，使用人可向著作权行政管理部门申请，著作权行政管理部门审核同意后，以行政许可的形式授权使用人使用，无须征得著作权人的同意，但应当向其支付使用报酬。

阅读专栏

案情：王某某曾获2009年度女性情感十大草根写手，2011年度十大情感草根名博等荣誉。王某某于2008年8月21日在新浪网开通博客，2009年3月25日在上述博客上发表原创博文《我与丈夫网恋女友斗智斗勇大获全胜》，约有2200字。

2013年6月20日，王某某在某市图书城东风书店购买了爱人杂志社于2009年8月份出版发行的2009年8~15期《爱人》杂志一本，该期杂志第64页刊登了《斗智斗勇，丈夫的网恋女友露馅记》一文。经比对，《斗》文与《我》文的故事内容、情节基本相同，大部分文字相同，只是人物名称稍有变动，以及文章尾部添加了关于www.lvshou.com网站及绿瘦产品的宣传内容。该期杂志中的彩色插页载有关于绿瘦减肥产品的广告，并显示有“绿瘦国际集团（香港）公司”“广州市绿瘦商贸有限公司”等信息。广州绿瘦公司称涉案软文广告是其自行制作和发布的，www.lvshou.com网站在2007年至2013年是由其经营和管理的。

法院判决：爱人杂志社自判决发生法律效力之日起立即停止出版、发行含有王某某《我与丈夫网恋女友斗智斗勇大获全胜》作品的《爱人》杂志。广州绿瘦公司自判决发生法律效力之日起三十日内在《爱人》杂志上刊登致歉声明向王某某赔礼道歉（内容须经法院审核）。

广州绿瘦公司自判决发生法律效力之日起十日内赔偿经济损失及维权合理费用共7 000元给王某某（根据广州知识产权法民事判决书改编）。

8.3 专利法

8.3.1 专利与专利法概述

8.3.1.1 专利与专利法概念

专利通常是指专利权，有时又指获得专利权的发明创造，在专利申请和审查中，又用“专利”指代专利文献。

专利权是指公民、法人或其他单位依法对发明创造在一定时间范围内依法所享有的独占使用权。

专利法即是对专利权的授予、专利权项下技术的许可使用及行政和司法保护进行调整的法律规范的总称。我国专利法1984年3月12日第六届全国人民代表大会常务委员会第四次会议通过，后于1992年9月、2000年8月、2008年12月三次修正。《专利法实施细则》也于2010年进行了修订。

8.3.1.2 授予专利权的发明创造

我国专利法规定发明创造是指发明、实用新型和外观设计。发明，是指对产品、方法或者其改进所提出的技术方案。实用新型，是指对产品的形状、构造或者其结合所提出的适于实用的新的技术方案。外观设计，是指对产品的形状、图案或者其结合以及色彩与形状、图案的结合所作出的富有美感并适于工业应用的新设计。

对科学发现、智力活动的规则和方法、疾病的诊断和治疗方法、动物和植物品种、用原子核变换方法获得的物质、对平面印刷品的图案、色彩或者二者的结合作出的主要起标识作用的设计不授予专利权。

对动物和植物品种的生产方法，符合专利授予条件的可以授予专利权。

申请专利的发明创造涉及国家安全或者重大利益需要保密的，按照国家有关规定办理。对违反法律、社会公德或者妨害公共利益的发明创造，不授予专利权。对违反法律、行政法规的规定获取或者利用遗传资源，并依赖该遗传资源完成的发明创造，不授予专利权。

8.3.1.3 授予专利权的条件

授予专利权的发明和实用新型，应当具备新颖性、创造性和实用性。

新颖性，是指该发明或者实用新型不属于现有技术；也没有任何单位或者个人就同样的发明或者实用新型在申请日以前向国务院专利行政部门提出过申请，并记载在申请日以后公布的专利申请文件或者公告的专利文件中。现有技术，是指申请日以前在国内外为公众所知的技术。

创造性，是指与现有技术相比，该发明具有突出的实质性特点和显著的进步，该实用新型具有实质性特点和进步。

实用性，是指该发明或者实用新型能够制造或者使用，并且能够产生积极效果。

授予专利权的外观设计，应当不属于现有设计；也没有任何单位或者个人就同样的外观设计在申请日以前向国务院专利行政部门提出过申请，并记载在申请日以后公告的专利文件中。授予专利权的外观设计与现有设计或者现有设计特征的组合相比，应当具有明显区别。授予专利权的外观设计不得与他人在申请日以前已经取得的合法权利相冲突。现有设计，是指申请日以前在国内外为公众所知的设计。

8.3.2 专利的取得

8.3.2.1 专利申请

（1）书面申请原则

专利权的取得必须由潜在权利人向国家专利主管行政机关提出书面申请。

申请发明或者实用新型专利的，应当提交请求书、说明书及其摘要和权利要求书等文件。请求书应当写明发明或者实用新型的名称，发明人的姓名，申请人姓名或者名称、地址，以及其他事项。明书应当对发明或者实用新型作出清楚、完整的说明，以所属技术领域的技术人员能够实现为准；必要的时候，应当有附图。摘要应当简要说明发明或者实用新型的技术要点。权利要求书应当以说明书为依据，清楚、简要地限定要求专利保护的范围。

申请人可以对其专利申请文件进行修改，但是，对发明和实用新型专利申请文件的修改不得超出原说明书和权利要求书记载的范围，对外观设计专利申请文件的修改不得超出原图片或者照片表示的范围。

（2）单一性原则

一件发明或者实用新型专利申请应当限于一项发明或者实用新型。属于一个总的发明构思的两项以上的发明或者实用新型，可以作为一件申请提出。

一件外观设计专利申请应当限于一项外观设计。同一产品两项以上的相似外观设计，或者用于同一类别并且成套出售或者使用的产品的两项以上外观设计，可以作为一件申请提出。

（3）优先权原则

专利行政部门收到专利申请文件之日为申请日。如果申请文件是邮寄的，以寄出的邮戳日为申请日。

申请人自发明或者实用新型在外国第一次提出专利申请之日起十二个月内，或者自外观设计在外国第一次提出专利申请之日起六个月内，又在中国就相同主题提出专利申请的，依照该外国同中国签订的协议或者共同参加的国际条约，或者依照相互承认优先权的原则，可以享有优先权。

申请人自发明或者实用新型在中国第一次提出专利申请之日起十二个月内，又向国务院专利行政部门就相同主题提出专利申请的，可以享有优先权。

（4）专利申请的撤回

申请人可以在被授予专利权之前随时撤回其专利申请。如果申请是在公开后撤回的，则该发明创造丧失新颖性，进入公有领域，任何申请人均不能再以该发明创造获得专利权。

8.3.2.2 专利申请的审查

（1）早期公开制度

国务院专利行政部门收到发明专利申请后，经初步审查认为符合本法要求的，自申请日起满十八个月，即行公布。国务院专利行政部门可以根据申请人的请求早日公布其申请。

（2）实质审查申请制度

发明专利申请自申请日起三年内，国务院专利行政部门可以根据申请人随时提出的请求，对其申请进行实质审查；申请人无正当理由逾期不请求实质审查的，该申请即被视为撤回。

国务院专利行政部门认为必要的时候，可以自行对发明专利申请进行实质审查。

发明专利的申请人请求实质审查的时候，应当提交在申请日前与其发明有关的参考资料。

发明专利已经在外国提出过申请的，国务院专利行政部门可以要求申请人在指定期限内提交该国为审查其申请进行检索的资料或者审查结果的资料；无正当理由逾期不提交的，该申请即被视为撤回。

（3）授权或驳回

国务院专利行政部门对发明专利申请进行实质审查后，认为不符合本法规定的，应当通知申请人，要求其在指定的期限内陈述意见，或者对其申请进行修改；无正当理由逾期不答复的，该申请即被视为撤回。

发明专利申请经申请人陈述意见或者进行修改后，国务院专利行政部门仍然认为不符合本法规定的，应当予以驳回。

8.3.2.3 专利权授予

发明专利申请经实质审查没有发现驳回理由的，由国务院专利行政部门作出授予发明专利权的决定，发给发明专利证书，同时予以登记和公告。发明专利权自公告之日起生效。

实用新型和外观设计专利申请经初步审查没有发现驳回理由的，由国务院专利行政部门作出授予实用新型专利权或者外观设计专利权的决定，发给相应的专利证书，同时予以登记和公告。实用新型专利权和外观设计专利权自公告之日起生效。

国务院专利行政部门设立专利复审委员会。专利申请人对国务院专利行政部门驳回申请的决定不服的，可以自收到通知之日起三个月内，向专利复审委员会请求复审。专利复审委员会复审后，作出决定，并通知专利申请人。

专利申请人对专利复审委员会的复审决定不服的，可以自收到通知之日起三个月内向人民法院起诉。

8.3.2.4 专利权的归属

执行本单位的任务或者主要是利用本单位的物质技术条件所完成的发明创造为职务发明创造。职务发明创造申请专利的权利属于该单位；申请被批准后，该单位为专利权人。

非职务发明创造，申请专利的权利属于发明人或者设计人；申请被批准后，该发明人或者设计人为专利权人。

利用本单位的物质技术条件所完成的发明创造，单位与发明人或者设计人订有合同，对申请专利的权利和专利权的归属作出约定的，从其约定。

对发明人或者设计人的非职务发明创造专利申请，任何单位或者个人不得压制。

两个以上单位或者个人合作完成的发明创造、一个单位或者个人接受其他单位或者个人委托所完成的发明创造，除另有协议的以外，申请专利的权利属于完成或者共同完成的单位或者个人；申请被批准后，申请的单位或者个人为专利权人。

同样的发明创造只能授予一项专利权。但是，同一申请人同日对同样的发明创造既申请实用新型专利又申请发明专利，先获得的实用新型专利权尚未终止，且申请人声明放弃该实用新型专利权的，可以授予发明专利权。

两个以上的申请人分别就同样的发明创造申请专利的，专利权授予最先申请的人。

8.3.2.5 专利申请权的转让

作出发明创造的人可以转让专利申请权。专利法规定当事人转让专利申请权应当订立书面合同，并向国务院专利行政部门登记，由国务院专利行政部门予以公告。专利申请权的转让自登记之日起生效。但中国单位或者个人向外国人、外国企业或者外国其他组织转让专利申请权或者专利权的，应当依照有关法律、行政法规的规定办理手续。

8.3.3 专利权的期限、终止和无效

发明专利权的期限为二十年，实用新型专利权和外观设计专利权的期限为十年，均自申请日起计算。专利权人应当自被授予专利权的当年开始缴纳年费。没有按照规定缴纳年费的，专利权在期限届满前终止。专利权人在期限届满前书面声明放弃其专利权的，专利权在期限届满前终止。

自国务院专利行政部门公告授予专利权之日起，任何单位或者个人认为该专利权的授予不符合本法有关规定的，可以请求专利复审委员会宣告该专利权无效。

专利复审委员会对宣告专利权无效的请求应当及时审查和作出决定，并通知请求人和专利权人。宣告专利权无效的决定，由国务院专利行政部门登记和公告。

对专利复审委员会宣告专利权无效或者维持专利权的决定不服的，可以自收到通知之日起三个月内向人民法院起诉。人民法院应当通知无效宣告请求程序的对方当事人作为第三人参加诉讼。

宣告无效的专利权视为自始即不存在。

宣告专利权无效的决定，对在宣告专利权无效前人民法院作出并已执行的专利侵权的判决、调解书，已经履行或者强制执行的专利侵权纠纷处理决定，以及已经履行的专利实施许可合同和专利权转让合同，不具有追溯力。但是因专利权人的恶意给他人造成的损失，应当给予赔偿。不返还专利侵权赔偿金、专利使用费、专利权转让费，明显违反公平原则的，应当全部或者部分返还。

8.3.4 专利权的内容

8.3.4.1 专利权人的权利

发明和实用新型专利权被授予后，专利权人可以制造、使用、许诺销售、销售、进口其专利产品，或者使用其专利方法。

外观设计专利权被授予后，任何单位或者个人未经专利权人许可，都不得实施其专利，即不得为生产经营目的制造、许诺销售、销售、进口其外观设计专利产品。

专利权人有权与他人专订立实施许可合同，以收取专利使用费为对价许可他人实施其专利技术，使用其专利方法或者外观设计。

发明人或者设计人有权在专利文件中写明自己是发明人或者设计人。

专利权人有权在其专利产品或者该产品的包装上标明专利标识。

专利权人有权与他人订立书面合同，将专利权转让给他人，应向国务院专利行政部门登记，专利权的转让自登记之日起生效。中国单位或个人向外国人转让专利权的，必须经国务院有关主管部门批准。

8.3.4.2 专利实施的强制许可

专利权人除了自己实施和许可他人实施专利外，专利法中还规定了专利实施的强制许可。所谓强制许可，是指专利行政部门在一定的条件下，不需要专利权人同意，准许其他单位或个人实施专利权人专利的制度。

根据专利法规定，专利实施的强制许可有三种情况。①专利权人自专利权被授予之日起满三年，且自提出专利申请之日起满四年，无正当理由未实施或者未充分实施其专利，或者专利权人行使专利权的行为被依法认定为垄断行为，为消除或者减少该行为对竞争产生的不利影响的，国务院专利行政部门根据具备实施条件的单位或者个人的申请，可以给予实施发明专利或者实用新型专利的强制许可。②为了公共健康目的，对取得专利权的药品，国务院专利行政部门可以给予制造并将其出口到符合中华人民共和国参加的有关国际条约规定的国家或者地区的强制许可。③一项取得专利权的发明或者实用新型比已经取得专利权的发明或者实用新型具有显著经济意义的重大技术进步，其实施又有赖于前一发明或者实用新型的实施的，国务院专利行政部门根据后一专利权人的申请，可以给予实施前一发明或者实用新型的强制许可。前一专利权人申请，国务院专利行政部门也可以给予实施后一发明或者实用新型的强制许可。

强制许可涉及的发明创造为半导体技术的，其实施限于公共利益的目的或消除垄断，维护公平竞争。国务院专利行政部门作出的给予实施强制许可的决定，应当及时通知专利权人，并予以登记和公告。

给予实施强制许可的决定，应当根据强制许可的理由规定实施的范围和时间。强制许可的理由消除并不再发生时，国务院专利行政部门应当根据专利权人的请求，经审查后作出终止实施强制许可的决定。

取得实施强制许可的单位或者个人不享有独占的实施权，并且无权允许他人实施。

取得实施强制许可的单位或者个人应当付给专利权人合理的使用费，或者依照中华人民共和国参加的有关国际条约的规定处理使用费问题。付给使用费的，其数额由双方协商；双方不能达成协议的，由国务院专利行政部门裁决。

专利权人对国务院专利行政部门关于实施强制许可的决定不服的，专利权人和取得实施强制许可的单位或者个人对国务院专利行政部门关于实施强制许可的使用费的裁决不服的，可以自收到通知之日起三个月内向人民法院起诉。

8.3.5 专利权的保护

8.3.5.1 专利权的保护范围

专利法对专利权的保护范围有明确规定。发明或者实用新型专利权的保护范围以其权利要求的内容为准，说明书及附图可以用于解释权利要求的内容。外观设计专利权的保护范围以表示在图片或者照片中的该产品的外观设计为准，简要说明可以用于解释图片或者照片所表示的该产品的外观设计。

8.3.5.2 专利侵权

未经专利权人许可，实施其专利，即侵犯其专利权。根据专利法规定，有下列情况之一的，不视为侵犯专利权：

1）专利产品或者依照专利方法直接获得的产品，由专利权人或者经其许可的单位、个人售出后，使用、许诺销售、销售、进口该产品的；

2）在专利申请日前已经制造相同产品、使用相同方法或者已经作好制造、使用的必要准备，并且仅在原有范围内继续制造、使用的；

3）临时通过中国领陆、领水、领空的外国运输工具，依照其所属国同中国签订的协议或者共同参加的国际条约，或者依照互惠原则，为运输工具自身需要而在其装置和设备中使用有关专利的；

4）专为科学研究和实验而使用有关专利的；

5）为提供行政审批所需要的信息，制造、使用、进口专利药品或者专利医疗器械的，以及专门为其制造、进口专利药品或者专利医疗器械的。

此外，为生产经营目的使用、许诺销售或者销售不知道是未经专利权人许可而制造并售出的专利侵权产品，能证明该产品合法来源的，不承担赔偿责任。

8.3.5.3 违反专利法的法律责任

（1）专利侵权的法律责任

专利权的保护以及实施是通过制裁侵犯专利权的行为来实现的，根据专利法的规定，侵犯专利权的，根据情节和程度承担相应的民事、行政或者刑事责任。

未经专利权人许可，实施其专利，即侵犯其专利权，引起纠纷的，由当事人协商解决；不愿协商或者协商不成的，专利权人或者利害关系人可以向人民法院起诉，也可以请求管理专利工作的部门处理。管理专利工作的部门处理时，认定侵权行为成立的，可以责令侵权人立即停止侵权行为，当事人不服的，可以自收到处理通知之日起十五日内依照《中华人民共和国行政诉讼法》向人民法院起诉；侵权人期满不起诉又不停止侵权行为的，管理专利工作的部门可以申请人民法院强制执行。进行处理的管理专利工作的部门应当事人的请求，可以就侵犯专利权的赔偿数额进行调解；调解不成的，当事人可以依照《中华人民共和国民事诉讼法》向人民法院起诉。

专利侵权纠纷涉及实用新型专利或者外观设计专利的，人民法院或者管理专利工作的部门可以要求专利权人或者利害关系人出具由国务院专利行政部门对相关实用新型或者外观设计进行检索、分析和评价后作出的专利权评价报告，作为审理、处理专利侵权纠纷的证据。

侵犯专利权的赔偿数额按照权利人因被侵权所受到的实际损失确定；实际损失难以确定的，可以按照侵权人因侵权所获得的利益确定。权利人的损失或者侵权人获得的利益难以确定的，参照该专利许可使用费的倍数合理确定。赔偿数额还应当包括权利人为制止侵权行为所支付的合理开支。权利人的损失、侵权人获得的利益和专利许可使用费均难以确定的，人民法院可以根据专利权的类型、侵权行为的性质和情节等因素，确定给予一万元以上一百万元以下的赔偿。

专利权人或者利害关系人有证据证明他人正在实施或者即将实施侵犯专利权的行为，如不及时制止将会使其合法权益受到难以弥补的损害的，可以在起诉前向人民法院申请采取责令停止有关行为的措施。申请人提出申请时，应当提供担保；不提供担保的，驳回申请。人民法院应当自接受申请之时起四十八小时内作出裁定；有特殊情况需要延长的，可以延长四十八小时。裁定责令停止有关行为的，应当立即执行。当事人对裁定不服的，可以申请复议一次；复议期间不停止裁定的执行。

申请人自人民法院采取责令停止有关行为的措施之日起十五日内不起诉的，人民法院应当解除该措施。申请有错误的，申请人应当赔偿被申请人因停止有关行为所遭受的损失。

为了制止专利侵权行为，在证据可能灭失或者以后难以取得的情况下，专利权人或者利害关系人可以在起诉前向人民法院申请保全证据。人民法院采取保全措施，可以责令申请人提供担保；申请人不提供担保的，驳回申请。人民法院应当自接受申请之时起四十八小时内作出裁定；裁定采取保全措施的，应当立即执行。申请人自人民法院采取保全措施之日起十五日内不起诉的，人民法院应当解除该措施。

（2）假冒专利的法律责任

假冒专利的，除依法承担民事责任外，由管理专利工作的部门责令改正并予公告，没收违法所得，可以并处违法所得四倍以下的罚款；没有违法所得的，可以处二十万元以下的罚款；构成犯罪的，依法追究刑事责任。

管理专利工作的部门根据已经取得的证据，对涉嫌假冒专利行为进行查处时，可以询问有关当事人，调查与涉嫌违法行为有关的情况；对当事人涉嫌违法行为的场所实施现场检查；查阅、复制与涉嫌违法行为有关的合同、发票、账簿以及其他有关资料；检查与涉嫌违法行为有关的产品，对有证据证明是假冒专利的产品，可以查封或者扣押。管理专利工作的部门依法行使职权时，当事人应当予以协助、配合，不得拒绝、阻挠。

（3）假冒专利的法律责任

任何单位或者个人将在中国完成的发明或者实用新型向外国申请专利的，应当事先报经国务院专利行政部门进行保密审查。保密审查的程序、期限等按照国务院的规定执行。违反本规定向外国申请专利，泄露国家秘密的，由所在单位或者上级主管机关给予行政处分；构成犯罪的，依法追究刑事责任。同时又在中国申请专利的，不授予专利权。

（4）其他专利法上的法律责任

侵夺发明人或者设计人的非职务发明创造专利申请权和本法规定的其他权益的，由所在单位或者上级主管机关给予行政处分。管理专利工作的部门不得参与向社会推荐专利产品等经营活动。违反规定的，由其上级机关或者监察机关责令改正，消除影响，有违法收入的予以没收；情节严重的，对直接负责的主管人员和其他直接责任人员依法给予行政处分。从事专利管理工作的国家机关工作人员以及其他有关国家机关工作人员玩忽职守、滥用职权、徇私舞弊，构成犯罪的，依法追究刑事责任；尚不构成犯罪的，依法给予行政处分。

8.4 商标法

8.4.1 商标法概述

8.4.1.1 商标的概念和种类

商标是用来识别商品或服务的专用标记，是生产者、经营者为了使自己的商品或服务与他人的商品或服务相区别而在商品或服务上使用的视觉标记。这些标志由文字、图形、数字、字母、三维标志和颜色组合以及上述要素的组合所构成。这些标记应具有显著特征，和特定的商品或服务相联系才能起到标记的作用。

作为生产者和服务者来说，商标是其商品和服务区别于其他经营者的标记，是其商品和服务质量以及其商业信誉的标志；对于消费者来讲，商标是其选择商品和服务的判断的重要因素，是其消费行为的向导。

商标根据是否注册分为注册商标和非注册商标。注册商标是经商标局核准注册的商标，商标注册人享有商标专用权，受法律保护。未经注册的商标不受商标法的强制保护。

商标根据所标记的是商品、服务还是某种证明，分为商品商标和服务商标和证明商标。证明商标是指由对某种商品或服务具有监督能力的组织所控制，而由该组织以外的单位或者个人使用于其商品或服务，用以证明该商品或服务的原产地、原料、制造方法、质量或者其他特定商品的标志。

商标根据注册和使用的主体分为集体商标和个体商标。集体商标是指以团体、协会或者其他组织名义注册，供该组织成员在商事活动中使用，以表明使用者在该组织中的成员资格的标志。

8.4.1.2 商标标志

商标应当以一定的文字、图形、字母、数字、三维标志、颜色组合和声音等，以及上述要素的组合构成。商标应具有显著特征，能够将自然人、法人或者其他组织的商品与他人的商品区别开。我国商标法对申请注册的商标标志作了禁止性规定。

1）仅有本商品的通用名称、图形、型号的；仅直接表示商品的质量、主要原料、功能、用途、重量、数量及其他特点的；缺乏显著特征的，不得作为注册商标。但这些标志经过使用取得显著特征，并便于识别的，可以作为商标注册。

2）以三维标志申请注册商标的，仅由商品自身的性质产生的形状、为获得技术效果而需有的商品形状或者使商品具有实质性价值的形状，不得注册。

3）就相同或者类似商品申请注册的商标是复制、模仿或者翻译他人未在中国注册的驰名商标，容易导致混淆的，不予注册并禁止使用。

4）就不相同或者不相类似商品申请注册的商标是复制、模仿或者翻译他人已经在中国注册的驰名商标，误导公众，致使该驰名商标注册人的利益可能受到损害的，不予注册并禁止使用。

同时，根据我国商标法规定，商标不能使用下列标志：

1）同中华人民共和国的国家名称、国旗、国徽、国歌、军旗、军徽、军歌、勋章等相同或者近似的，以及同中央国家机关的名称、标志、所在地特定地点的名称或者标志性建筑物的名称、图形相同的；

2）同外国的国家名称、国旗、国徽、军旗等相同或者近似的，但经该国政府同意的除外；

3）同政府间国际组织的名称、旗帜、徽记等相同或者近似的，但经该组织同意或者不易误导公众的除外；

4）与表明实施控制、予以保证的官方标志、检验印记相同或者近似的，但经授权的除外；

5）同“红十字”“红新月”的名称、标志相同或者近似的；

6）带有民族歧视性的；

7）带有欺骗性，容易使公众对商品的质量等特点或者产地产生误认的；

8）有害于社会主义道德风尚或者有其他不良影响的。

此外，县级以上行政区划的地名或者公众知晓的外国地名，不得作为商标。但是，地名具有其他含义或者作为集体商标、证明商标组成部分的除外；已经注册的使用地名的商标继续有效。

8.4.1.3 商标法概述

商标法是调整商标申请注册、商标使用和保护而发生的社会经济关系的法律规范的总称。我国商标法第1条规定，为了加强商标管理，保护商标专用权，促使生产、经营者保证商品和服务质量，维护商标信誉，以保障消费者和生产、经营者的利益，促进社会主义市场经济的发展，特制定本法。我国商标法于1982年8月23日第五届全国人民代表大会常务委员会第二十四次会议通过，于1993年2月、2001年10月、2013年8月三次修改。

8.4.2 商标注册的申请、审查和核准

8.4.2.1 商标注册的原则

我国商标法对商标注册采取的是自愿申请注册与强制注册相结合的原则。一般情况下，商品或服务是否使用商标及商标使用人是否对所使用的商标申请注册，由经营者自主决定。法律、行政法规规定必须使用注册商标的商品，必须申请商标注册，未经核准注册的，不得在市场销售。《烟草专卖法》（1991年6月29日通过，1992年1月1日施行）第20条规定："卷烟、雪茄烟和有包装的烟丝必须申请商标注册，未经核准注册的，不得生产、销售。禁止生产、销售假冒他人注册商标的烟草制品。"

8.4.2.2 商标注册的申请

商标注册申请，是取得商标专用权的前提。申请注册商标的，应当按规定的商品分类表填报使用商标的商品类别和商品名称，提出注册申请。商标注册申请人可以通过一份申请就多个类别的商品申请注册同一商标。商标注册申请等有关文件，可以以书面方式或者数据电文方式提出。注册商标需要在核定使用范围之外的商品上取得商标专用权的，应当另行提出注册申请。注册商标需要改变其标志的，应当重新提出注册申请。

商标注册申请人自其商标在外国第一次提出商标注册申请之日起六个月内，又在中国就相同商品以同一商标提出商标注册申请的，依照该外国同中国签订的协议或者共同参加的国际条约，或者按照相互承认优先权的原则，可以享有优先权。要求国际申请优先权的，应当在提出商标注册申请的时候提出书面声明，并且在三个月内提交第一次提出的商标注册申请文件的副本；未提出书面声明或者逾期未提交商标注册申请文件副本的，视为未要求优先权。

商标在中国政府主办的或者承认的国际展览会展出的商品上首次使用的，自该商品展出之日起六个月内，该商标的注册申请人可以享有优先权。要求展会优先权的，应当在提出商标注册申请的时候提出书面声明，并且在三个月内提交展出其商品的展览会名称、在展出商品上使用该商标的证据、展出日期等证明文件；未提出书面声明或者逾期未提交证明文件的，视为未要求优先权。

8.4.2.3 商标注册的审查和核准

商标审查是商标能否获准注册的关键，核准注册是商标所有人获得商标专用权的决定环节。一个商标从提出申请到获准注册，大体上要经过商标局的初步审定、公告和核准注册几个步骤。

商标核准依照在先申请和在先使用相结合原则确定。两个或者两个以上的商标注册申请人，在同一种商品或者类似商品上，以相同或者近似的商标申请注册的，初步审定并公告申请在先的商标；同一天申请的，初步审定并公告使用在先的商标，驳回其他人的申请，不予公告。

对申请注册的商标，商标局应当自收到商标注册申请文件之日起九个月内审查完毕，符合本法有关规定的，予以初步审定公告。在审查过程中，商标局认为商标注册申请内容需要说明或者修正的，可以要求申请人作出说明或者修正。申请人未作出说明或者修正的，不影响商标局作出

审查决定。

商标申请注册还应遵循诚实信用原则和尊重在先权利原则。申请商标注册不得损害他人现有的在先权利，也不得以不正当手段抢先注册他人已经使用并有一定影响的商标。申请注册的商标，凡不符合本法有关规定或者同他人在同一种商品或者类似商品上已经注册的或者初步审定的商标相同或者近似的，由商标局驳回申请，不予公告。申请商标注册不得损害他人现有的在先权利，也不得以不正当手段抢先注册他人已经使用并有一定影响的商标。

8.4.2.4 商标注册的核准

对初步审定公告的商标，自公告之日起三个月内，在先权利人、利害关系人或者任何人可以向商标局提出异议。公告期满无异议的，予以核准注册，发给商标注册证，并予公告。

对初步审定公告的商标提出异议的，商标局应当听取异议人和被异议人陈述事实和理由，经调查核实后，自公告期满之日起十二个月内做出是否准予注册的决定，并书面通知异议人和被异议人。有特殊情况需要延长的，经国务院工商行政管理部门批准，可以延长六个月。

商标局作出准予注册决定的，发给商标注册证，并予公告。异议人不服的，可以依照本法第44条、第45条的规定向商标评审委员会请求宣告该注册商标无效。

商标局作出不予注册决定，被异议人不服的，可以自收到通知之日起十五日内向商标评审委员会申请复审。商标评审委员会应当自收到申请之日起十二个月内作出复审决定，并书面通知异议人和被异议人。有特殊情况需要延长的，经国务院工商行政管理部门批准，可以延长六个月。被异议人对商标评审委员会的决定不服的，可以自收到通知之日起三十日内向人民法院起诉。人民法院应当通知异议人作为第三人参加诉讼。

商标评审委员会在依照前款规定进行复审的过程中，所涉及的在先权利的确定必须以人民法院正在审理或者行政机关正在处理的另一案件的结果为依据的，可以中止审查。中止原因消除后，应当恢复审查程序。

对驳回申请、不予公告的商标，商标局应当书面通知商标注册申请人。商标注册申请人不服的，可以自收到通知之日起十五日内向商标评审委员会申请复审。商标评审委员会应当自收到申请之日起九个月内作出决定，并书面通知申请人。有特殊情况需要延长的，经国务院工商行政管理部门批准，可以延长三个月。当事人对商标评审委员会的决定不服的，可以自收到通知之日起三十日内向人民法院起诉。

法定期限届满，当事人对商标局作出的驳回申请决定、不予注册决定不申请复审或者对商标评审委员会作出的复审决定不向人民法院起诉的，驳回申请决定、不予注册决定或者复审决定生效。

经审查异议不成立而准予注册的商标，商标注册申请人取得商标专用权的时间自初步审定公告三个月期满之日起计算。自该商标公告期满之日起至准予注册决定作出前，对他人在同一种或者类似商品上使用与该商标相同或者近似的标志的行为不具有追溯力；但是，因该使用人的恶意给商标注册人造成的损失，应当给予赔偿。

8.4.3 注册商标的有效期限、转让和许可使用

8.4.3.1 注册商标的有效期限

注册商标所有人对其依法取得的注册商标，在法定的有效期限内享有独占的权利。

注册商标的有效期限为十年，自核准注册之日其计算。注册商标有效期满，需要继续使用的，应当在期满前六个月内申请继续注册。在此期间未能提出续期申请的，可以给予六个月的宽

限期。宽展期满仍未提出续期申请的，注销其注册商标。注册商标每次续展的有效期为十年。

8.4.3.2 注册商标的转让

注册商标人可以将其拥有的商标权转让给他人。转让注册商标的，转让人和受让人应当签订转让协议，并共同向商标局提出申请。受让人应当保证使用注册商标的商品质量。转让注册商标经核准之后，予以公告。受让人自公告之日起享有该商标的专用权。

8.4.3.3 注册商标的使用许可

商标注册人可以通过签订商标使用许可合同，许可他人使用其注册商标。许可他人使用其注册商标。许可人应当监督被许可人使用其注册商标的商品质量。被许可人应当保证使用该注册商标的商品质量。经许可使用他人注册商标的，必须在使用该注册商标的商品上标明被许可人的名称和商品产地。许可他人使用其注册商标的，许可人应当将其商标使用许可报商标局备案，由商标局公告。商标使用许可未经备案不得对抗善意第三人。

8.4.4 注册商标的无效宣告

已经注册的商标，违反商标法第10条、第11条、第12条的禁止性规定的，或者是以欺骗手段或者其他不正当手段取得注册的，由商标局宣告该注册商标无效；其他单位或者个人可以请求商标评审委员会宣告该注册商标无效。

商标局作出宣告注册商标无效的决定，应当书面通知当事人。当事人对商标局的决定不服的，可以自收到通知之日起十五日内向商标评审委员会申请复审。商标评审委员会应当自收到申请之日起九个月内作出决定，并书面通知当事人。有特殊情况需要延长的，经国务院工商行政管理部门批准，可以延长三个月。当事人对商标评审委员会的决定不服的，可以自收到通知之日起三十日内向人民法院起诉。

其他单位或者个人请求商标评审委员会宣告注册商标无效的，商标评审委员会收到申请后，应当书面通知有关当事人，并限期提出答辩。商标评审委员会应当自收到申请之日起九个月内作出维持注册商标或者宣告注册商标无效的裁定，并书面通知当事人。有特殊情况需要延长的，经国务院工商行政管理部门批准，可以延长三个月。当事人对商标评审委员会的裁定不服的，可以自收到通知之日起三十日内向人民法院起诉。人民法院应当通知商标裁定程序的对方当事人作为第三人参加诉讼。

已经注册的商标，与他人在先权利相冲突的，自商标注册之日起五年内，在先权利人或者利害关系人可以请求商标评审委员会宣告该注册商标无效。对恶意注册的，驰名商标所有人不受五年的时间限制。

8.4.5 商标使用的行政管理

商标的使用，是指将商标用于商品、商品包装或者容器以及商品交易文书上，或者将商标用于广告宣传、展览以及其他商业活动中，用于识别商品来源的行为。

商标注册人在使用注册商标的过程中，自行改变注册商标、注册人名义、地址或者其他注册事项的，由地方工商行政管理部门责令限期改正；期满不改正的，由商标局撤销其注册商标。

注册商标成为其核定使用的商品的通用名称或者没有正当理由连续三年不使用的，任何单位或者个人可以向商标局申请撤销该注册商标。商标局应当自收到申请之日起九个月内作出决定。有特殊情况需要延长的，经国务院工商行政管理部门批准，可以延长三个月。

注册商标被撤销、被宣告无效或者期满不再续展的，自撤销、宣告无效或者注销之日起一年内，商标局对与该商标相同或者近似的商标注册申请，不予核准。

对商标局撤销或者不予撤销注册商标的决定，当事人不服的，可以自收到通知之日起十五日内向商标评审委员会申请复审。商标评审委员会应当自收到申请之日起九个月内作出决定，并书面通知当事人。有特殊情况需要延长的，经国务院工商行政管理部门批准，可以延长三个月。当事人对商标评审委员会的决定不服的，可以自收到通知之日起三十日内向人民法院起诉。

法定期限届满，当事人对商标局作出的撤销注册商标的决定不申请复审或者对商标评审委员会作出的复审决定不向人民法院起诉的，撤销注册商标的决定、复审决定生效。

被撤销的注册商标，由商标局予以公告，该注册商标专用权自公告之日起终止。

将未注册商标冒充注册商标使用的，或者使用未注册商标违反商标法第10条规定，使用禁止作为商标使用的标志，由地方工商行政管理部门予以制止，限期改正，并可以予以通报，并根据违法经营额处以相应的罚款。

生产、经营者不得将“驰名商标”字样用于商品、商品包装或者容器上，或者用于广告宣传、展览以及其他商业活动中。否则由地方工商行政管理部门责令改正，处十万元罚款。

8.4.6 注册商标专用权的保护

注册商标的专用权，以核准注册的商标和核定使用的商品为限。有下列行为之一的，均属侵犯注册商标专用权：

1）未经商标注册人的许可，在同一种商品上使用与其注册商标相同的商标的；

2）未经商标注册人的许可，在同一种商品上使用与其注册商标近似的商标，或者在类似商品上使用与其注册商标相同或者近似的商标，容易导致混淆的；

3）销售侵犯注册商标专用权的商品的；

4）伪造、擅自制造他人注册商标标识或者销售伪造、擅自制造的注册商标标识的；

5）未经商标注册人同意，更换其注册商标并将该更换商标的商品又投入市场的；

6）故意为侵犯他人商标专用权行为提供便利条件，帮助他人实施侵犯商标专用权行为的；

7）给他人的注册商标专用权造成其他损害的。

将他人注册商标、未注册的驰名商标作为企业名称中的字号使用，误导公众，构成不正当竞争行为的，依照《中华人民共和国反不正当竞争法》处理。

注册商标中含有的本商品的通用名称、图形、型号，或者直接表示商品的质量、主要原料、功能、用途、重量、数量及其他特点，或者含有的地名，注册商标专用权人无权禁止他人正当使用。

三维标志注册商标中含有的商品自身的性质产生的形状、为获得技术效果而需有的商品形状或者使商品具有实质性价值的形状，注册商标专用权人无权禁止他人正当使用。

商标注册人申请商标注册前，他人已经在同一种商品或者类似商品上先于商标注册人使用与注册商标相同或者近似并有一定影响的商标的，注册商标专用权人无权禁止该使用人在原使用范围内继续使用该商标，但可以要求其附加适当的区别标识。

侵犯注册商标专用权引起纠纷的，由当事人协商解决；不愿协商或者协商不成的，商标注册人或者利害关系人可以向人民法院起诉，也可以请求工商行政管理部门处理。

工商行政管理部门处理时，认定侵权行为成立的，责令立即停止侵权行为，没收、销毁侵权商品和主要用于制造侵权商品、伪造注册商标标识的工具，违法经营额在五万元以上的，可以处违法经营额五倍以下的罚款，没有违法经营额或者违法经营额不足五万元的，可以处二十五万元以下的罚款。对五年内实施两次以上商标侵权行为或者有其他严重情节的，应当从重处罚。销售不知道是侵犯注册商标专用权的商品，能证明该商品是自己合法取得并说明提供者的，由工商行政管理部门责令停止销售。

对侵犯商标专用权的赔偿数额的争议，当事人可以请求进行处理的工商行政管理部门调解，也可以依照《中华人民共和国民事诉讼法》向人民法院起诉。经工商行政管理部门调解，当事人未达成协议或者调解书生效后不履行的，当事人可以依照《中华人民共和国民事诉讼法》向人民法院起诉。

对侵犯注册商标专用权的行为，工商行政管理部门有权依法查处；涉嫌犯罪的，应当及时移送司法机关依法处理。

县级以上工商行政管理部门根据已经取得的违法嫌疑证据或者举报，对涉嫌侵犯他人注册商标专用权的行为进行查处时，可以行使下列职权：

1）询问有关当事人，调查与侵犯他人注册商标专用权有关的情况；

2）查阅、复制当事人与侵权活动有关的合同、发票、账簿以及其他有关资料；

3）对当事人涉嫌从事侵犯他人注册商标专用权活动的场所实施现场检查；

4）检查与侵权活动有关的物品；对有证据证明是侵犯他人注册商标专用权的物品，可以查封或者扣押。

在查处商标侵权案件过程中，对商标权属存在争议或者权利人同时向人民法院提起商标侵权诉讼的，工商行政管理部门可以中止案件的查处。中止原因消除后，应当恢复或者终结案件查处程序。

侵犯商标专用权的赔偿数额，按照权利人因被侵权所受到的实际损失确定；实际损失难以确定的，可以按照侵权人因侵权所获得的利益确定；权利人的损失或者侵权人获得的利益难以确定的，参照该商标许可使用费的倍数合理确定。对恶意侵犯商标专用权，情节严重的，可以按照上述方法确定数额的一倍以上三倍以下确定赔偿数额。赔偿数额应当包括权利人为制止侵权行为所支付的合理开支。

人民法院为确定赔偿数额，在权利人已经尽力举证，而与侵权行为相关的账簿、资料主要由侵权人掌握的情况下，可以责令侵权人提供与侵权行为相关的账簿、资料；侵权人不提供或者提供虚假的账簿、资料的，人民法院可以参考权利人的主张和提供的证据判定赔偿数额。

权利人因被侵权所受到的实际损失、侵权人因侵权所获得的利益、注册商标许可使用费难以确定的，由人民法院根据侵权行为的情节判决给予三百万元以下的赔偿。

注册商标专用权人请求赔偿，被控侵权人以注册商标专用权人未使用注册商标提出抗辩的，人民法院可以要求注册商标专用权人提供此前三年内实际使用该注册商标的证据。注册商标专用权人不能证明此前三年内实际使用过该注册商标，也不能证明因侵权行为受到其他损失的，被控侵权人不承担赔偿责任。

销售不知道是侵犯注册商标专用权的商品，能证明该商品是自己合法取得并说明提供者的，不承担赔偿责任。

商标注册人或者利害关系人有证据证明他人正在实施或者即将实施侵犯其注册商标专用权的行为，如不及时制止将会使其合法权益受到难以弥补的损害的，可以依法在起诉前向人民法院申请采取责令停止有关行为和财产保全的措施。

为制止侵权行为，在证据可能灭失或者以后难以取得的情况下，商标注册人或者利害关系人可以依法在起诉前向人民法院申请保全证据。

未经商标注册人许可，在同一种商品上使用与其注册商标相同的商标，构成犯罪的，除赔偿被侵权人的损失外，依法追究刑事责任。

伪造、擅自制造他人注册商标标识或者销售伪造、擅自制造的注册商标标识，构成犯罪的，除赔偿被侵权人的损失外，依法追究刑事责任。

销售明知是假冒注册商标的商品，构成犯罪的，除赔偿被侵权人的损失外，依法追究刑事责任。

阅读专栏

关于江苏电视台是否侵害金阿欢涉案注册商标权的问题

根据我国商标法的规定，注册商标的专用权，以核准注册的商标和核定使用的商品/服务为限。

未经商标注册人的许可，在同一种商品/服务上使用与其注册商标相同的商标，属于侵犯注册商标专用权的行为；在同一种商品/服务上使用与其注册商标近似的商标，或者在类似商品/服务上使用与其注册商标相同或近似的商标，容易导致混淆的，亦构成侵权。

据此，在商标侵权裁判中，必须对被诉标识与注册商标是否相同或近似、两者服务是否相同或类似，以及是否容易引起相关公众的混淆误认作出判断。

（一）关于被诉标识与涉案商标是否相同或近似的问题

本案中，将被诉“非诚勿扰”文字标识及图文标识分别与金阿欢涉案第7199523号注册商标相比对，文字形态上均存在繁体字与简体字的区别，在字体及文字排列上亦有差异。

被诉图文组合标识与金阿欢注册商标相比，还多了颜色及图案差异。

故该两被诉标识与金阿欢涉案第7199523号注册商标相比，均不属于相同标识。

该两被诉标识与金阿欢涉案注册商标的显著部分与核心部分均为“非诚勿扰”，文字相同，整体结构相似，在自然组成要素上近似。

但客观要素的相近似并不等同于商标法意义上的近似。

商标法所要保护的，并非仅以注册行为所固化的商标标识本身，而是商标所具有的识别和区分商品/服务来源的功能。

如果被诉行为并非使用在相同或类似商品/服务上，或者并未损害涉案注册商标的识别和区分功能，亦未因此导致市场混淆后果的，不应认定构成商标侵权。

（二）关于两者服务类别是否相同或类似的问题

对于被诉节目是否与第45类中的“交友服务、婚姻介绍”服务相同或类似，不能仅看其题材或表现形式来简单判定，应当根据商标在商业流通中发挥识别作用的本质，结合相关服务的目的、内容、方式、对象等方面情况并综合相关公众的一般认识，进行综合考量。

如前所述，江苏电视台经过长期对《非诚勿扰》节目及标识的宣传和使用，已使社会公众将该标识与被诉节目、江苏电视台下属频道江苏卫视相联系。

而这种使用，从相关服务的目的、内容、方式、对象等方面情况来看，正是典型的使用在电视文娱节目上。

具体言之，被诉《非诚勿扰》节目系一档以相亲、交友为题材的电视文娱节目，其借助相亲、交友场景中现代未婚男女的言行举止，结合现场点评嘉宾及主持人的评论及引导，通过剪辑编排成电视节目予以播放，使社会公众在娱乐、放松、休闲的同时，了解当今社会交友现象及相关价值观念，引导树立健康向上的婚恋观与人生观。

其服务目的在于向社会公众提供旨在娱乐、消遣的文化娱乐节目，凭节目的收视率与关注度获取广告赞助等经济收入；服务的内容和方式为通过电视广播这一特定渠道和大众传媒方式向社会提供和传播文娱节目；服务对象是不特定的广大电视观众等。

而第45类中的“交友服务、婚姻介绍”系为满足特定个人的婚配需求而提供的中介服务，服务目的系通过提供促成婚恋配对的服务来获取经济收入；服务内容和方式通常包括管理相关需求人员信息、提供咨询建议、传递意向信息等中介服务；服务对象为特定的有婚恋需求的未婚男女。

故两者无论是在服务目的、内容、方式和对象上均区别明显。

以相关公众的一般认知，能够清晰区分电视文娱节目的内容与现实中的婚介服务活动，不会误以为两者具有某种特定联系，两者不构成相同服务或类似服务。

退一步而言，即使如金阿欢所主张，认为江苏电视台提供的被诉《非诚勿扰》节目与“交友服务、婚姻介绍”服务类似，但因被诉行为不会导致相关公众对服务来源产生混淆误认，也不构成商标侵权。

如前所述，商标法保护的系商标所具有的识别和区分来源功能，故必须考虑涉案注册商标的显著性与知名度，在确定其保护范围与保护强度的基础上考虑相关公众混淆、误认的可能性。

本案中，金阿欢涉案注册商标中的“非诚勿扰”文字本系商贸活动中的常见词汇，用于婚姻介绍服务领域显著性较低，其亦未经过金阿欢长期、大量的使用而获得后天的显著性。

故本案对该注册商标的保护范围和保护强度，应与金阿欢对该商标的显著性和知名度所作出的贡献相符。

反观被诉《非诚勿扰》节目，其将“非诚勿扰”作为相亲、交友题材节目的名称具有一定合理性，经过长期热播，作为娱乐、消遣的综艺性文娱电视节目为公众所熟知。

即使被诉节目涉及交友方面的内容，相关公众也能够对该服务来源作出清晰区分，不会产生两者误认和混淆，不构成商标侵权。

综上，虽然被诉“非诚勿扰”标识与金阿欢涉案注册商标在客观要素上相近似，但两者用于不同的服务类别，也不会使相关公众产生混淆误认，江苏电视台在电视文娱节目上使用被诉“非诚勿扰”标识，并不构成对金阿欢涉案第7199523号注册商标的侵权。（节选自广东省高级人民法院（2016）粤民再447号民事判决书）

本章小结

知识产权是基于人们的创造性的智力成果而产生的权利。知识产权是一种无形财产，具有专有性、地域性和时间性的特征。本章主要介绍了著作权、专利权和商标权的概念、权利的取得、行使和保护以及著作权的合理使用和专利的强制实施许可等内容。

思考与练习

一、单项选择题

1. 李某于1980年2月31日创作出一部剧本，2004年3月15日李某去世。该剧本的保护期何时终止？(　　)

A．2030年12月31日　　B．2054年3月16日

C．2054年12月31日　　D．2055年12月31日

2. 李某的一篇论文，大量抄袭了王某在某杂志上发表的一篇论文，李某的行为侵犯了的(　　)著作权。

A．王某　　B．杂志的出版者

C．王某和杂志的出版者　　D．王某所在单位

3. 甲和乙在同一天向国家知识产权局就一项相同的外观设计提出了申请，且均符合专利授权条件，对这一情况该如何处理？(　　)

A．按照先申请原则，看甲和乙谁的递交时间在先，先递交的可以被授予专利权

B．因为甲乙二人是在同一天提出的申请，因此两人都可以获得专利权

C．由甲和乙进行协商，如果能协商一致，则协商确定的人为申请人，如果协商不一致，则甲乙二人作为共同专利权人

D．由甲和乙进行协商，如果协商不一致或一方拒绝协商，则任何一方都不能获得专利权

4. 甲发明了一种新的扑克牌玩法，则下列说法正确的是(　　)。

A．可授予发明专利权　　B．不能授予专利权

C．可授予外观设计专利权　　D．可授予实用新型专利权

5. 下列哪个标志可以作为商标使用？(　　)

A．人民大会堂外形图　　B．地球图形

C．红十字图形　　D．外国国旗图案

6. 商标法规定，注册商标的有效期为十年，自核准注册之日起计算；期满可办理续展，每次续展有效期也是十年，续展次数不限。但办理续展之时间仅为(　　)。

A．期满前6个月

B．期满后6个月

C．期满前6个月或者期满后6个月

7. 发明或者实用新型专利权的保护范围以(　　)的内容为准。

A．权利要求书　　B．说明书　　C．专利申请书

8. 张某经过努力创作出一篇学术论文，依我国著作权法的规定(　　)。

A．张某只有在其论文发表后才能享有著作权

B．张某的论文不论是否发表都能享有著作权

C．张某的论文须经登记后才能享有著作权

D．张某的论文须加注版权标记后才能享有著作权

9. 依我国著作权法规定，下列各项中不适用于著作权法保护的是(　　)。

A．时事新闻　　B．《新闻学》一书

C．新闻评论　　　　　　　　　　　D．《新闻调查》节目

10．所谓外国优先权是指在外国第一次提出专利或者商标注册申请之后又在中国就相同主题或者相同商品上的同一商标提出申请的，可以根据国际条约、双边协议或者互惠原则享有优先权，即以在外国的第一次申请作为在中国的申请日。但享有优先权是受到时间限制的，根据我国专利法和商标法的规定，该优先权期限分别是指（　）。

A．发明和实用新型是12个月，外观设计和商标是6个月

B．发明是12个月，实用新型、外观设计和商标是6个月

C．发明、实用新型和外观设计是12个月，商标是6个月

二、判断题

1．商标注册申请人对于商标局驳回其申请的决定，可以向商标评审委员会请求复审，商标评审委员会所作出的裁定是终局的，不得向法院起诉。（　）

2．著作权法规定了著作权的保护期限，但是除发表权外，著作人身权的保护是不受时间限制的。（　）

3．实用新型专利和外观设计专利的保护期是10年，从专利申请日起计算。（　）

4．我国商标法对于商标注册采取自愿原则，但国家规定必须使用注册商标的商品，必须申请商标注册，未经核准注册的，不得在市场销售。（　）

5．商标只有经过注册后才受到法律保护，所以，未注册商标是不受任何法律保护的。（　）

6．甲在电视机上注册了“熊猫”商标，所以，乙就不能在纺织品上使用和注册“熊猫”商标。（　）

7．商标一旦获得注册，注册商标权利人即使长期不加使用，也能够永久拥有该商标。（　）

8．专利权的保护期限是10年，从专利申请核准之日起计算。（　）

9．专利权的10年保护期限，专利权人在此期间应当缴纳专利年费，才能在有效期内保有其专利权。（　）

10．商标法对驰名商标的保护比一般商标力度更大。（　）

9 会计法和税法

案例导读

一、吴广兵 刘志耕：2017年，会计人最期盼这些改变

独立性和合法权益要有保障。尽管“十三五”和“十二五”两期《纲要》提出的第一大主要任务都是加强会计法制建设，但均未明确涉及对会计人依法履行职责独立性的有力支撑及合法权益的有效保障。事实上，多年来我国会计人这个诉求一直未能得到应有的支撑和保障，所以即使会计法律体系再完善、会计普法教育再普及、会计监督再加强，也是空中楼阁。事实上，没有企业负责人的授意或指使，会计人不会也没有必要歪曲会计信息故意造假，更没有必要为企业偷逃国家税款。会计人期盼，国家要加强对会计人依法履行职责的独立性和合法权益的有效保障，严肃对企业负责人会计责任第一人违法违规法律责任的追究，使会计人更好地履行职责。

企业会计准则体系重在实施。尽管“十二五”时期我国进一步完善了企业会计准则体系，但大多数会计人都很清楚自己离会计准则的距离。实际上，尽管近几年来我国会计准则体系的建设取得了很大成绩，但更多还是停留在理论体系的建设和推行上，离真正全面实施还有不少距离。这主要体现在很多会计人对新出台的会计准则不仅知之甚少，而且实际执行的程度也很低。一是很多中小企业本身业务范围狭小，对会计准则的很多新老规定根本接触不到；二是相关职能部门对中小企业执行会计准则的指导、管理及监督检查力度很低。但是，由于目前互联网+经济的飞速发展，会计人加快自身综合素质的转型升级已迫在眉睫，希望财政部门要切实加强对会计准则落实的指导、管理及监督检查工作，并对各类中小企业提供必要的提醒义务。

财务转型需要政府引导和培训。随着人工智能和会计电算化的普及，机器人和财务共享体系将对会计职业强势威胁，传统会计职业的可替代性越来越高，财务大转型势不可当，企业对从事基础会计工作的会计人需求量大为降低也已是定局。但是，会计人究竟如何才能更好地提升自己？会计人的自身努力固然是首要的，各级财政部门的服务也必不可少，应针对财务大转型尽快拿出必要的指导意见，提前做好必要的引导、培训等服务工作，将会计人从企业价值的计数者，变成企业价值的创造者，转变会计人的理念和思维等。当然，会计人自身也要充分认识到，未来的财会世界将是“互联网+财税”时代，因循守旧、故步自封必将被行业淘汰。

（材料来源：中国税务报，2017年2月24日）

二、最高院判例惊醒好多人：经济合同细化发票条款多重要

江苏南通二建集团有限公司在新疆维吾尔自治区高级人民法院提起对新疆创天房地产开发有限公司诉讼称：2000年7月31日，双方签订了《建设工程施工合同》。对工程的开、竣工

时间、施工范围、工程款的给付及违约责任等都作了明确约定。合同签订后，南通二建依约施工，创天公司却违约不按时支付工程款，双方又多次协商签订补充协议，变更付款方式，但创天公司仍不履行付款义务，导致工程多次停工，合同不能继续履行。请求给付工程欠款并赔偿损失。创天公司答辩称其中一笔244万元款项已经支付，有南通二建出具的发票为证；而南通二建认为2001年6月12日支付工程款244万元与事实不符，该244万元是创天公司与南通二建协商准备付款，并要求南通二建先出具发票，南通二建于2001年6月14日开具了发票并交付给创天公司，但创天公司既未付款也未退还发票。

一审新疆高院认为：发票只是完税凭证，不是付款凭证，不能证实付款的事实，也不能证实收取款项的事实，付款方付款后应当索取并持有收据，以证明收款方已收取该款项，创天公司辩称现金支付244万元，又无收款收据证实南通二建已收取该款的事实，创天公司也未提供其他财务凭证或收据等证据印证已付款的事实。故创天公司仅依据发票主张已付工程款244万元的理由不能成立，不予支持。

最高人民法院在二审查明的事实与一审法院查明的事实相同的情况下，对上述事项的观点是：双方争议的244万元应当认定为创天公司已经支付南通二建。创天公司持有南通二建为其开具的收款发票。发票应为合法的收款收据，是经济活动中收付款项的凭证。发票应为合法的收款收据，是经济活动中收付款项的凭证。双方当事人对244万元发票的真实性没有提出异议，创天公司持有发票，在诉讼中处于优势证据地位，南通二建没有举出有效证据证明付款事实不存在。一审法院认为发票只是完税凭证，而不是付款凭证，不能证明付款事实的存在，曲解了发票的证明功能，应予纠正。

（材料来源：中国税务报，2015年10月3日）

学习目标

- 了解会计法的概念，掌握会计法的基本法律制度
- 了解税收和税法的概念，掌握税法的构成要素
- 学会各税种的计税方法
- 了解税收征管的程序和方法及违反税法的法律责任

主要内容

- 会计法
- 税法

9.1 会计法

9.1.1 会计和会计法的概念

9.1.1.1 会计的概念

会计是以货币为主要计量单位，运用专门的方法对社会组织的财务收支和经济业务进行记录、核算、监督的活动。根据我国会计法的规定，对会计概念的理解要把握两方面的内容：

第一，会计必须统一计量单位，把社会组织有用的各种经济业务统一成以货币为计量单位。

第二，会计活动的内容是对财务收支和经济业务进行记录、核算和监督。会计以会计凭证为主要的依据，借助于专门的技术方法，通过记账、算账、报账等一系列程序，对社会组织的资金运动进行全面、综合、连续、系统的记录、核算与监督。

9.1.1.2 会计的职能

（1）会计的反映职能

会计以凭证为依据，完整、连续地记录实际发生的经济活动，通过数据的形式反映各单位的经济活动情况，会计的反映职能贯穿于经济活动的全过程，包括事前、事中、事后，全面真实地反映经济活动情况。

（2）会计的核算职能

会计的最终目的是对经济活动进行管理，以会计记录和反映的经济活动为基础，通过比较、计算、分析等手段，考核经济活动效果并进行适当管理。

（3）会计的监督职能

会计从本单位经济效益出发，对经济活动的合理性、合法性、真实性、正确性、有效性进行全面监督。会计监督可以从多角度进行分类，可以分为内部监督与外部监督，事前监督、事中监督与事后监督，货币监督与实物监督等。

（4）参与经营决策职能

决策在现代化管理中起着重要的作用，正确的决策可以使企业获得最大效益，但正确的决策必须建立在科学预测的基础之上，这需要依靠会计来提供大量的财务信息，因此，为企业取得最大经济效益奠定基础的参与决策的职能，是会计的一项重要职能。

9.1.1.3 会计法的概念

会计法是调整国家机关、企事业单位及其他社会组织在进行经济活动和财务收支活动过程中所发生的会计核算、会计分析、会计监督等会计关系的法律规范的总称。《中华人民共和国会计法》（以下简称《会计法》）于1985年1月21日第六届全国人民代表大会常务委员会第9次会议通过，并于1993年12月29日第八届全国人民代表大会常务委员会第5次会议修正，1999年10月31日第九届全国人民代表大会常务委员会第12次会议修订。此外，国务院有关行政法规和财政部的有关规章也是我国会计法的重要渊源，如《企业财务会计报告条例》（2001年），2006年2月15日财政部令第33号公布、自2007年1月1日起施行、根据《财政部关于修改〈企业会计准则——基本准则〉的决定》修改的《企业会计准则——基本准则》（2007年）等。

9.1.2 会计机构和会计人员

9.1.2.1 会计机构

我国《会计法》第36条规定，各经济单位应当根据会计业务的实际需要设置会计机构，或设置会计人员并指定会计主管人员；不具备设置条件的，应当委托经批准设立从事会计代理记账业务的中介机构，如会计师事务所等单位代理记账。

会计机构内部应当建立稽核制度。我国《会计法》第37条规定：“会计机构内部应当建立稽核制度。出纳人员不得兼任稽核、会计档案保管和收入、支出、费用、债权债务账目的登记工作。”这一条文中包含了对会计机构内部稽核制度和内部牵制制度的规定。会计稽核是指由指定人员对本单位的各种会计资料进行审核；会计内部牵制是指钱款、票据及任何财物的流转及记录都必须有两个以上工作人员分工办理。

9.1.2.2 会计人员

会计人员是指在会计机构或其他机构中从事会计工作的人员。从事会计工作的人员，必须取得会计从业资格证书。担任单位会计机构负责人（会计主管人员）的，除取得会计从业资格证书外，还应当具备会计师以上专业技术职务资格或者从事会计工作三年以上经历。

会计人员应当具备基本的业务水平，通过会计资格证考试，并取得会计从业资格证。会计人员应当遵守职业道德，提高业务素质。会计人员在取得从业资格证后还需要接受继续教育，主要学习会计理论与实践、财务会计法规制度、会计职业道德规范及其他相关法律制度。

会计人员独立依法履行职责，不受其他任何单位或者个人的不合法的授意、指使或命令，如果遇到以上行为，会计人员应当严厉拒绝，任何单位或者个人不得对依法履行职责、抵制违反法律规定行为的会计人员实行打击报复。

会计人员调动工作或者离职，需要与接管人员办清交接手续。普通会计人员办理交接手续，由会计机构负责人（会计主管人员）监交；会计机构负责人（会计主管人员）办理交接手续，由单位负责人监交。

会计人员因违法被吊销会计从业资格证书的人员，自被吊销会计从业资格证书之日起五年内，不得重新取得会计从业资格证书。会计人员因提供虚假财务会计报告，做假账，隐匿或者故意销毁会计凭证、会计账簿、财务会计报告，贪污、挪用公款/职务侵占等与会计职务有关的违法行为被依法追究刑事责任的人员，不得重新取得会计从业资格证书。

9.1.3 会计核算

会计核算是指以货币为主要计量尺度，对会计主体的资金运动进行连续系统的记录、计算、分析，为经营决策和经济管理提供可靠信息的活动。它主要是指对会计主体已经发生或已经完成的经济活动进行的事后核算，具体是指会计工作中记账、算账、报账等行为。

《会计法》规定，各单位必须根据实际发生的经济业务事项进行会计核算，填制会计凭证，登记会计账簿，编制财务会计报告。任何单位不得以虚假的经济业务事项或者资料进行会计核算。

9.1.3.1 会计核算事项

根据《会计法》的规定，各单位对下列经济业务事项，应当办理会计手续，进行会计核算：①款项和有价证券的收付；②财物的收发、增减和使用；③债权债务的发生和结算；④资本、基金的增减；⑤收入、支出、费用、成本的计算；⑥财务成果的计算和处理；⑦需要办理会计手续、进行会计核算的其他事项。

9.1.3.2 会计核算的基本前提

会计核算时，应以会计主体、持续经营、会计分期、货币计量作为会计核算的基本前提。

（1）会计主体

会计主体是指会计所服务的特定单位，会计主体前提是指会计所反映的是一个特定会计单位的经济活动。会计主体必须具备三个条件：①具有一定数量的经济资源；②进行独立的生产经营活动或其他活动；③实行独立核算，提供反映本主体经济情况的会计报表。

（2）持续经营

持续经营是指会计核算应该以持续、正常的生产经营等活动为前提，而不考虑企业是否将破产清算。只有在持续经营前提下企业的资产和负债才区分为流动的和长期的；企业的资产才以历史成本计价而不以现行成本和清算价格计价；才有必要和可能进行会计分期，并为采用权责发生制奠定基础。

（3）会计分期

会计分期是指把企业持续不断的生产经营过程划分为较短的、等距离的会计期间以便分期结算账目，按期编制会计报表。会计期间是指会计工作中为核算生产经营活动或者预算执行情况所规定的起止日期。我国会计年度是自公历一月一日起到十二月三十一日止。

（4）货币计量

货币计量是指企业的生产经营活动及经营成果，或其他单位的经营活动都通过货币计量予以综合反映，其他计量单位虽然也要使用但是不占主要的地位。《企业会计准则》规定，会计核算应该以人民币作为记账本位币。业务收支以人民币以外的货币为主的单位，可以选定其中一种货币作为记账本位币，但是编报的财务会计报告应当折算为人民币。以货币作为统一计量单位包含的币值稳定的假设。

9.1.3.3 会计核算的一般原则

会计核算的一般原则是对会计核算提供信息的基本要求，是处理具体会计业务的基本依据，是在会计核算前提条件制约下，进行会计核算的标准和质量要求。

（1）总体性原则

会计核算应当遵守客观性原则和重要性原则的总体要求。客观性原则又称真实性原则，是指会计核算提供的信息，应当以实际发生的经济业务为依据，如实反映财务状况和经营成果，做到内容真实、数字准确、资料可靠。重要性原则是指会计报表在全面反映企业财务状况和经营成果的同时，对重要的会计事项应当单独核算、单独反映，而对不重要的会计事项则可以适当简化或者是合并反映。

（2）信息质量原则

会计核算所提供的信息应当符合下列原则：①有用性原则（相关性原则）。会计核算所提供的经济信息应该有助于信息使用者作出经营决策，会计提出的信息要同决策相关联。②可比性原则。会计核算应当按照规定的处理办法进行，会计指标应当口径一致，以便在不同企业之间进行横向比较。③一贯性原则。各个企业和行政事业单位处理会计业务的方法和程序在不同会计期间要保持前后一致，不能随意变更，以便于对前后时期会计资料进行纵向比较。确有必要变更的，应当按照国家统一的会计制度的规定变更，并将变更的原因、情况及影响在财务会计报告中说明。④及时性原则。会计事项的处理，必须在经济业务发生时及时进行，讲求时效，以便于会计信息的及时利用。⑤清晰原则。会计记录和会计报表应当清晰明了，便于理解和利用。

（3）确认计量原则

会计核算在确认信息和计量时，应遵守以下原则：①划分收益性支出和资本性支出的原则。按照这个原则的要求，凡为取得本期收益而发生的支出也就是支出的收益只与本会计年度相关的，应当作为收益性支出；各种期间费用支出都属于收益性支出。凡为形成生产经营能力，在以后各期取得收益而发生的各种资产支出，即支出的效果与几个会计年度相关的，应当作为资本性支出。购买固定资产、无形资产的各种支出属于资本性支出。如果一项收益性支出按资本性支出处理了，那么就会造成少计费用而多计资产价值，出现净收益和资产价值虚增的现象。相反如果一笔资本性资出按收益性支出处理了，则会出现多计费少计资产价值的现象，出现当期净收益降低，甚至亏损以及资产价值偏低的结果。②配比原则。即对一个会计期间的收入和与其相关的成本费用应配合起来进行比较，在同一会计期登记入账，以便计算本期损益。③权责发生制原则。

即企业应按收入的权利和支出的义务是否属于本期来确认收入、费用的入账时间，而不是按款项的收支是否在本期发生。④历史成本原则（实际成本原则或原始成本原则）。即企业各项财产物资，应当按取得时的实际成本记账，物价变动时，除了国家另有规定外，账面的历史成本不得任意变动。历史成本记账具有以下优点：它是买卖双方通过正常交易确定的金额，或资产够进过程中实际支付的金额；有原始凭证作证明，随时可以查证；可以防止企业随意更改；会计核算手续简化，不必经常调整账目。⑤谨慎原则（稳健性原则、审慎性原则）。即在处理企业不确定的经济业务时，应该持谨慎的态度。如存货在物价上涨时期的计价采用后进先出法，对应收账款计提坏账准备，固定资产采用加速折旧法等。

9.1.3.4 会计档案资料

会计档案包括会计凭证、会计账簿、财务会计报告和其他会计资料，会计档案必须符合国家统一的会计制度的规定。使用电子计算机进行会计核算的，其软件及其生成的会计凭证、会计账簿、财务会计报告和其他会计资料，也必须符合国家统一的会计制度的规定。会计记录的文字一般情况下应当使用中文。

（1）会计凭证

会计凭证是指经济活动过程中用来记录经济业务、明确经济责任书面证明。会计凭证必须按一定格式编制，根据凭证的取得方式可以分为原始凭证和记账凭证。

原始凭证是在经济业务发生时取得或填制的作为记账原始依据的会计凭证，如销货发票、款项收据等。我国《会计法》规定，需要进行会计核算的经济业务事项，必须填制或者取得原始凭证，并及时送交会计机构。会计机构、会计人员必须按照国家统一的会计制度的规定对原始凭证进行审核，审核其真实性、合法性、准确性和完整性，对不真实、不合法的原始凭证有权不予接受，并向单位负责人报告；对记载不准确、不完整的原始凭证予以退回，并要求按照国家统一的会计制度的规定更正、补充。

记账凭证是会计人员根据审核无误的原始凭证或汇总原始凭证，用来确定经济业务应借、应贷的会计科目和金额而填制的，作为登记账簿直接依据的会计凭证，如收款凭证、付款凭证、转账凭证等。

（2）会计账簿

会计账簿是按照会计科目开设账户、账页，用来序时、分类地记录和反映经济业务的簿籍。会计账簿包括总账、明细账、日记账和其他辅助性账簿。

1）顺序登记。为规范会计账簿的管理，会计账簿在登记时应当按照连续编号的页码顺序登记。会计账簿记录发生错误或者隔页、缺号、跳行的，应当按照国家统一的会计制度规定的方法更正，并由会计人员和会计机构负责人（会计主管人员）在更正处盖章。使用电子计算机进行会计核算的，其会计账簿的登记、更正，应当符合国家统一的会计制度的规定。

2）统一登记。为了保证会计账簿的真实性，各单位发生的各项经济业务事项应当在依法设置的会计账簿上统一登记、核算，不得违反法律和国家统一的会计制度的规定私设会计账簿登记、核算。避免为了偷逃税款、欺骗投资者等非法目的而隐瞒真实情况设置“账外账”、设立“小金库”的等情形。

3）账实相符、账证相符、账账相符和账表相符。为了保证会计账簿准确性，各单位应当定期将会计账簿记录与实物、款项及有关资料相互核对，保证会计账簿记录与实物及款项的实有数额相符、会计账簿记录与会计凭证的有关内容相符、会计账簿之间相对应的记录相符、会计账簿记录与会计报表的有关内容相符。

（3）财务会计报告

财务会计报告是指以日常核算资料为主要依据编制的，用来集中、概括地反映单位财务状况、经营成果以及成本费用情况的说明文件。财务会计报告由会计报表、会计报表附注和财务情况说明书组成。

1）财务会计报告的编制。财务会计报告应当根据经过审核的会计账簿和有关资料编制，并符合《会计法》和国家统一的会计制度关于财务会计报告的编制要求、提供对象和提供期限的规定。向不同的会计资料使用者提供的财务会计报告，其编制依据应当一致。

2）责任主体。财务会计报告应当由单位负责人和主管会计工作的负责人、会计机构负责人（会计主管人员）签名并盖章；如果单位设置了总会计师，还须由总会计师签名并盖章。单位负责人有责任保证财务会计报告真实、完整。

3）特别记录事项。单位提供的担保、未决诉讼等或有关事项，应当按照国家统一的会计制度的规定，在财务会计报告需要中予以说明。

（4）档案保管与销毁

我国《会计法》第23条规定："各单位对会计凭证、会计账簿、财务会计报告和其他会计资料应当建立档案，妥善保管。会计档案的保管期限和销毁办法，由国务院财政部门会同有关部门制定。"

根据我国2016年《会计档案管理办法》的规定，会计档案的保管期限分为永久、定期两类。定期保管期限一般分为10年和30年。会计档案的保管期限，从会计年度终了后的第一天算起。

经鉴定可以销毁的会计档案，应当按照一定的程序销毁：

首先，编制会计档案销毁清册。档案管理单位应该列明拟销毁会计档案的名称、卷号、册数、起止年度、档案编号、应保管期限、已保管期限和销毁时间等内容，并由单位负责人及档案管理机构、会计管理机构的负责人、经办人在会计档案销毁清册上签署意见。

其次，会计档案销毁工作由档案管理机构负责组织，会计管理机构需派员共同监销。档案销毁前，监销人要对销毁内容进行清点核对，并于销毁后在会计档案销毁清册上签名或盖章。

另外，对于电子会计档案的销毁还应当符合国家有关电子档案的规定，并由单位档案管理机构、会计管理机构和信息系统管理机构共同派员监销。

9.1.3.5 公司、企业会计核算的特别规定

《会计法》规定，公司、企业必须根据实际发生的经济业务事项，按照国家统一的会计制度的规定确认、计量和记录资产、负债、所有者权益、收入、费用、成本和利润。同时，公司、企业进行会计核算不得有下列行为：①随意改变资产、负债、所有者权益的确认标准或者计量方法，虚列、多列、不列或者少列资产、负债、所有者权益；②虚列或者隐瞒收入，推迟或者提前确认收入；③随意改变费用、成本的确认标准或者计量方法，虚列、多列、不列或者少列费用、成本；④随意调整利润的计算、分配方法，编造虚假利润或者隐瞒利润；⑤违反国家统一的会计制度规定的其他行为。

9.1.4 会计监督

会计监督是指会计人员、审计人员、国家执法机构及社会人员依法对各单位的经济活动进行监督、检查、举报的活动。按照监督主体与监督对象的不同关系可以分为内部监督与外部监督。

9.1.4.1 内部监督

内部监督是指单位通过制定会计人员岗位责任制度、内部牵制制度、财务审批制度、财产清查制度、内部审计制度等制度而对其自身会计活动进行监督。

（1）建立、健全单位内部会计监督制度

各单位有建立、健全本单位内部会计监督制度的义务。要坚决做到记账人员与审批人员、经办人员、财物保管人员的职责权限明确，并相互分离、相互制约；对于重大对外投资、资产处置、资金调度和其他重要经济业务事项的决策和执行，应当明确相互监督、相互制约程序；明确规定财产清查的范围、期限和组织程序；对会计资料定期进行内部审计的办法和程序应当明确。

（2）会计机构、会计人员依法独立履行职责

单位负责人应当保证会计机构、会计人员依法履行职责，不得授意、指使、强令会计机构、会计人员违法办理会计事项。会计机构、会计人员对违反《会计法》和国家统一的会计制度规定的会计事项，有权拒绝办理或者按照职权予以纠正。

（3）特殊情况处理

当会计机构、会计人员发现会计账簿记录与实物、款项及有关资料不相符时，如果按照国家统一的会计制度规定有权自行处理的，应当及时处理；无权处理的，应当立即向单位负责人报告，请求查明原因，作出处理。

9.1.4.2 外部监督

（1）管理部门监督检查

国务院财政部门主管全国会计工作，地方各级人民政府的财政部门管理本地区的会计工作。财政、审计、税务、人民银行、证券监管、保险监管等部门应当依照有关法律、行政法规规定的职责，对有关单位的会计资料实施监督检查。这些监督检查部门对有关单位的会计资料依法实施监督检查后，应当出具检查结论。有关监督检查部门已经作出的检查结论能够满足其他监督检查部门履行本部门职责需要的，其他监督检查部门应当加以利用，避免重复查账。

（2）注册会计师监督审计

根据有关法律、行政法规规定，须经注册会计师进行审计的单位，应当委托注册会计师对其财务状况进行审计，并出具审计报告书。该单位需要向受委托的会计师事务所如实提供会计凭证、会计账簿、财务会计报告和其他会计资料以及有关情况，并不得以任何方式要求或者示意注册会计师及其所在的会计师事务所出具不实或者不当的审计报告。对于会计师事务所出具审计报告的程序和内容，财政部门有权进行监督。

（3）其他主体监督检举

任何单位和个人对违反《会计法》和国家统一的会计制度规定的行为，有权检举。收到检举的部门有权处理的，应当依法按照职责分工及时处理；无权处理的，应当及时移送有权处理的部门处理。

9.2 税法

9.2.1 税法概述

9.2.1.1 税收的概念

税收，是指国家为实现公共财政职能，满足社会公共需要，凭借其政治权力，按照法律规定

的标准，强制、无偿地参与国民收入分配而取得财政收入的一种形式。它体现了国家对国民收入的再分配，是国家干预经济必不可少的调节杠杆。税收具强制性、无偿、固定性等特征。

9.2.1.2 税法的构成要素

所谓税法，是指由国家制定的调整国家征税和纳税人纳税过程中发生的各类社会关系的法律规范的总称。税法的构成要素是指构成税收法律制度的共同的基本构项，主要包括征税主体、纳税主体、征税对象、税目、税率、计税依据、纳税环节、纳税期限、纳税地点、减免税和法律责任等内容。

（1）征税主体

征税主体是国家，具体指代表国家行使税收征管职权的相关行政机关，主要包括国家各级税务机关和海关。

（2）纳税主体

纳税主体又称纳税义务人，是指税法规定的直接负有纳税义务的单位和个人，包括自然人和法人。

（3）征税对象

征税对象又称课税对象，是指税收法律关系主体的权利和义务所共同指向的标的，即研究对什么征税的问题。征税对象是区分此种税种与彼种税种的重要标志，也是税法的分类依据之一，按此种标准，税法分为流转税、所得税、财产税、资源税和行为税五种。

（4）税目

税目是指税法规定的具体征税项目，它是征税对象的具体化，体现每一税种具体的征税范围。凡列入税目的即为应税项目，未列入税目的，则不属于应税项目。如我国对个人所得税共有11个项目列入税目，凡是不在这11个个税项目范围内的个人所得则不征个人所得税。

（5）税率

税率即征税比例，具体是指应纳税额与征税对象额之间的比例。它是计算应按税额的尺度，是税收制度的中心环节和核心要素。税率形式主要有比例税率、累进税率和定额税率。

1）比例税率。比例税率是对同一征税对象，不区分数额大小，均按同一比例征税的税率。如我国针对销售货物的增值税税率为17%。

2）累进税率。累进税率是对同一征税对象，按一定的标准划分数额等级，由低到高逐级递增的税率。此种税率会随着征税对象数量的变化而变化，更加符合税收公平原则的要求。累进税率又分全额累进税率、超额累进税率和超率累进税率三种形式。

全额累进税率，是指以征税对象的总数额为计算基础，将其按数额大小划分为数个等级，税率逐级递增，每一征税对象按其等级适用相应税率。此种税率计算简单，但会出现税收增加额超过纳税对象增加额的不合理现象。因此，目前在世界范围内已很少被选用。

超额累进税率，是指将征税对象按数额大小划分为数个等级，每一等级规定一个税率，税率逐级递增，征税对象数额每超过前一级部分，则超出部分使用高一级的税率计税，分别计算出每一等级应纳税额，最后将各等级应纳税额求和得出该纳税人应纳税总额。此种累进税率的特点是每一征税对象可以同时适用多个等级的税率，这样的累进程度相对缓和，比较合理，被多数国家普遍采用。我国的个人所得税即适用此种税率。

超率累进税率，是指以征税对象数额的相对率为计算基础，将相对率划分为数个等级，分别规定相应税率，税率逐级递增，相对率每超过前一等级的，则超出部分使用高一级的税率计算征税。超率累进税率的计税原理和超额累进税率相同，只是其计税依据不是征税对象的具体数额，而是相对率，我国的土地增值税税率则采取此种方式计算。

3）定额税率。定额税率即固定税额，是指按征税对象的计算单位，直接规定一个固定的税额，而不是规定征收比例，这是一种特殊的税率形式，我国的资源税则采用此种计税方法。

（6）计税依据

计税依据是指计算应纳税额的标准。计税依据可分为从价计征、从量计征和复合计征三类。

从价计征的计算公式为：应纳税额=征税对象的数量×计税价格×适用税率

从量计征的计算公式为：应纳税额=计税数量×单位税额

从价从量复合计征的计算公式为：应纳税额=计税数量×单位适用税额+计税金额×适用税率

9.2.1.3 税法的分类

税法以征税对象为依据可分为流转税法、所得税法、资源税法、财产税法和行为税法五种。

流转税法是国家调整流转税关系法律规范的总称，包括增值税、消费税和关税等。

所得税法是国家调整所得税关系的法律规范的总称，包括企业所得税和个人所得税。

资源税法是国家调整资源税关系的法律规范的总称，包括资源税、土地增值税、城镇土地使用税、耕地占用税等。资源税有利于保护和合理使用国家的资源，避免资源浪费。

财产税法是国家调整财产税关系的法律规范的总称，包括房地产税、车船税、契税等。财产税有利于促进财产的节约和合理使用，有利于财产资源的优化配置。

行为税法是国家调整行为税关系的法律规范的总称，它是以特定的行为为征税对象。行为税主要包括车船购置税、城市维护建设税、耕地占用税、印花税等。

9.2.2 税收实体法

2016年5月1日全面推行营业税改增值税后，目前实际征收的共有17个税种，包括增值税、消费税、关税、企业所得税、个人所得税、房产税、契税、车船税、印花税、城市维护建设税、耕地占用税、车辆购置税、资源税、城镇土地使用税、土地增值税、烟叶税、船舶吨税。另外，环境保护税自2018年1月1日起征。

本节主要介绍增值税、消费税、所得税三种税种。

9.2.2.1 增值税法

（1）增值税的概念和特征

增值税是以商品在流转过程中产生的增值额为课税对象而征收的一种流转税。所谓增值额即企业或个人在生产经营过程中新创造出来的那部分价值。按照我国现行增值税法的规定，增值税是对在中华人民共和国境内销售货物或提供加工，修理修配劳务，销售服务、无形资产或不动产，以及进口货物的单位和个人，就其取得的货物、劳务或应税服务的销售额，以及进口货物金额计算税款，并实行税款抵扣制的一种流转税。其特征主要包括：不重复征税、税源广阔、实行税款抵扣和价外税制度等。

（2）增值税的纳税人

增值税的纳税人是指在我国境内销售货物，提供加工、修理修配劳务，销售服务、无形资产、不动产，以及进口货物的单位和个人。增值税的纳税人包括小规模纳税人和一般纳税人两种。

小规模纳税人是指年应税销售额在规定标准以下，并且会计核算不健全，不能按规定报送有关税务资料的增值税纳税人。根据法律规定，符合以下标准的认定为小规模纳税人：①从事货物生产或提供应税劳务的纳税人，以及以此为主并兼营货物批发或零售的纳税人，年应税销售额在50万元及以下的；②对上述规定以外的纳税人，年应税销售额在80万元及以下的；③年应税销售额超过小规模纳税人标准的个人；④非企业性单位，以及不经常发生增值税行为的企业。

一般纳税人是指年应税销售额超过财政部和国家税务总局规定的小规模纳税人标准的纳税人。

（3）增值税的征税范围

增值税的征收范围包括在我国境内销售货物，提供加工、修理修配劳务，销售服务、无形资产、不动产，以及进口货物。此外，根据规定，属于征税范围的还有以下几类特殊行为：

1）视同销售行为。根据《增值税暂行条例实施细则》的规定，以下8种行为视同销售：①将货物交付他人代销；②销售代销货物；③设有两个以上机构并实行统一核算的纳税人，将货物从一个机构移送非同一县（市）的其他机构用于销售；④将自产或委托加工的货物用于非应税项目；⑤将自产、委托加工或购买的货物作为投资；⑥将自产、委托加工或购买的货物分配给股东或投资者；⑦将自产、委托加工的货物用于集体福利或个人消费；⑧将自产、委托加工或购买的货物无偿赠送他人。

自"营改增"在全国范围内全面推行后，视同销售的行为又增加了以下3种：①单位或者个体工商户向他人无偿提供服务，但用于公益事业或者以社会公众为对象的除外；②单位或者个人向他人无偿转让无形资产或者不动产，但用于公益事业或者以社会公众为对象的除外；③财政部和国家税务总局规定的其他情形。

2）混合销售行为。混合销售是指一项既涉及货物又涉及服务的销售行为。从事货物生产、批发、零售的单位和个体工商户的混合销售行为，按销售的货物缴纳增值税；其他单位各个体工商户的混合销售，按销售服务缴纳增值税。其中所称从事货物生产、批发、零售的单位和个体工商户，包括以从事货物生产、批发、零售为主，兼营销售服务的单位和个体工商户。例如，销售空调的个体工商户，在销售空调的同时提供有偿搬运、安装等服务，其销售空调及搬运、安装的行为属于混合销售行为，所收取的货款和搬运、安装的费用均按销售货物计算缴纳增值税。

3）兼营行为。兼营行为是指纳税人兼有不同税率或征收率的销售货物，提供加工或修理修配劳务，销售服务、无形资产或不动产的行为。上述行为应分别核算适用不同税率或征收率的销售额，未作分别核算的，按以下方法适用税率或征收率：①兼有不同税率的销售货物，提供加工或修理修配劳务，销售服务、无形资产或不动产的，从高适用税率；②兼有不同征收率的销售货物，提供加工或修理修配劳务，销售服务、无形资产或不动产的，从高适用征收率；③兼有不同税率和征收率的销售货物，提供加工或修理修配劳务，销售服务、无形资产或不动产的，从高适用税率。

（4）增值税的税率、征收率和抵扣率

1）税率。我国增值税税率包括基本税率、低税率和零税率三种。

基本税率为17%，即除适用低税率和零税率范围外，增值税一般纳税人销售货物，提供加工或修理修配劳务，以及提供有形动产租赁服务，均适用基本税率。

低税率包括13%、11%和6%三种。①一般纳税人销售或进口下列货物。税率为13%：粮食、食用植物油、鲜奶；自来水、暖气、冷气、热水、煤气、石油液化气、天然气、沼气、居民用煤气用品；图书、报纸、杂志；饲料、化肥、农药、农机、农膜；农产品；音像制品和电子出版物；二甲醚；食用盐；国务院及有关部门规定的其他货物。②提供交通运输、邮政、基础电信、建筑、不动产租赁服务，销售不动产，转让土地使用权，税率为11%。③除②项规定外，纳税人发生其他销售服务或无形资产应税行为，税率为6%。

境内单位和个人发生财政部和国家税务总局规定范围内的跨境应税行为以及纳税人出口货物（国务院另有规定的除外），税率为零。

2）征收率。小规模纳税人采用简易办法征收增值税，征收率为3%。一般纳税人符合特殊规定的也用简易办法按3%征收率计算应缴增值税，个别优惠情况下还可以按简易办法按3%征收率减按2%缴纳增值税。“营改增”推行后，针对特定的不动产租赁、销售项目又增加一档5%的征收率。

3）抵扣率。增值税一般纳税人从非增值税纳税人那里购买的免税农产品和向小规模纳税人购买农产品，按买价13%的抵扣率计算进项税额。

（5）增值税的优惠政策

根据《中华人民共和国增值税暂行条例》的规定，免征增值税项目有：①农业生产者销售的自产农产品；②避孕药具及用品；③古旧图书；④用于科学研究、实验和教学的进口仪器设备；⑤外国政府或国际组织无偿援助的进口物资设备；⑥残疾人组织进口供残疾人专用的物品；⑦自然人销售自己使用过的物品。

另外，根据“营改增”试点办法的规定，增加了40项免征增值税项目。

2017年12月31日前，增值税小规模纳税人，月应税销售额不超过3万元（季度应税销售额不超过9万元）的，免征增值税。

个体工商户（登记为一般纳税人的个体工商户除外）、小规模纳税人和其他个人发生应税行为的销售额在起征点以下的，免征增值税；达到起征点的，全额计算缴纳增值税。例如，纳税人提供应税服务的起征点为20 000元，某小规模纳税人2017年3月取得美容服务收入50 000元（含税），该小规模纳税人本月应缴纳增值税计算为：

该小规模纳税人本月美容服务不含税收入=50 000 ÷（1+3%）=48 543.69（元）

因为起征点为20 000元，美容服务收入48 543.69元超过起征点，故全额征税，即该小规模纳税人本月应缴纳增值税额=48 543.69 × 3%=1 456.31（元）

（6）增值税税款计算

1）一般纳税人应纳税款计算。根据规定，一般纳税人采用进项抵扣法。一般纳税人凭增值税专用发票以及合法扣税凭证进行抵扣，其计算公式为：

当期应缴增值税=当期销项税额–当期进项税额

（当期销项税额小于当期进项税额不足抵扣时，不足部分可以结转下期继续抵扣。）

例如，某企业7月份不含税销售收入为500 000元，增值税率为17%，当月进项税额为10 000元，该企业本月应纳增值税为500 000 × 17%–10 000=75 000元。

2）销项税额的计算。销项税额是指纳税人销售货物、提供应税劳务或销售服务、无形资产和不动产，按照销售额和规定的税率计算并向购买方收取的增值税税额。销项税额计算公式为：

销项税额=销售额 × 适用税率

销售额是指纳税人发生应税行为而向购买方收取的全部价款和价外费用，但不包括收取的销项税额。价外费用包括向购买方收取的手续费、补贴、基金、集资费、返还利润、奖励费、违约金、包装费、包装物租金、储备费、优质费、运输装卸费、代收款项、代垫款项及其他各种性质的价外收费。

3）进项税额的计算。进项税额是指纳税人购进货物或者接受应税劳务、应税服务，支付或者负担的增值税额。进项税额与销项税额是一组相对应的概念。在同一购销业务中，销货方收取的销项税额就是购货方支付的进项税额。

准予抵扣的进项税额包括：①纳税人购进货物或接受应税劳务，从销售方取得的增值税专用发票上注明的增值税额；②纳税人进口货物，从海关取得的完税凭证上注明的增值税额；③从境外单位或个人购进服务、无形资产、不动产，从税务机关或扣缴义务人取得的完税凭证上注明的增值税额。

不准抵扣的进项税额包括：①用于适用简易计税方法应税项目、免征增值税项目、集体福利或者个人消费的购进货物或者应税劳务；②非正常损失的购进货物及相关的应税劳务；③非正常损失的在产品、产成品所耗用的购进货物或者应税劳务；④非正常损失的不动产、不动产在建工程所耗用的购进货物和设计、建筑服务；⑤购进的旅客运输服务、贷款服务、餐饮服务、居民日常服务和娱乐服务；⑥财政部和国家税务总局规定的其他情形。

4）小规模纳税人应纳税款计算。根据规定，小规模纳税人产生应税行为，按照不含税销售额和增值税征收率3%计算应纳增值税额，不得抵扣进项税额，其计算公式为：

应纳税额=（不含税）销售额×征收率

不含税销售额=含税销售额÷（1+征收率）

例如，某公司为增值税小规模纳税人，4月份取得零售收入总额35.02万元。该公司4月份应缴纳的增值税税额计算如下：

不含税销售额=35.02÷（1+3%）=34（万元）

应缴纳增值税税额=34×3%=1.02（万元）

5）进口货物应纳税款计算。根据规定，申报进入中国海关境内的货物，均应缴纳增值税。纳税人进口货物，按组成计税价格和税率计算应纳税额，计算公式为：

组成计税价格=关税完税价格+关税+消费税

应纳税额=组成计税价格×税率

例如，某进出口公司2016年12月进口一批服装，成交价格300万元。这批服装在抵达我国关境起卸之前发生运输费18万元，装卸费12万元，关税税率40%，消费税税率30%，增值税税率17%。则该进口服装进口环节应纳增值税计算为：

关税完税价格=300+18+12=330（万元）

应纳进口关税=330×40%=132（万元）

应纳消费税=（330+132）÷（1–30%）×30%=198（万元）

组成计税价格=330+132+198=660

应纳增值税=660×17%=112.2（万元）

阅读专栏

案情：

冀华水泥厂为增值税一般纳税人，该企业自备运输车队，在销售水泥的同时，为房地产及建筑业大客户免费提供送货上门服务，当期销售水泥取得销售收入11, 700万元（含税），自备运输车队送货上门服务发生运输和装卸搬运费用均为500万元。

筹划：

如果按照该案例的方案，提供的免费运输服务，需要视同销售计算缴纳增值税。

但如果将合同修改为运输及装卸搬运费向客户单独收费，比如销售水泥价款为9 360万元（含税），运输费价款为1 110万元（含税），装卸搬运价款为1 230万元（含税），合计11, 700万元（含税）。这样，该企业当期销售货物销项税额为9 360÷（1+17%）×17%=1 360（万元），运输业务销项税额为1 110÷（1+11%）×11%=110（万元），装卸搬运业务销项税额为1 230÷（1+6%）×6%=69.62（万元）。上述三项业务销项税额合计1 360+110+69.62=1 539.62（万元）。这样避免了额外按照市场价格计算运输、搬运装卸业务增值税销项税额的风险。

评析：

在视同销售计算运输费装卸费的增值税时，是在11, 700元售价之外另行按照市场价格计算，还是从11, 700万元里面划分出一部分价款作为运输装卸费，各地税务机关的实际做法不完全一样。当然，在合同里约定各部分价款，可以锁定销项税额，减少税负不确定的风险。

在下游企业（建筑及房地产企业）缴纳营业税的情况下，这个案例可能会是成功的。销售企业减少了风险，或者说减少了税负，而采购方支付的总价不变，采购方成本不变。将来建筑业、房地产业实行增值税之后，这两个方案对下游企业（建筑及房地产企业）税负和成本影响是不一样的，对卖方有利的方案，对买方不见得有利。

一个好的筹划方案，应该是在遵从国家税法的前提下，对购销双方都有利的一个方案。实际工作中，要避免靠违反税法冒险“火中取栗”，也要考虑合作伙伴的商业利益。增值税制下，对于大部分业务，能做到不多缴税，就已经算是成功的了。

（材料来源：会计视野，2016年3月19日）

9.2.2.2 消费税法

（1）消费税的概念和特征

消费税是对在中华人民共和国境内生产、委托加工和进口特定消费品的单位和个人，就其应税消费品征收的一种税。

消费税有如下三个特征：一是征税范围特定性，消费税只针对特定的消费品或消费行为征税，而不是针对所有的消费品和消费行为；二是征税环节单一性，消费税只在生产、委托加工、进口、流通的某一环节一次征收（卷烟、小汽车除外）；三是消费税具有转嫁性，消费税无论在哪个环节征收，最终消费品所含的税款都会转嫁到消费者身上，由消费者成为最终负担者。

（2）纳税主体、纳税环节

纳税主体是指在我国境内生产、委托加工和进口应税消费品的单位和个人，以及国务院确定的销售应税消费品的其他单位和个人。

消费税实行单环节征税（卷烟、小汽车除外），即一次课征制，一般在生产、委托加工、进口、零售和批发环节征税。

（3）税目和税率

消费税的税目有烟、酒、高档化妆品、贵重首饰及珠宝玉石、鞭炮焰火、成品油、摩托车、小汽车、高尔夫球及球具、高档手表、游艇、木制一次性筷子、实木地板、电池、涂料15类，具体税率或税额见下表：

表 9-1　消费税税目税率（税额）表

税目	征税范围	计税单位	税率（税额）
一、烟			
1. 卷烟（生产环节）	甲类卷烟：每标准条（200支，下同）调拨价70元（含70元，不含增值税，下同）以上		56%
		标准箱（50 000支，下同）	150元/箱（0.003元/支；0.6元/条）
	乙类卷烟：每标准条调拨价70元以下		36%
		标准箱	150元/箱（0.003元/支；0.6元/条）
2. 卷烟（批发环节）			11%
		支	0.005元
3. 雪茄烟（生产环节）	包括各种规格、型号的雪茄烟		36%
4. 烟丝（生产环节）	包括以烟叶为原料加工生产的不经卷制的散装烟		30%
二、酒			25%
1. 粮食白酒	以高粱、玉米、大米、糯米、大麦、小麦、青稞等各种粮食为原料		20%
		斤（500克）	0.5元
2. 薯类白酒	以白薯、木薯、马铃薯、芋头、山药等各种干鲜薯类为原料；以甜菜酿制的白酒，比照薯类白酒征税		20%
		斤（500克）	0.5元
3. 黄酒	包括各种原料酿制的黄酒和酒精度超过12度（含）的土甜酒	吨	240元
4. 啤酒（含果啤）	出厂价3 000元（含3 000元，不含增值税，下同）以上	吨	250元
	出厂价3 000元以下	吨	220元
5. 其他酒	包括糠麸白酒、其他原料白酒、土甜酒、复制酒、果木酒、汽酒、药酒等		10%
三、高档化妆品			15%
四、贵重首饰及珠宝玉石	包括各种金、银、珠宝首饰及珠宝玉石		10%
五、鞭炮、焰火			15%
六、成品油			
1. 汽油		升	1.52元
2. 柴油		升	1.20元
3. 石脑油		升	1.52元
4. 溶剂油		升	1.52元
5. 润滑油		升	1.52元
6. 燃料油		升	1.20元
七、摩托车	气缸容量在250毫升的		3%
	气缸容量在250毫升以上的		10%

续表

税目	征税范围	计税单位	税率（税额）
八、小汽车			
1. 乘用车（生产、进口环节）	气缸容量（排气量，下同）在1.0升（含）以下的		1%
	气缸容量在1.0～1.5升（含）的		3%
	气缸容量在1.5～2.0升（含）的		5%
	气缸容量在2.0～2.5升（含）的		9%
	气缸容量在2.5～3.0升（含）的		12%
	气缸容量在3.0～4.0升（含）的		25%
	气缸容量在4.0升以上的		40%
2. 中轻型商用客车（生产、进口环节）			5%
3. 超豪华小汽车	每辆零售价格130万元（不含增值税）及以上的乘用型和中轻型商用客车		10%（生产进口环节按以上1和2征收，零售环节加征消费收按此税率征收）
九、高尔夫球及球具			10%
十、高档手表			20%
十一、游艇			10%
十二、木制一次性筷子			5%
十三、实木地板			5%
十四、电池			4%
十五、涂料			4%

注：①自2009年1月1日起，暂缓征收航空煤油消费税。

②自2014年12月1日起，提高成品油消费税率。

③自2015年2月1日起，增加电池、涂料税目征收消费税。

④自2016年10月1日起，取消对普通化妆品征收消费税，仅对高档化妆品征收，并将税率由30%降为15%。

⑤自2016年12月1日起，对超豪华小汽车在零售环节加征消费税。

（4）消费税税额的计算

1）从价定率法计算消费税额。采用从价定率办法征收消费税的，其计算公式为：

应纳消费税额=应税消费额×比例税率

其中消费额是指纳税人销售应税消费品向购买方收取的全部价款和价外费用，不包括向购买方收取的增值税税款。价外费用是指价外向购买方收取的手续费、补贴、基金、集资费、返还利润、奖励费、违约金、滞纳金、延期付款赔偿金、代收款项、代垫款项、包装费、包装物租金、储备费、优质费、运费以及其他价外收费。

2）从量定额法计算消费税额。实行从量定额办法征收消费税的，其计算公式为：

应纳消费税额=销售数量×定额税率

其中，对销售数量的具体规定如下：

①销售应税消费品的，销售数量为销售数量；

② 自产自用应税消费品的，销售数量为移送使用数量；

③ 委托加工应税消费品的，销售数量为纳税人收回的应税消费品数量；

④ 进口应税消费品的，销售数量为海关核定的进口征税数量。

3）复合计征法计算消费税额。在现行消费税税目中，只有卷烟和白酒实行符合计征法计算消费税，其计算公式为：

应纳消费税额=应税消费额×比例税率+销售数量×定额税率

例如，某酒厂为增值税一般纳税人，3月销售粮食白酒500斤，取得含增值税销售额12 870元。已知粮食白酒消费税比例税率为20%，定额税率为0.5元/斤，增值税税率为17%。计算该酒厂当月应纳消费税税额。

根据税法规定，白酒采用复合计征法计算消费税额，其计算过程如下：

① 不含增值税销售额=12 870÷（1+17%）=11 000（元）

② 从价定率计算应纳税额=11, 000×20%=2 200（元）

③ 从量定额计算应纳税额=500×0.5=250（元）

④ 应纳消费税税额=2 200+250=2 450（元）

9.2.2.3 所得税法

（1）企业所得税法

企业所得税是国家对我国境内的企业和其他取得收入的组织的所得额征收的一种税。企业所得税主要有以下三个特点：以应纳税所得额为计税依据，以净得为征税对象，实行按年计算、分月或季度预缴的征收办法。

1）纳税主体。企业所得税的纳税主体包括在我国境内的企业和其他取得收入的组织（以下统称企业）。但个人独资企业与合伙企业除外。

企业包括居民企业和非居民企业。居民企业是指依法在中国境内成立，或依外国法律成立但实际管理机构在中国境内的企业，此类企业对其来源于中国境内外的所得缴纳企业所得税。非居民企业是指依外国法律成立且实际管理机构不在中国境内，但在中国境内设立机构、场所的，或在中国境内未设立机构、场所，但有来源为中国境内所得的企业。此类企业就其所设机构、场所取得的来源于中国境内的所得，以及发生在中国境外但与其机构场所有实际联系的所得，缴纳企业所得税。

2）征税对象。企业所得税的征税对象为企业所得，具体包括销售货物所得、提供劳务所得、转让财产所得、股息红利等权益性投资所得、利息所得、租金所得、特许权使用费所得、接受捐赠所得以及其他所得。

3）税率。企业所得税税率具体包括三种：基本税率为25%，适用于除低税率以外的所有企业；低税率20%，适用于在中国境内未设机构场所的，或虽设机构场所但所得与其机构场所没有实际联系的非居民企业（实际征税时适用税率为10%），以及小型微利企业；低税率15%，适用于国家需要重点扶持的高新技术企业。

4）税收优惠政策。一是免征与减征。免征企业所得税的项目包括：蔬菜、谷物、薯类、油料、豆类、棉花、麻类、糖料、水果、坚果、中药材的种植；农作物新品种的选育；林木的培育和种植；牲畜、家禽的饲养；林产品的采集；远洋捕捞；灌溉、农产品初加工、兽医、农技推广、农机作业和维修等农、林、牧、渔服务业项目。减半征收企业所得税的项目包括：花卉、茶以及其他饮料作物和香料作物的种植；海水养殖、内陆养殖。

从事国家重点扶持的公共基础设施项目投资经营所得以及符合条件的环境保护、节能节水项目所得，自取得第一笔收入起算，第一年至第三年免征企业所得税，取得收入的第四年至第六年减半征收企业所得税。

居民企业在一个纳税年度内转让技术所有权所得：500万元以下的，免征企业所得税；500万元以上的，超过部分减半征收企业所得税。

非居民企业未在中国境内设立机构场所的，取得来源于中国境内的股息、红利、利息、租金、特许权使用费所得，转让财产所得以及其他所得，适用税率为20%，实际税率按10%征收。

企业用于生产经营的主要或关键固定资产，因为技术进步、产品更新换代较快的或常年处于强震动、高腐蚀状态的，需加速折旧的，可缩短折旧年限或采取加速折旧的方法。

5）企业所得税的计算。企业所得税应纳税额的计算公式为：

应纳企业所得税额=应纳税所得额×适用税率-减免税额-抵免税额

其中，应纳税所得额=收入总额-不征税收入-免税收入-各项扣除-允许弥补的以前年度亏损

收入总额包括以货币形式和非货币形式取得的各种收入；不征税收入和免税收入是国家为鼓励和扶持特殊项目而实行的不征税或免税的优惠政策；各项扣除是指企业发生的与取得收入有关的合理支出，包括成本、费用、税金、损失等，根据规定准予扣除；企业某一年度发生的亏损准予在规定年限内税前弥补。

阅读专栏

王伟和王茜是一对好姐妹，都是“80后”的大学毕业生。2009年，俩人怀揣着梦想创业，赶上了大连市沙河口区政府扶持大学生就业的好政策，得到了3万元的国家扶持基金。她们合伙创建了大连楚天机电设备有限公司，妹妹王茜是法定代表人，姐姐王伟主要负责跑业务，注册地址就在大连市沙河口区大学生创业园。姐妹俩主要代理杜肯品牌的空调设备保温棉和沃克品牌的风机，是大连地区的独家代理商。

“从2009年到现在，我们的创业之路可以说和税收密不可分。”妹妹王茜说，“我是学会计专业的，当时选我做法定代表人，也是考虑到我懂一些财务、税收知识，让姐姐专心负责跑业务。”

在创业初期，和其他大学生创业的企业一样，楚天机电没有稳定的客户，没有持续的收入，不舍得聘请员工，也没有充足的人手，姐妹俩同时担任着多个角色：会计、后勤、业务员……“虽然我是学会计的，但学校里学的毕竟是书本上的死知识，没有实践经验，一遇到具体做账、报税这些事，就急得满头汗。幸好有沙河口区国税局的荆大姐，帮了我们不少忙。”回想起这一段往事，王茜的感激之情溢于言表。

由于没有专职会计，创建初期的楚天机电财务核算并不健全，是荆大姐经常上门辅导，积极引导帮助她们建账建册，规范财务核算，提示涉税风险，手把手教王茜填写申报表，陪伴姐妹俩度过了那段艰难的时光。“当时看她们两个女孩子创业挺不容易的，就想着能多帮点就多帮点。涉税方面我多辅导她们一些，就能让她们少走一些弯路。”荆大姐说得很实在。从第二年开始，楚天机电逐步走上正轨，市场打开了，收入稳定下来，也雇了一名兼职会计。

2012年和2013年，楚天机电的应纳税所得额都在5万元左右，正好赶上国家将企业所得税减半征收的享受标准扩围至6万元，两年里共减免所得税1万余元。“1万元看似不多，但当时正好用来更换了电脑和打印机，这都是看得见的实惠。”王茜笑着说道。

2014年，国家又将企业所得税减半征收的标准从6万元提至10万元，而楚天机电的营业收入也达到了历史峰值，根据测算，利润总额将达12.8万元。当会计告诉王茜不能再享受小微企业减半征收的税收优惠时，王茜的心情很复杂。一方面为企业经营发展壮大而喜悦，另一方面又为不能享受税收优惠政策而惋惜。王茜说："其实到了成长期，我们企业开始了爬坡的阶段，面临的形势更复杂，资金压力更大，也更需要国家政策上的扶持。"

2015年，小微企业所得税优惠力度再度升级。"真是盼啥来啥！沙河口区国税局又给我送政策了，今年优惠的标准从10万元提高到20万元，这下我们又能减税了！"说到这里，王茜眼神一亮，"而且，会计从国税局培训回来告诉我，今年政策落实更有力度，从第一季度申报时就可以享受10%的税收优惠。相比原来要先缴税，符合条件再退税，我感到国家的政策贴心了，减税更及时了。眼下正是销售旺季，我想着雇个帮手，再加把劲多签几单合同！"

大连市楚天机电设备有限公司只是大连市沙河口区大学生创业园内企业的一个缩影。为了扶持大学生自主创业，近年来，大连市沙河口区国税局积极同大学生创业园开展合作，为创业企业和创业青年送去税收政策、送上"便民春风"。今年税收宣传月期间，沙河口区国税局还开展了"税务援助一帮一"活动，由税务人员与创业青年结对子，进行"一对一"的帮扶，建立起政策宣传、纳税服务、税务援助的长效机制，为创业企业发展腾飞送去税务部门的一份热情和温暖。

（材料来源：国家税务总局，2015年5月22日）

（2）个人所得税法

个人所得税是国家对自然人取得各类应税所得而征收的一种税，是调节个人收入差距的重要手段。我国个人所得税主要有以下三个特点：一是实行分类征收，即把个人应税所得划分为11类，分别适用不同税率和扣除不同的费用；二是实行累进税率和比例税率并用的税率形式；三是实行不同的费用扣除方式，即针对不同所得的类型需要确定不同的费用扣除方式。

1）纳税主体。个人所得税的纳税主体指在我国境内居住有所得的人，以及虽不在我国居住但从我国境内取得所得的人，包括中国公民、个体工商户、个人独资企业和合伙企业的投资人，以及在我国境内取得所得的外国人和港澳台同胞。个人所得税纳税人包括居民纳税人和非居民纳税人。

居民纳税人是指在我国境内有住所，或虽没住所但在我国境内居住满1年（即一个纳税年度，具体为公历一月一日起至十二月三十一日止）的个人。针对居民纳税人，无论其所得来源于我国境内还是境外，均要在我国缴纳个人所得税。

非居民纳税人是指在我国境内无住所或居住不满1年的个人。针对非居民纳税人，仅对其在我国境内的所得征收个人所得税。

2）征税范围。个人所得税的征税范围包括11大类：工资、薪金所得；个体工商户的生产经营所得；劳务报酬所得；企事业单位的承包经营、承租经营所得；稿酬所得；利息、股息、红利所得；特许权使用费所得；财产租赁所得；财产转让所得；偶然所得；经国务院财政部确定的其他所得。

3）税率。工资、薪金所得适用3%至45%的七级超额累进税率。

表9-2 工资、薪金个人所得税税率表

级数	全月含税应纳税所得额	全月不含税应纳税所得额	税率（%）	速算扣除数/元
1	不超过1 500元的部分	不超过1 455元的	3	0
2	超过1 500元至4 500元的部分	超过1 455元至4 155元的部分	10	105
3	超过4 500元至9 000元的部分	超过4 155元至7 755元的部分	20	555
4	超过9 000元至35 000元的部分	超过7 755元至27 255元的部分	25	1 005
5	超过35 000元至55 000元的部分	超过27 255元至41 255元的部分	30	2 755
6	超过55 000元至80 000元的部分	超过41 255元至57 505元的部分	35	5 505
7	超过80 000元的部分	超过57 505元的部分	45	13 505

注：①表内“全月含税应纳税所得额”和“全月不含税应纳税所得额”，是以其每月收入额减除费用3 500元或附加减除费用后的余额。

②含税栏适用于由纳税人负担税款的情形；不含税栏适用于单位代付税款的情形。

个体工商户的生产经营所得和企事业单位的承包经营、承租经营所得适用5%至35%的五级超额累进税率。

表9-3 个体工商户生产经营所得和企事业单位的承包经营、承租经营所得税税率表

级数	全月含税应纳税所得额	全月不含税应纳税所得额	税率（%）	速算扣除数/元
1	不超过15 000元的部分	不超过14 250元的	5	0
2	超过15 000元至30 000元的部分	超过14 250元至27 750元的部分	10	750
3	超过30 000元至60 000元的部分	超过27 750元至51 750元的部分	20	3 750
4	超过60 000元至100 000元的部分	超过51 750元至79 750元的部分	30	9 750
5	超过100 000元的部分	超过79 750元的部分	35	14 750

注：①表内“全月含税应纳税所得额”和“全月不含税应纳税所得额”，是以其每一纳税年度的收入总额减除成本、费用以及损失后的所得额。

②含税栏适用于由纳税人负担税款的情形；不含税栏适用于单位代付税款的情形。

个人独资企业和合伙企业的生产经营所得，也适用5%至35%的五级超额累进税率。

劳务报酬所得适用20%、30%、40%三级超额累进税率。

表9-4 劳务报酬所得税税率表

级数	全月含税应纳税所得额	全月不含税应纳税所得额	税率（%）	速算扣除数/元
1	不超过20 000元的部分	不超过21 000元的	20	0
2	超过20 000元至50 000元的部分	超过21 000元至49 500元的部分	30	2 000
3	超过50 000元的部分	超过49 500元的部分	40	7 000

注：①表内“全月含税应纳税所得额”是按照法律规定减除有关费用的所得额，“全月不含税应纳税所得额”，为没有减除有关费用的收入总额。

②含税栏适用于由纳税人负担税款的情形；不含税栏适用于单位代付税款的情形。

稿酬所得适用20%税率，按应征纳税额减征30%，即实际税率为14%。

利息、股息、红利所得，特许权使用费所得，财产租赁、转让所得，偶然所得和其他所得适用20%税率（2008年10月9日起，储蓄存款利息所得暂免征个人所得税）。

4）优惠政策。一是免税项目，包括：省、部、军以上单位，以及外国组织、国际组织颁发的科学、教育、技术、文化、卫生、体育、环境保护等方面的奖金；国债和国家发行的金融债券利息；按照国家统一规定发给的补贴、津贴；保险赔款；军人的转业费、复员费；福利费、抚恤金、救济金；按照规定发给干部、职工的安家费、退职费、离退休工资、离休生活补助费；中国政府参加的国际公约、签订的协议中规定免税的所得；应予免税的各国驻华使、领馆的外交代表、领事官员和其他人员的所得；个人取得的拆迁补偿款；企业和个人按照规定比例提缴的住房公积金、医疗保险金、基本养老保险金、失业保险金；个人领取原提存的住房公积金、医疗保险金、基本养老保险金；外籍个人取得的探亲费；经国务院财政部门批准免税的其他所得。

二是减税项目，包括：残疾、孤老人员和烈属所得；因严重自然灾害造成重大损失的；其他经国务院财政部批准减免的。减税项目减征的幅度和期限，由各省、自治区、直辖市人民政府规定。

5）个人所得税额的计算。平时工资、薪金所得应纳税额的计算公式为：

$$应纳税额=\sum（各级应纳税所得额\times该级对应的适用税率）$$

其中，应纳税所得额=每月收入额-费用扣除标准（3 500元）

全年一次性奖金所得应纳税额的计算需先将全年一次性奖金除以12个月，再按以上办法确定适用税率。

劳务报酬所得应纳税额的计算：

① 每次收入不足4 000元的：

$$应纳税额=应纳税所得额\times适用税率=（每次收入额-800）\times20\%$$

② 每次收入超过4 000元，应纳税所得额不超过20 000元的：

$$应纳税额=应纳税所得额\times适用税率=每次收入\times（1-20\%）\times20\%$$

③ 每次收入的应纳税所得额超过20 000元的：

$$应纳税额=应纳税所得额\times适用税率-速算扣除数$$

$$=每次收入\times（1-20\%）\times适用税率（30\%、40\%）-速算扣除数$$

以上所称的“每次收入”是指：若只有一次收入，则为该次收入；若属于同一事项连续取得收入，则为一个月内取得的多次收入。

例如，某歌手5月在同一单位分别参加两次歌唱表演，主办单位支付报酬分别为6 500元和7 500元。则该歌手的歌唱表演报酬应纳个人所得税计算如下：

$$应纳所得税额=（6\,500+7\,500）\times（1-20\%）=11\,200（元）$$

$$应纳税额=11\,200\times20\%=2\,240（元）$$

稿酬所得应纳税额的计算：

① 每次收入不足4 000元的：

$$应纳税额=应纳税所得额\times适用税率\times（1-30\%）=（每次收入额-800）\times20\%\times（1-30\%）$$

② 每次收入超过4 000元的：

$$应纳税额=应纳税所得额\times适用税率\times（1-30\%）=每次收入额\times（1-20\%）\times20\%\times（1-30\%）$$

特许权使用费所得应纳税额的计算：

① 每次收入不足4 000元的：

$$应纳税额=应纳税所得额\times适用税率=（每次收入额-800）\times20\%$$

② 每次收入超过4 000元的：

$$应纳税额=应纳税所得额\times适用税率=每次收入额\times（1-20\%）\times20\%$$

财产租赁所得应纳税额的计算：

① 每次（月）收入不足4 000元的：

应纳税额=应纳税所得额×适用税率=［每次（月）收入额-财产租赁过程中缴纳的税费-由纳税人负担的租赁财产实际开支的修缮费用（800元为限）-800］×20%

② 每次（月）收入超过4 000元的：

应纳税额=应纳税所得额×适用税率=［每次（月）收入额-财产租赁过程中缴纳的税费-由纳税人负担的租赁财产实际开支的修缮费用（800元为限）］×（1-20%）×20%

财产转让所得应纳税额的计算：

$$此所得应纳税所得额=收入总额-财产原值-合理费用$$

$$应纳税额=应纳税所得额\times20\%$$

例如，郑某将自建的一套造价为105万元的花园洋房，以165万元的价格出售，出售过程中支付中介费2万元，假设已缴纳税金3万元。则郑某应纳个人所得税额计算如下：

$$应纳税额=（165-105-2-3）\times20\%=11（万元）$$

利息、股息、红利所得和偶然所得应纳税额的计算：

$$应纳税额=应纳税所得额\times适用税率=每次收入额\times20\%$$

例如，秦某在一次福利彩票销售中，中了10万元人民币的特等奖，则秦某应纳个人所得税计算如下：应纳税额=100 000×20%=20 000（元）

企事业单位承包、承租经营所得应纳税额的计算：

应纳税额=应纳税所得额×适用税率-速算扣除数

=［纳税年度总收入-必要费用（3 500元）］×适用税率-速算扣除数

9.2.3 税收程序法

税收程序法是指，国家税务机关关于依法进行税收征收管理的程序方面的法律法规的总称。我国现行的税收程序法主要包括第九届全国人大常委会2001年4月28日通过修订、2001年5月1日起施行的《中华人民共和国税收征收管理法》和国务院2002年颁布施行的《中华人民共和国税收征收管理法实施细则》。

9.2.3.1 税务管理

（1）税务登记

税务登记是指税务机关对纳税人的生产经营活动，具体包括从开业到注销整个过程及行为依法登记，并以此为依据对纳税人实施税务管理。税务一经登记，征纳双方即建立起税收法律关系。

根据规定，从事生产经营的企事业单位，以及个体工商户自领取营业执照之日起30日内，持有关证件向税务机关申请办理税务登记；税务登记内容有变更的，自工商行政管理机关办理变更登记之日起30日内，持有关证件向税务机关申请办理变更登记；纳税人暂停或恢复生产经营活动的，应当向税务机关申请办理停业或复业登记；发生注销主体行为的，向工商行政管理机关申请办理注销登记之前，持有关证件向税务机关申请办理注销税务登记。

纳税人按法律规定使用税务登记证件，税务登记证件不得转借、涂改、伪造、损毁或买卖。

（2）账簿、凭证管理

1）账簿设置。账簿是指纳税人登记所有经纪业务的账册、簿籍，包括总账、明细账、日记账以及其他辅助性账簿。根据规定，从事生产经营的纳税人应当自领取营业执照或发生应税行为之日起15日内依法设置账簿。生产规模小且无建账能力的纳税人，可聘任税务机关认可的专业财会人员代为建账和处理账务，聘任上述人员有困难的，经县以上税务机关批准，可依法建立收支凭证粘贴簿、进货销货登记簿或者使用税控装置。

纳税人、扣缴义务人的会计制度健全，能够通过计算机正确并完整计算其收入与所得或者代扣代缴、代收代缴税款情况的，其计算机存储的完整书面会计记录视同为会计账簿。

2）发票的管理和使用。凭证是指各类记录经纪业务、明确经济责任的所有书面凭证，包括记账凭证、完税凭证、出口凭证、原始凭证等。其中原始凭证是会计核算中关键的原始资料和依据，发票则是原始凭证中重要的一类。发票是指在购销货物、提供或者接受劳务以及从事其他经济业务时，开具或收取的收付款凭证。根据规定，税务机关是发票的主管机关，负责管理发票的印制、领购、开具、取得、保管以及缴销。发票一般分为普通发票和增值税专用发票。

纳税人领取营业执照后，需按规定携带相关文件和材料到税务机关领购发票，在对外销售商品、提供服务以及其他经营活动时，必须依法向付款方开具发票。

开具普通发票需遵守以下规定：①按规定的时限如实开具，并加盖单位的财务印章或发票专用章；②发票限于领购单位在本省、自治区、直辖市内开具；③任何单位和个人不得转让、转借、代开发票；④开具发票后，如果发生销货退回行为则需开具红字发票，收回原发票并注明“作废”。

开具增值税专用发票，除遵守以上规定外，另还需满足以下要求：①项目齐全；②字迹清楚，不得压线错格；③发票联和抵扣联加盖单位的财务印章或发票专用章；④按增值税纳税行为的发生时间开具。

3）账证保管。纳税人领购使用发票，须建立发票使用登记制度，设立发票登记簿，定期向税务机关报告发票的使用情况。增值税专用发票须专人保管，启用前如发现有缺号、串号、缺联以及无防伪标识等问题，应整本退回税务机关。对已开具的发票存根和登记簿须保管5年，保存期满经税务机关查验后销毁。

纳税人、扣缴义务人须按规定保管会计档案，不得擅自伪造、变造和销毁。会计凭证、账簿保管期限为30年，月度、季度财务会计报告和纳税申报表保管期限为10年，年度财务会计报告永久保管。

（3）纳税申报

1）正常的纳税申报。纳税申报是指纳税人、扣缴义务人依法在规定的期限内向税务机关就纳税事项提交书面申报的行为。按规定，无论本期有无应纳应缴税款，纳税人或扣缴义务人均须派专门办税人员持办税员证和相关资料在规定期限内向税务机关如实申报，纳税人对其申报的内容承担法律责任。纳税申报主要有直接申报、邮寄申报、电子申报、简易申报及其他申报等方式，其中直接申报是目前最常用的申报方式。

我国税法规定，纳税人未在规定期限内缴纳税款的，税务机关除责令其限期缴纳外，从滞纳税款之日起，每日加收0.5‰的滞纳金。

2）延期申报和零申报。纳税人、扣缴义务人因为不可抗力或者财务会计处理上的特殊原因，导致不能在税法规定的期限内办理纳税申报或扣缴税款申报的，经申请并经税务机关核实批准后方可延至核准期内办理纳税申报或扣缴税款申报。

零申报是指在规定的期限内，纳税人按照计算依据计算出需申报的应纳税额为零而向税务机关办理申报的行为。纳税人或扣缴义务人在规定的期限内，没有应税收入或所得，未发生应缴税款，除已办理停业的，均需向税务机关进行零申报。纳税人进行零申报，应保送相关资料，并在申报表上注明“零”或“无收入”字样。

9.2.3.2 税款征收

（1）税款的征收方式与缴纳方式

1）税款的征收方式。税款的征收方式是指税务机关根据不同税目的特点和纳税人的实际情况而确定的征收税款的形式，主要包括查账征收、查定征收、查验征收以及定期定额四种形式。

查账征收是税务机关根据纳税人提供的账表数据，依照适用的税率来计算缴纳税款的方式。此种方式适用于账簿、凭证以及财务会计核算比较健全的纳税人。

查定征收是指税务机关根据纳税人生产设备及能力、从业人员等自身的具体情况，对其应税产品查定产量、销售量、销售额，并依照税率计算应纳税款的方式。此种方式适用于生产规模较小，会计账册不健全，但能控制原材料或进销货的小型作坊。

查验征收是指税务机关按市场一般销售单位，对纳税人的应税商品查验数量并计算出应纳税款的征收方式。此方法适用于财务制度不健全、生产经营不固定、零星分散的纳税人。

定期定额是指税务机关对纳税人在一定经营时间内核定其应纳税收入或所得以及其自报的应纳税额，分期征收税款的征收方式。此种方法适用于小型的个体工商户。

2）税款的缴纳方式。税款的缴纳方式是税务机关根据不同税类和纳税人的实际情况确定的缴纳税款的方式。主要包括以下几种：①纳税人直接向国库经收处缴纳，此方式适用于在国库经收处的银行或其他金融机构开设有账户的纳税人；②税务机关自收税款并办理入库手续，此方法适用于由税务机关代开发票的纳税人；③代扣代缴，指按规定负有扣缴税款义务的单位和个人，负责对纳税人应纳税款代为扣缴，如单位在支付职工薪金时依法扣除其应纳个人所得税；④代收代缴，负有收缴税款义务的单位和个人，负责对纳税人应纳税款代为收缴；⑤委托代征，是指税务机关依法委托有关单位向纳税人代为征收税款的方式；⑥其他方式。随着科技的发展与创新，新的纳税方式不断涌现，如利用IC卡、网络等电子手段也可缴纳税款，使纳税人缴纳税款更加方便快捷。

（2）税款征收措施

1）加收滞纳金。纳税人、扣缴义务人未在规定期限内缴纳、扣缴税款的，税务机关除责令限期缴纳外，从滞纳税款之日起，每日加收应纳税款0.5‰的滞纳金。

2）核定应纳税额。纳税人有以下情形之一的，税务机关有权核定其应纳税款：

① 根据规定，可以不设置账簿或者应设置而未设置账簿的；

② 虽设置账簿，但账目混乱或者凭证残缺不全，难以查账的；

③ 擅自销毁账簿或拒不提供纳税资料的；

④ 未按规定期限办理纳税申报，经税务机关责令限期申报，逾期仍不申报的；

⑤ 纳税人申报的计税依据明显偏低，又无正当理由的。

3）调整计税金额。纳税人与关联企业有业务往来时，应按照独立企业之间的业务往来收取或支付价款。纳税人违反上述规定，而减少其应税收入或所得的，税务机关有权对其计税金额合理调整。其中，独立企业之间的业务往来是指没有关联关系的企业之间按照公平、常规成交价格进行的业务往来。

4）提供纳税担保。纳税担保是指税务机关为促使纳税人及时纳税而要求其作出保证的管理措施，主要包括以下三种担保方式：

① 提交纳税保证金。对于提交纳税保证金的单位和个人未在规定期限内纳税清算的，税务机关以纳税保证金抵扣税款。

② 担保人担保。纳税人可向税务机关提供在我国境内有纳税担保能力的个人和单位（国家权力、行政、司法机关除外）作为担保人担保。此种担保方式需填写纳税担保人审批表，经税务机关核实担保人确有足够的财产支付其担保的税款，由纳税人、担保人和税务机关三方签字后方可生效。

③ 财产担保。纳税人可向税务机关提供其未设定抵押的财产作纳税担保。此种担保方式需纳税人填写纳税担保的财产清单，经税务机关和纳税人双方签字盖章后方可生效。

5）税收保全措施。税收保全是指税务机关针对可能由于某种主观的或客观的原因而导致无法保证或难以保证缴纳税款的纳税人，采取的能确保税款征收的措施。税务机关有根据认为纳税人有逃避纳税义务行为的，可责令限期缴纳税款；在限期内发现纳税人有明显转移或隐匿其应纳税的财产或收入的迹象的，税务机关可要求纳税人提供纳税担保；纳税人拒不提供纳税担保的，经县级以上税务局局长批准，税务机关可采取以下保全措施：①书面通知纳税人开户银行或其他金融机构冻结纳税人存款，冻结金额相当于其应纳税款额；②扣押、查封纳税人的商品、货物或其他财产，扣押查封的财产价值相当于应纳税款额。

6）税收强制执行措施。纳税人未在规定期限内缴纳税款，被责令限期缴纳后预期仍未缴纳的，经县级以上税务局局长批准，税务机关可采取以下强制执行措施：①书面通知纳税人开户银行或其他金融机构从其存款中扣缴税款；②查封、扣押、依法拍卖变卖其价值相当于应纳税款的财产，以拍卖、变卖所得抵缴税款。

7）离境清税。欠缴税款的纳税人需要离境的，应在离境前向税务机关结清税款、滞纳金或提供纳税担保，否则税务机关可通知出境管理机关阻止其出境。

（3）税款征收的其他规定

1）税收优先于无担保债权、罚款、没收违法所得；

2）税务机关可按照《合同法》的有关规定行使代位权、撤销权；

3）纳税人欠缴税款5万元以上的，在处分其不动产或大额资产之前，须向税务机关报告；

4）纳税人有合并、分立情形的，应当向税务机关报告，并依法缴清税款；

5）税务机关有权对未征少征的税款追征；

6）纳税人超过应纳税额缴纳的税款，应当退还。

9.2.3.3 税务检查

税务检查是指税务机关依法对纳税人、扣缴义务人履行纳税义务、扣缴义务情况的监督检查活动。税务检查分为重点检查、专项检查、分类检查、集中性检查和临时检查五类。税务检查的内容主要包括：

1）检查纳税人的账簿、记账凭证、报表和有关资料，检查扣缴义务人代扣代缴、代收代缴税款账簿、记账凭证等有关资料。

2）到纳税人的生产经营场所和货物存放地检查纳税人应纳税的商品、货物或者其他财产，检查扣缴义务人与代扣代缴，代收代缴税款有关的经营情况。

3）要求纳税人、扣缴义务人提供与纳税或者代扣代缴，代收代缴税款有关的文件、证明材料和有关资料。

4）询问纳税人、扣缴义务人与纳税或者代扣代缴、代收代缴税款有关的问题和情况。

5）到车站、码头、机场、邮政企业及其分支机构检查纳税人托运、邮寄应纳税商品、货物或者其他财产的有关单据、凭证和有关资料。

6）经县以上税务局（分局）局长批准，凭全国统一格式的检查存款账户许可证明，查核从事生产、经营的纳税人、扣缴义务人在银行或者其他金融机构的存款账户。

本章小结

会计是以货币为主要计量单位，通过记录会计档案而对经济活动进行完整、连续、系统的反映和监督，旨在提供经济信息和提高经济效益的一项管理活动，会计法是指有关会计工作的法律规范的总和。各单位应根据会计需要设置会计机构或会计人员或委托代理记账；各单位必须根据实际发生的经济业务事项进行会计核算，填制会计凭证，登记会计账簿，编制财务会计报告；所有的会计活动都随时处于会计监督之中，包括机构内部的监督、国家机关监督以及社会大众的监督。

税收是国家凭借政权的力量，按照法定的标准和程序，无偿地、强制地取得财政收入的一种特定分配形式。而税法则是调整税收关系的法律规范的总称，亦即调整国家与纳税人之间在征纳税过程中形成的各种社会关系的法律规范的总称。学习本章，不仅要了解税法的构成要素，了解我国税收征收管理的一系列规定，而且要掌握增值税、消费税、企业所得税、个人所得税的特征、征税范围、纳税人、税率、计算方法。通过本章的学习，应当能够正确计算各主要税种的应纳税额。

思考与练习

一、单项选择题

1．在中国境内的企业，会计记录必须使用（　　）。

A．外文　　B．中文　　C．各民族文字　　D．盲文

2．我国的会计年度（　　）。

A．自公历四月一日至次年三月三十一日止

B．自公历十月一日至次年九月三十日止

C．自公历一月一日至十二月三十一日止

D．各单位根据实际自行确定，报财政部门备案

3．（　　）不属于会计档案资料。

A．原始凭证　　B．辅助账簿　　C．会计报表　　D．计划文书

4．对受打击报复的会计人员，应当（　　）。

A．恢复其名誉和原有的职务、级别　　B．赔偿精神损失

C．提高工资待遇　　D．晋升专业技术职务

5．会计凭证保管期限为（　）。

A．10年　　B．20年　　C．30年　　D．永久

6．销售下列货物，适用13%增值税税率的是（　）。

A．衣服　　B．鲜奶　　C．化妆品　　D．首饰

7．纳税人当期的进项税额大于当期的销项税额的，对不足抵扣部分的处理办法是（　）。

A．结转下期继续抵扣　　B．不再抵扣

C．抵扣以前税款　　D．税务部门予以退还

8．根据法律规定，不能认定为小规模纳税人的是（　）。

A．从事货物生产或提供应税劳务的纳税人，年应税销售额在50万元及以下的

B．从事货物生产或提供应税劳务的纳税人，年应税销售额在80万元及以下的

C．非企业性单位

D．不经常发生增值税行为的企业

9．T公司2014年发生了1 000万元广告费支出，发生时已作为销售费用计入当期损益，并已支付。税法规定，该类支出不超过当年销售收入15%的部分允许当期税前扣除，超过部分允许向以后纳税年度结转税前抵扣。T公司2014年实现销售收入5 000万元。T公司2014年12月31日广告费支出的计税基础为（　）万元。

A．0　　B．1000　　C．750　　D．250

二、多项选择题

1．（　）有权拒绝办理违法会计事项。

A．出纳人员　　B．稽核人员　　C．成本会计人员　　D．会计主管人员

2．会计凭证是（　）。

A．会计核算与监督的依据

B．登记会计账簿的依据

C．编制会计报表的依据

D．明确经济责任并具有法律效力的书面证明

3．财务会计报告由（　）组成。

A．会计报表　　B．会计报表附注

C．会计报表编制底稿　　D．财务情况说明书

4．下列各项中，可作增值税进项税抵扣凭证的有（　）。

A．增值税专用发票　　B．进口货物取得海关开具的完税凭证

C．运费结算单据　　D．购进农产品的普通发票

5．消费税计算应纳税额的计算方法有（　）。

A．从价定率　　B．从量定额

C．从价定率和从量定额复合计税　　D．累进计税

三、简答题

1．简述会计主体。

2. 简述会计档案保管与销毁相关规定。

3. 简述企业所得税纳税主体。

四、综合实务题

某酒厂为一般纳税人，计算以下业务应纳消费税：①本月向一小规模纳税人销售果酒500公斤，开具普通发票上注明金额93, 600元；同时收取单独核算的包装物押金2 000元。②某啤酒厂销售A型啤酒20吨给副食品公司，开具税控专用发票注明价款58, 000元，收取包装物押金3 000元；销售B型啤酒10吨给宾馆，开具普通发票收取32, 760元，收取包装物押金1 500元。

10 票据法和证券法

案例导读

一、票据业务迈入电子化交易时代

面对票据市场的乱象，央行终于下定决心组建全国统一的票据交易二级市场。昨日，上海票据交易所股份有限公司在上海揭牌成立，中国票据交易系统试运行，开启了我国票据业务电子化交易时代。

中国人民银行行长周小川在贺信中指出，这是中国深化金融改革发展的又一重要举措。上海票据交易所作为具备票据交易、登记托管、清算结算等功能的全国统一的票据交易平台，将提高票据市场的交易透明度，更好防范票据风险，优化货币政策传导，增强金融服务实体经济的能力。

“近年来，我国票据市场持续发展，规模迅速扩大，票据市场在快速发展过程中，也存在着市场透明度低、交易效率不高、基础设施发展滞后、部分金融机构内控薄弱等问题。强化金融机构票据业务的内控管理，提高票据业务的政策化水平，增强市场透明度，完善票据市场的制度建设，完善票据中介行为，成为中国票据市场规范发展的重点内容。”央行副行长、国家外汇管理局局长潘功胜在上海票据交易所开业仪式上表示。

今年以来，票据市场爆发了包括农业银行39亿元票据案在内的多起案件，涉及金额高达数10亿元。

作为全国统一票据交易平台，上海票据交易所股份有限公司注册资本为18.45亿元，类型为股份有限公司（非上市）。现任银行间市场交易商协会秘书长谢多担任上海票据交易所股份有限公司法人代表、董事长。

票据交易所共有29家发起人，包括中国银行间市场交易商协会、银行间市场清算所股份有限公司、中国人民银行清算总中心、上海黄金交易所，等等。

在经营范围上，票据交易所将可以提供票据集中登记和托管服务；为票据市场贴现、转贴现等提供交易平台服务；为票据市场提供清算结算以及交易后处理服务；提供票据市场信息、研究、咨询、培训、中介服务，等等。

票据交易所系统（一期）试点机构共计43家，包括35家商业银行、2家财务公司、3家券商、3家基金。

票据市场前景值得期待

昨日，浦发银行作为首批上线的43家机构之一，完成全市场首单银票质押式回购交易。其相关人士表示，中国票据交易系统的顺利上线，实现了纸质票据电子化交易、无纸化托收、DVP清算等多种功能，解决了全国票据市场公开、统一交易平台缺失的问题，有效提升了票据市场交易效率，降低操作风险，有利于票据价格发现和业务创新。借助上海票据交易所的支撑，我国票据市场的未来发展前景值得期待。

（材料来源：广州日报，2016年12月9日）

二、《证券法》修订应突出投资者保护

《证券法》作为资本市场的基本大法，不仅确立市场发展方向，而且关系到每位投资者的切身利益。投资者期盼《证券法》修订在建立纠纷解决机制及健全投资者赔偿机制等方面有突破。

十二届全国人大常委会第二十七次会议定于2017年4月24日至27日举行，将审议《证券法》修订草案。这意味着《证券法》修订的“二读”时间表确定。

《证券法》修订经历了一番周折。2015年4月，十二届全国人大常委会第十四次会议“一读”审议了《证券法》修订草案。2015年6月至2016年1月，A股罕见异常波动，使《证券法》修订进程推迟。今年全国“两会”期间，十二届全国人大五次会议大会发言人傅莹表示，《证券法》的修订关系到资本市场法律制度的顶层设计，涉及的问题比较复杂，也关系到保护投资者的权益。2015年证券市场异常波动后，暴露出一些新的问题，需要总结经验教训，需要重新进行论证。

全国人大财经委副主任委员吴晓灵在“两会”上表示，《证券法》将修改四方面内容：一是完善基本的交易制度，包括证券的发行、交易、登记、结算和退市；二是要为多层次资本市场的发展留下制度空间，为企业更方便地进行股本融资提供渠道；三是更好地进行投资者保护，对于违法行为的打击力度要增强，更好地保护投资者的利益，增加投资者利益损失补偿、法律救济渠道、行政救济渠道等内容；四是要进一步明确市场规则。资本市场最核心的就是要信息真实、全面披露，严厉打击虚假信息、价格操纵、内幕交易等违规行为，并提高打击的力度，增加监管侦破和侦查的手段，严肃市场纪律。

与“一读”审议时相比，投资者对《证券法》修订“二读”审议的关注，不再主要聚焦于注册制改革，而是加强投资者权益保护。《证券法》作为资本市场的基本大法，不仅确立了市场发展方向，而且关系到每位投资者的切身利益。无论《证券法》修订内容涉及强化监管手段，还是打击违法违规行为，都将以保护投资者权益为落脚点。

我国资本市场仍处于“新兴加转轨”阶段，违法违规案件多发高发，投资者合法权益容易受到侵害。很多问题的根源在于，违法成本低以及投资者权益保护不到位。假如法律本身不具有足够威慑力，那么，即便监管部门对各类违法行为坚持“零容忍”“全覆盖”的执法态度，也很难真正有效净化市场生态环境。

例如，“忽悠式”“跟风式”重组已成市场顽疾。上月公布的九好集团重组鞍重股份是典型案件，涉嫌提供、披露含有虚假收入和利润数据的财务会计报告。经查，九好集团通过各种手段虚增2013年到2015年服务费收入2.6亿元，虚增2015年贸易收入57万余元，虚构银行存款3亿元。证监会拟对九好集团、鞍重股份主要责任人员在《证券法》规定范围内顶格处罚，对该案违法主体罚款合计439万元。可投资者不难发现，这反映出现行《证券法》的不足，顶格处罚不具威慑力，远没有让违法者付出应有代价。显然，《证券法》修订特别需要解决法律不再是“纸老虎”的问题。

中小投资者是我国证券市场主要参与群体，处于信息弱势地位，抗风险能力与自我保护能力较弱。如何更好保护中小投资者权益，建立有效的救济维权机制，现行《证券法》有缺陷。证券侵权民事赔偿诉讼存在诉讼成本高、证据获取难、索赔效率低等问题，中小投资者运用诉讼维权的积极性不高。虽然对欺诈发行引入保荐机构先行赔付制度，但从欣泰电气案来看，进展未必快捷顺利，投资者或仍有必要提起索赔诉讼。此外，内幕交易、操纵市场类

民事赔偿诉讼尚无法操作。2013年发布的保护中小投资者权益的“小国九条”提出，“有关部门配合司法机关完善相关侵权行为民事诉讼制度。”对此，投资者期盼《证券法》修订在建立纠纷解决机制及健全投资者赔偿机制等方面有突破。

（材料来源：张炜，中国经济新闻网，2017年4月13日）

学习目标

- 了解票据、票据法的概念和特征
- 理解票据法律关系的内容及特点，掌握票据行为的概念及特征
- 学会使用汇票、本票和支票
- 了解证券法的概念和基本原则
- 掌握证券发行的概念、申请和条件、审批及其程序、证券的承销方式
- 理解证券上市、持续信息公开制度、禁止交易行为的规定
- 了解上市公司收购的规定、与证券有关的机构

主要内容

- 票据法
- 证券法

10.1 票据法

10.1.1 票据和票据法

10.1.1.1 票据

票据是指由出票人签发的，委托付款人或者由出票人自身向收款人或持票人支付一定金额，并可依法流通转让的有价证券。票据法上的票据必须具备四个条件：必须有两个最基本的当事人，即出票人和付款人；必须载明一定的金额；必须无条件支付一定金额；必须能够流通。《中华人民共和国票据法》所称票据为汇票、本票和支票三种。

票据具有如下特征：

第一，票据是金钱证券，因为票据作为货币证券代表着确定数额的金钱，它以届期支付确定的金额为标的，票据上的兑付请求权和追索权本质上皆为债券。

第二，票据是设权证券，票据的签发是为了创设一种权利。票据权利义务因出票人签发票据而产生。

第三，票据是一种无因证券（或抽象证券），票据权利与取得票据的原因严格分离，票据的持票人行使票据权利时，无须证明其取得票据的原因。

第四，票据是一种要式证券，票据作为债务支付的凭证，它的格式与记载事项必须符合法律规定的形式才能发生效力。

第五，票据是一种文义证券，票据的权利、义务，必须严格依照票据上记载的文字而定，不得以票据以外的任何事由变更其权利。

第六，票据是一种流通证券，持票人可以通过背书或交付自由转让其权利，并且在票据规定

的期限内可以转让多次，并不必通知债务人。

10.1.1.2 票据法

票据法有广义和狭义之分。广义的票据法，是指调整因票据活动产生的各种社会关系的法律规范的总称。狭义的票据法，是指国家制定的专门用以调整票据关系与票据行为有关联的非票据关系的法律。本章所指票据法取其狭义概念。

票据法与其他法律相比，具有如下特征：

第一，票据法具有强行性特征。票据法中采用任意规范较少，其规定几乎全为强行法。

第二，票据法具有公法性特征。票据法虽在基本性质上属于私法，以规范平等主体间的票据活动和票据关系为主旨，但是多数国家为了保障票据规则的强行性，维护票据交易安全，往往在票据法中规定大量公法性规范，采用包括公法手段的多种制裁方式，这就使票据法具有了一定的公法性。

第三，票据法具有技术性特征。票据是为了便利商品交易和商业信用而创设的，票据法作为规范票据关系和票据行为的法律规范表现为一种纯技术规范，本身不表示恶意，这与具有明显道德伦理色彩的刑事、民事规范不同。

第四，票据法具有国际统一性特征。票据法虽然是国内法，但现代经济的发展是全球一体化，各国间的经济交往越密切，作为国际支付手段和信用工具的票据应用也就越广泛。这从客观上要求票据法具有国际统一特征。

阅读专栏

票据的起源

一、外国票据的起源与发展

在罗马帝国时代，产生了票据的雏形。当时的"自笔证书"，与现代的票据相似。自笔证书由债务人作成后交债权人持有，债权人请求给付时，必先提示证书，当其获得付款时，须将证书返还债务人。

本票的起源，应属12世纪意大利兑换商发行的"兑换证书"。当时，意大利贸易极盛，商人云集，货币兑换十分重要，兑换商不仅从事即时兑换货币业务，而且兼营汇款。甲地兑换商收受商人货币后，向商人签发兑换证书，商人持此证书，向兑换商在乙地的分店或者代理店请求支付款项，支取乙地通用的货币。这种兑换证书，相当于现代的异地付款的本票，被认为是欧洲国家票据的起源。

汇票的胚胎是12世纪中叶意大利兑换商发行的"付款委托书"。兑换商向其他商人发行异地付款证书时，附带一种付款委托证书，持证人请求付款时，必须同时向付款人提示两种证书，否则不予付款。13世纪以后，付款委托证书逐渐独立发生付款证书的效力，始脱胎而成汇票，发展至今。

支票最早产生于荷兰，17世纪时传到英国，19世纪中叶后，再由英国传至法国、德国，逐渐被世界各国采用。

至于现代票据制度，则形成于近代资本主义商品经济发达以后。

二、我国票据的起源与发展

我国票据的起源可以追溯到古代。

我国在唐代出现了一种名为“飞钱”的票券；学者们多认为“飞钱”是我国现代汇票的起源。唐宪宗（公元806—820年）时期，各地茶商交易，往来频繁，但交通不便，携带款项困难。为方便起见，创制了飞钱。商人在京城长安（今西安）把现金支付给地方（各道）驻京的进奏院及各军各使等机关，或者在各地方设有联号的富商，由他们发给半联票券，另半联票券则及时送往有关的院、号，持券的商人到目的地时，凭半联票券与地方的有关院、号进行“合券”，然后支取现金。当时，飞钱只是一种运输、支取现金的工具，不是通用的货币。

唐代，使用过一种叫“帖”的票券，有学者认为，“帖”可为我国支票的起源。

到宋代，出现了“便钱”和“交子”。宋太祖开宝三年（公元970年），官府设官号“便钱务”。商人向“便钱务”纳付现金，请求发给“便钱”；商人持“便钱”到目的地向地方官府提示付款时，地方官府应当日付款，不得停滞。这种“便钱”类似现代的“见票即付”的汇票。宋真宗时期，蜀地（今四川）出现“交子”，地方富户联办“交子铺”，发行称为“交子”的票券，供作异地运送现款之工具。后来，官府设“交子务”专办此事，发行“官交子”。“交子”与现代的本票相似。

明朝末年（公元17世纪），山西地区商业发达，商人设立“票号”（又叫票庄、汇兑庄），在各地设立分号，经营汇兑业务以及存放款业务。名为汇券、汇兑票、汇条、庄票、期票等的金钱票券大为流行，票号逐渐演变，叫作“钱庄”，19世纪中叶进入盛期。票号签发的这些票券，类似现代的汇票和本票。

清朝末年，西方银行业进入我国，钱庄逐渐衰落。我国固有的票据规则终被外来票据制度取代。1929年，国民政府制定票据法，规定票据为汇票、本票和支票，与西方国家票据制度接轨，我国原有的各种票据遂被淘汰。

新中国成立后，曾一度限制票据的使用，当时规定：汇票、本票在国内不得使用，汇票仅限国际贸易中使用，个人不得使用支票，企业与其他单位使用以转账支票为主。进入20世纪80年代，随着改革开放深入到各个方面，票据在我国逐渐开始大规模使用，目前我国使用的《票据法》（1995年颁布）和《支付结算办法》（1997年颁布）规定的票据基本上与国际通行的票据一致，我国的票据使用和发展也进入了一个崭新的时期。

（资料来源：王小能．中国票据法律制度研究［M］．北京：北京大学出版社，1999.）

10.1.2 票据法律关系

票据法律关系可以分为票据关系和非票据关系两类。基于票据行为而直接发生的票据上债权债务关系，为票据关系；与票据关系虽有密切关系，但不是基于票据行为而产生的权利义务关系，为非票据关系。非票据关系又可分为票据法上的非票据关系和民商法上的非票据关系，后者又被称为“票据基础关系”。

10.1.2.1 票据关系

票据关系，是指票据当事人基于票据行为所直接发生的票据上债权债务关系。其中票据收款人或持票人为票据关系的债权人，票据付款人和在票据上签章的其他当事人为票据关系的债务人。

票据关系的构成要素包括主体、客体和内容三个方面：

第一，票据关系的主体，是指票据债权人和票据债务人。持有票据并据此享有权利的人为票据债权人；实施一定的票据行为而在票据上签章的人为票据债务人。

第二，票据关系的客体，是指票据当事人权利义务所共同指向的对象，即一定数额的货币。

第三，票据关系的内容，是指票据当事人因票据行为依法享有的票据权利和承担的票据义务。按照行使程序先后可分为两个层次：第一层次是付款请求权和付款义务；第二层次是追索权和偿付义务。

10.1.2.2 票据法上的非票据关系

票据法上的非票据关系，是指由票据法规定的，不是基于票据行为直接发生的法律关系。其又可分为票据返还关系和利益返还关系。票据返还关系，是指在票据非法取得情况下，应当向真正权利人返还票据；在票据已获付款或清偿后，持票人应向付款人或清偿人交付或返还票据。

10.1.2.3 票据基础关系

票据关系当事人之间之所以发生授受票据的行为，是基于一定的原因或前提，这种授受票据的原因或前提关系即票据基础关系。票据基础关系决定票据关系，但票据关系产生后即与票据基础关系相分离。票据基础关系包括票据原因关系、票据资金关系和票据预约关系。

第一，票据原因关系，是指基于票据当事人之间授受票据的原因而发生的关系。如导致使用支票的商品买卖关系。

第二，票据资金关系，票据资金关系是汇票和支票的出票人与付款人之间存在的金钱、实物、信用关系和其他财产性债权关系。

第三，票据预约关系，是指票据当事人之间以授受票据为标的合同关系。如商品买卖双方关于使用票据的种类、金额和到期日的约定等。

10.1.3 票据行为

票据行为是以发生票据上的权利义务关系为目的所实施的要式法律行为。票据行为有以下法律特征：要式性，独立性，无因性，文义性。

我国票据法上规定了五种票据行为：出票、背书、承兑、参加承兑、保证等。

（1）出票行为

出票是按法定形式制作成票据交付给收款人的行为，票据上的一切权利义务均因出票而产生。出票行为包括两个内容：作成票据并在票据上签字；将票据交付给收款人。出票人是债务人，持票人是债权人。只有制作并交付了票据，才算完成了出票行为。

票据是要式证券，出票人只有将法定内容记载于票据上，才能产生票据的效力；缺少法定内容的票据，如未表明票据金额、付款人名称、收款人名称、出票日期、出票人签章等绝对应记事项之一的，即使已经完成了交付行为，也不能认为票据有效。

（2）背书行为

背书是票据持有人在票据背面批注签章，将票据转让给他人的行为，背书也包括两个内容，即在票据后面背书，和将已背书的票据交付给被背书人。背书人是被背书人的债务人，被背书人是背书人的债权人。

背书的效力有三：转移效力，即通过背书，将票据的一切权利转让给被背书人；担保效力，即保证票据必然会被付款或承兑；证明效力，即保证出票人及前手背书人的签名的真实性，票据的有效性和合格性。

背书的方式有二：记名背书，即在背书中记明被背书人的姓名，并由背书人签章；空白背书，即背书人只签署自己的姓名，而不记载被背书人的姓名。

背书人在背书时必须把票据上的全部金额同时转让给同一个被背书人。只转让票据金额的一部分，或将票据金额分别转让另几个被背书人，这样的背书是无效的。

背书人对其后手负有担保票据被承兑或付款的责任。背书人一经在票据上签字，即为票据的债务人，将与其他在票据上签名的人共同承担连带责任。日后如有付款人对票据拒绝付款，执票人有权向任何背书人进行追索，请求偿还票载金额。

被背书人有权取得背书人原有的一切票据权利。他既可以向付款人要求承兑、付款，也可将票据再背书转让。当票据遭到拒付时，他有权向所有背书人及出票人的保证人进行追索。

（3）承兑行为

承兑行为，指汇票的付款人同意承担支付汇票所载金额的义务，在票面上作出表示承认付款的文字记载及签章的行为。也可以说，是汇票付款人承诺负担票据债务的行为。汇票到期前，持票人（债权人）应向付款人（债务人）提示票据，要求承兑；付款人同意到期付款，在票据注明“承兑”并签章，承兑票据行为即告完成。

（4）保证行为

保证行为是票据保证人发生保证债务的行为，即票据债务人以外的第三人担保票据债务履行的行为。票据的债务人包括出票人、背书人和承兑人，都可成为被保证的对象，保证使保证人与被保证人之间产生票据法律关系。保证人的责任以被保证人的责任为限，因此被保证人不同，保证人的责任也不同。

保证是一种要式法律行为，只能在票据本身或粘单上表示，在票据或粘单以外的保证，不具法律效力。票据保证是一种单方行为，保证人的行为成立不需取得债权人的同意。票据保证是一种独立行为，即符合法定形式就可单独成立。票据保证的金额可以是全部，也可以是部分，凡是没有注明保证的具体金额或保证比例的，视为全额保证。

10.1.4 票据权利和票据抗辩

10.1.4.1 票据权利

（1）票据权利的概念及内容

《票据法》第4条第4款规定，“本法所称票据权利，是指持票人向票据债务人请求支付票据金额的权利，包括付款请求权和追索权。”付款请求权，是指持票人对票据主债务人行使的权利，是票据权利的第一次请求权。追索权是票据的第二次请求权，持票人只能在首先向主债务人行使付款请求权而得不到付款时，才可以行使追索权。

（2）票据权利的取得

票据权利的享有，以合法持有票据为要件，凡合法取得票据者即取得票据权利。票据权利的取得主要有两种方式：一种是原始取得；另一种是继受取得。

票据的原始取得，即因票据的创设（出票）而取得票据权利或者具备善意要件而从无票据处分权人处取得票据并取得票据权利的情形；包括发行取得和善意取得。票据的继受取得，是指持票人依据前手票据权利而受让票据，从而取得票据权利。

（3）票据权利的消灭

票据权利的消灭，是指因一定的法律事实而使票据权利不复存在。

（4）票据权利的行使和保全

票据权利的行使，票据权利的行使是指票据权利人请求票据债务人履行票据义务、实现其票据权利的行为。如向付款人提示承兑，向承兑人或付款人提示票据行使付款请求权，向票据债务人行使追索权。票据权利的保全是指票据权利人为了防止票据权利丧失而为的行为，包括提示票据、做成拒绝证明和中断时效等。

（5）票据权利的丧失与补救

票据权利的丧失，是指持票人并非出于自己的本意而丧失对票据的占有。票据丧失包括两种情况：第一，绝对丧失。即从物质形态上不复存在。第二，相对丧失，即票据物质形态上仍然存在，只是脱离了真正持票人的占有，如被盗、遗失等。

10.1.4.2 票据抗辩

票据抗辩是指票据债务人根据票据法规定对票据债权人拒绝履行义务的行为。票据上所存在的抗辩原因和事由很多，根据抗辩原因及其效力的不同，票据抗辩权可以分为物的抗辩和人的抗辩。

（1）物的抗辩

物的抗辩又称为绝对抗辩，它是基于票据本身所存在的事由而发生的抗辩。依据行使抗辩权主体的不同，可以将物的抗辩分为两类；一是一切票据债务人可以对一切票据债权人行使的抗辩。这类抗辩主要有因欠缺法定要件致使票据无效的抗辩，如票据上欠缺应当记载的事项或者记载了不应当记载的事项；依票据记载不能请求的抗辩，如票据未到期、付款地不符等；票据债权已消灭抗辩，如票据债权因付款、除权判决而消灭等。二是只可由特定的债务人提出，但可以对抗一切债权人的抗辩。这类抗辩主要有否定某一票据行为有效成立的抗辩；如无民事行为能力人或者其法定代理人可以主张票据行为人无行为能力，所以票据无效；依票据上的记载事项而提出的抗辩；在票据上依法记明禁止转让文句的票据行为人，可对违反该文句取得票据的后手当事人行使抗辩权；因保全手续欠缺而提出的抗辩，如根据票据法规定，持票人行使追索权时，应当证明其已依法进行了兑付提示，且须提供其被拒绝承兑或拒绝付款的拒绝证明。否则，《票据法》第65条规定：持票人不能出示拒绝证明、退票理由书或者未按照规定期限提供其他合法证明的，丧失对其前手的追索权。因此，票据的第二债务人可以以此为由对票据债权人行使抗辩；票据权利因时效而消灭票据债权的抗辩，承兑人、出票人、背书人等可以分别适用于自己的时效时间届满而进行抗辩。

（2）人的抗辩

人的抗辩，又称为相对抗辩或主观抗辩，是指票据债务人仅可以此对抗特定票据债权人的抗辩。此种抗辩仅基于特定票据当事人之间的特定关系而产生，其票据权利人或持票人已经变更，该抗辩将被切断，票据债务人不得再以该抗辩理由对抗其他票据权利人。人的抗辩依据抗辩行使人的不同分为两类。第一，一切票据债务人可以对特定的债权人行使的抗辩。包括：债权人欠缺实质上的受领资格的抗辩；票据债权人欠缺形式上的受领资格的抗辩，如票据背书不连续的持票人就欠缺受领票据的资格。第二，特定债务人可以向特定的债权人行使的抗辩。这里的特定债权人与特定债务人是指双方当事人之间具有直接的关系。这类抗辩包括：基于基础关系原因而提起的抗辩，如直接当事人间欠缺对价的抗辩，欠缺原因关系的抗辩，原因关系因非法而无效的抗辩等。

（3）票据抗辩的限制及其例外

票据抗辩的限制是指票据流转给直接当事人以外的其他人后，直接当事人之间的抗辩原则上被切断，即不得以直接当事人之间的抗辩事由对抗非直接当事人，它又称为票据抗辩的切断。由于票据物的抗辩是一种绝对抗辩，对于一切票据债权人都可以提起，所以票据抗辩的限制仅存在于人的抗辩中。

但是票据抗辩的限制也有例外，主要有两种情形。第一，恶意抗辩，即持票人明知存在抗辩事由而取得票据的，不适用票据抗辩的限制；第二，无对价抗辩，即因税收、继承、赠与等依法无偿取得票据的，虽不受给付对价的限制，但是，所享有的票据权利不得优于其前手的权利。

10.1.5 汇票

汇票是出票人签发的，委托付款人在见票时或者在指定日期无条件支付确定的金额给收款人或者持票人的票据。其中根据签发人的不同，汇票分为银行汇票和商业汇票。银行汇票是由银行签发的一种汇票；商业汇票是由银行以外的人签发的一种汇票。

10.1.5.1 出票

（1）出票的概念

《票据法》规定：出票是指出票人签发票据并将其交付给收款人的票据行为。汇票的出票人必须与付款人具有真实的委托付款关系，并且具有支付汇票金额的可靠资金来源。不得签发无对价的汇票用以骗取银行或者其他票据当事人的资金。

（2）汇票的记载事项

票据记载相关事项是票据行为的一项重要内容。票据记载事项一般分为绝对应记载的事项、相对应记载的事项、非法定记载的事项。

绝对应记载的事项，是指出票时必须在汇票上记载的内容。我国《票据法》第22条规定了汇票必须记载的事项：表明“汇票”的字样、无条件支付的委托、确定的金额、付款人名称、收款人名称、出票日期、出票人签章。欠缺这些事项中的任何一项都会导致票据的无效。

相对应记载的事项，是指出票人应当在汇票上记载，但是如果没有记载，也不影响汇票效力，而是依照票据法的规定推定其内容。例如，《票据法》第23条规定：汇票上记载付款日期、付款地、出票地等事项的，应当清楚、明确。汇票上未记载付款日期的，为见票即付。汇票上未记载付款地的，付款人的营业场所、住所或者经常居住地为付款地。汇票上未记载出票地的，出票人的营业场所、住所或者经常居住地为出票地。

非法定记载的事项，是指票据法规定可由当事人任意记载的事项。例如，《票据法》第24条规定：汇票上可以记载本法规定事项以外的其他出票事项，但是该记载事项不具有汇票上的效力。这些事项如签发票据的原因或用途、该票据项下交易的合同号码，等等。

（3）汇票出票的效力

出票人依据票据法规定的要件作成票据并交付后，出票行为即发生票据法上的效力，票据债权债务关系成立。

出票对收款人、付款人、出票人具有不同的法律效力。出票人作成汇票并将汇票实际交付给收款人后，收款人便取得了汇票上的权利，包括付款请求权和追索权。即期汇票的出票，使付款人成为汇票的债务人，负有对汇票付款的义务。远期汇票的出票，付款人仅因出票而取得一种地位和资格，即取得对汇票进行承兑和付款的资格。汇票的出票使出票人成为汇票上的义务人，其义务的内容是对其签发的汇票能够获得承兑和付款承担担保责任，当汇票不获承兑或者付款时承担清偿责任。

10.1.5.2 背书

背书是指持票人以转让票据上的权利、质押票据上权利或授权行使票据上权利为目的，在记名票据上从事的附属票据行为。其行为要件包括票据上记载、签章和票据交付三项。根据背书的目的，可以将背书分为转让背书和非转让背书。

（1）转让背书

转让背书，是指以转让票据权利为目的的背书。转让背书应记载的事项有：背书人的签章、被背书人的名称和背书的日期。其中，前两项属于绝对应记载的事项；转让背书必须作成记名背书，不允许以空白背书或无记名背书方式转让票据权利。

（2）非转让背书

非转让背书，是指以转让票据权利以外的目的而做的背书，它可分为设质背书和委任背书。设质背书是指持票人将票据上的权利设定为质押而在票据上从事的背书，设质背书的背书人必须以背书记载“质押”字样，否则不发生质押的效力；委任背书，又称为委托收款背书，它是指持票人为实现委托第三人收款之目的，而在票据上从事的背书；委任背书的主要效力在于使被委任的第三人取得了代理背书人请求付款的请求权；对委任收款背书，被背书人不得再以背书转让汇票权利。

（3）背书的效力

第一，票据权利的转移。背书后，票据的所有权利由背书人转移给被背书人。

第二，票据权利的担保。背书人应按照汇票的文义，担保汇票的承兑和付款。

第三，票据权利的证明。指票据权利的有效转移，可以用背书连续的形式予以证明。

10.1.5.3 承兑

承兑是指汇票付款人承诺在汇票到期日支付汇票金额的票据行为；定日付款或者出票后定期付款的汇票，持票人应当在汇票到期日前向付款人提示承兑；提示承兑是指持票人向付款人出示汇票，并要求付款人承诺付款的行为；见票后定期付款的汇票，持票人应当自出票日起一个月内向付款人提示承兑；汇票未按照规定期限提示承兑的，持票人丧失对其前手的追索权；见票即付的汇票无须提示承兑；付款人对向其提示承兑的汇票，应当自收到提示承兑的汇票之日起三日内承兑或者拒绝承兑；付款人收到持票人提示承兑的汇票时，应当向持票人签发收到汇票的回单；回单上应当记明汇票提示承兑日期并签章；付款人承兑汇票的，应当在汇票正面记载“承兑”字样和承兑日期并签章；见票后定期付款的汇票，应当在承兑时记载付款日期；付款人承兑汇票，不得附有条件；承兑附有条件的，视为拒绝承兑；付款人承兑汇票后，应当承担到期付款的责任。

10.1.5.4 保证

《票据法》规定汇票的债务可以由保证人承担保证责任；保证人由汇票债务人以外的他人担当。保证不得附有条件；附有条件的，不影响对汇票的保证责任；被保证的汇票，保证人应当与被保证人对持票人承担连带责任；汇票到期后得不到付款的，持票人有权向保证人请求付款，保证人应当足额付款；保证人为二人以上的，保证人之间承担连带责任；保证人清偿汇票债务后，可以行使持票人对被保证人及其前手的追索权。

10.1.5.5 付款

付款是汇票的承兑人或付款人向持票人支付汇票金额，以消灭票据关系的行为，它不属于票据行为，其性质也不属于法律行为，而属于事实行为。

（1）付款提示

汇票付款提示是指持票人向付款人或担当付款人依法出示汇票并向其请求付款的行为，它本质上是付款请求权行使行为。付款提示是取得汇票付款的前提。

（2）付款提示的效力

合法的付款提示，对于持票人来说，具有行使付款请求权之效力，持票人的付款提示本质上是一种请求权行使行为，它是付款人履行付款的必要前提。对于付款人而言，付款提示具有请求付款人履行义务，明确付款日期的效果。

10.1.5.6 追索权

我国票据法规定，汇票到期被拒绝承兑、被拒绝付款或者发生其他法定事由的，持票人可以对背书人、出票人以及汇票的其他债务人行使追索权。追索权是指持票人在经过提示而未获承兑或未获付款时，或者因为其他法定原因而无法行使票据兑付请求权时，依法向其前手请求偿还票据金额、利息及费用的一种票据上的权利。

（1）追索权的当事人

追索权的当事人包括追索权人和偿还义务人。追索权人包括最后的持票人和代为清偿的票据债务人。偿还义务人包括出票人、背书人、承兑人和保证人。

（2）追索权行使的原因

我国票据法规定，汇票到期被拒绝付款的，持票人可以对背书人、出票人以及汇票的其他债务人行使追索权。汇票到期日前，有下列情形之一的，持票人也可以行使追索权：汇票被拒绝承兑的；承兑人或者付款人死亡、逃匿的；承兑人或者付款人被依法宣告破产的或者因违法被责令终止业务活动的。

（3）追索权行使的条件

第一，取得拒绝证明、退票理由书或其他合法证明，这是持票人保全票据权利所必需的。我国《票据法》规定持票人行使追索权时，应当提供被拒绝承兑或者被拒绝付款的有关证明。持票人不能出示拒绝证明、退票理由书或者未按照规定期限提供其他合法证明的，丧失对其前手的追索权。但是，承兑人或者付款人仍应当对持票人承担责任。

第二，在法定期限内发出追索通知。我国《票据法》规定持票人应当自收到被拒绝承兑或者被拒绝付款的有关证明之日起三日内，将被拒绝事由书面通知其前手；其前手应当自收到通知之日起三日内书面通知其再前手。持票人也可以同时向各汇票债务人发出书面通知。未按照以上规定期限通知的，持票人仍可以行使追索权。因延期通知给其前手或者出票人造成损失的，由没有按照规定期限通知的汇票当事人，承担对该损失的赔偿责任，但是所赔偿的金额以汇票金额为限。在规定期限内将通知按照法定地址或者约定的地址邮寄的，视为已经发出通知。

（4）追索金额

追索金额，是指持票人或者其他追索权人行使追索权，请求被追索人支付的金额和费用。

被追索人在按照规定清偿后，可以向其他汇票债务人行使再追索权。行使再追索权的被追索人获得清偿时，应当交出汇票和有关拒绝证明，并出具所收到利息和费用的收据。被追索人依照上述规定清偿债务后，其责任解除。

10.1.6 本票和支票

10.1.6.1 本票

（1）本票的概念

本票是出票人签发的，承诺自己在见票时无条件支付确定的金额给收款人或者持票人的票据。我国《票据法》所称本票，是指银行本票。本票的出票人必须具有支付本票金额的可靠资金来源，并保证支付。本票的出票行为、背书、保证、付款行为和追索权的行使，除《票据法》关于本票的特别规定外，适用有关汇票的规定。

（2）本票的记载事项

《票据法》规定本票必须记载下列事项：表明“本票”的字样；无条件支付的承诺；确定的金额；收款人名称；出票日期；出票人签章。本票上未记载上述事项之一的，本票无效。

10.1.6.2 支票

（1）支票的概念和种类

支票是出票人签发的，委托办理支票存款业务的银行或者其他金融机构在见票时无条件支付确定的金额给收款人或者持票人的票据。除《票据法》对支票的专门规定外，支票的出票行为、背书、付款行为和追索权的行使，适用有关汇票的规定。

按照支付票款的方式可以将支票分为普通支票、现金支票和转账支票。

普通支票既可以转账，也可以支取现金。用于转账的，可在普通支票左上角加划两条平行线，亦称为划线支票；未划线的普通支票，可用于支取现金。

现金支票专门用于支取现金。这种支票在印制时，已在支票的上端印明了现金字样。

转账支票专门用于转账，不得用于支取现金，已在支票的上端印明转账字样。

（2）支票的记载事项

《票据法》第84条规定的支票必须记载的事项：表明“支票”的字样；无条件支付的委托；确定的金额；付款人名称；出票日期；出票人签章。支票上未记载前款规定事项之一的，支票无效。其中第85条和第86条规定，支票上的金额可以由出票人授权补记，未补记前的支票，不得使用；支票上未记载收款人名称的，经出票人授权，也可以补记。

《票据法》对支票相对应记载的事项规定如下：支票上未记载付款地的，付款人的营业场所为付款地；支票上未记载出票地的，出票人的营业场所、住所或者经常居住地为出票地。

（3）禁止签发空头支票

《票据法》第87条规定支票的出票人所签发的支票金额不得超过其付款时在付款人处实有的存款金额；出票人签发的支票金额超过其付款时在付款人处实有的存款金额的，为空头支票。禁止签发空头支票。

《票据法》第88条规定支票的出票人不得签发与其预留本名的签名式样或者印鉴不符的支票。

10.2 证券法

10.2.1 证券法概述

10.2.1.1 证券的概念和种类

证券是各类财产所有权或债权凭证的通称，是用来证明持有人有权取得相应权益的书面凭证。证券有广义和狭义之分。广义的证券包括货物证券和资本证券；狭义的证券仅指资本证券，包括股票、债券等。根据我国《证券法》第2条的规定，股票、公司债券和国务院依法认定的其他证券的发行和交易，适用本法；政府债券、证券投资基金份额的上市交易，适用本法。

证券种类较多，依据不同标准，可作不同的分类。依据发行主体的不同，可分为公司证券、金融证券和政府证券。公司证券包括股票、债券等；金融证券包括金融证券、可转让定期存单等。政府证券主要包括中央和地方发行的债券。依据是否上市可分为上市证券和非上市证券。前者是指经证券主管机关批准，并办理相关手续后在证券交易所内进行公开买卖的证券；后者是指由公司自行发行的但未办理相关手续不能在证券交易所内进行交易的证券。依所体现的内容不同，可分为资本证券、货币证券和货物证券。此外，依持有人的姓名是否记载在证券上，可分为记名证券和不记名证券，依证券上是否记载面值可分为有面值证券和无面值证券。

10.2.1.2 证券法

狭义的证券法是指专门调整证券与证券相关关系的法律规范的总称。

证券法的调整对象是证券关系。所谓证券关系是指因证券的发行、交易、监管及其他相关活动而产生的社会关系。此外，证券法还调整与证券相关的其他活动如证券投资咨询、证券保管、清算、登记、过户等活动而产生的证券关系。

10.2.1.3 证券法的基本原则

证券法的基本原则是指证券法所持有的，反映证券市场客观发展规律，广泛适用于调整各种证券活动的基本行为准则。我国证券法的基本原则主要包括以下几个方面：

（1）公开、公平、公正的原则

即所谓的“三公”原则。公开原则的核心是信息披露。证券法上的公平原则是指在证券活动中，任何合法的投资者都具有平等的权利，其合法权益均应得到公平的保护。公正原则主要是强调对证券市场的立法者、司法者和管理者的行为进行约束。

（2）自愿、有偿、诚实信用原则

该原则要求参与证券发行和证券交易活动的当事人在地位平等的基础上，自主自愿、诚实守信地按照等价交换的规则参与证券发行的交易活动。

（3）分业经营、分业管理的原则

证券业和银行业、信托业、保险业分业经营、分业管理。证券公司与银行、信托、保险业务机构分别设立。

（4）合法原则

证券发行、交易活动，必须遵守法律、行政法规；禁止欺诈、内幕交易和操纵证券交易市场的行为。

（5）集中统一监管和自律管理相结合原则

国务院证券监督管理机构依法对全国证券市场实行集中统一监督管理。根据需要可以设立派出机构，按照授权履行监督管理职能。

（6）审计监督原则

国家审计机关对证券交易所、证券公司、证券登记结算机构、证券监督管理机构，依法进行审计监督。

10.2.2 证券发行

10.2.2.1 证券发行的概念

证券发行是指证券发行人为筹集资金或调整股权结构，依照法律规定的程序和条件将证券发售给投资者的行为。证券发行人主要包括发行证券的公司、企业、政府及其机构等。投资者主要包括认购证券的自然人、各类企业、金融机构、基金组织等。

10.2.2.2 证券发行的申请

我国《证券法》规定公开发行证券，必须符合法律、行政法规规定的条件，并依法报经国务院证券监督管理机构或者国务院授权的部门核准；未经依法核准，任何单位和个人不得公开发行证券。

发行人依法申请核准发行证券所报送的申请文件的格式、报送方式，由依法负责核准的机构或者部门规定。发行人向国务院证券监督管理机构或者国务院授权的部门报送的证券发行申请文件，必须真实、准确、完整。为证券发行出具有关文件的证券服务机构和人员，必须严格履行法定职责，保证其所出具文件的真实性、准确性和完整性。发行人申请首次公开发行股票的，在提交申请文件后，应当按照国务院证券监督管理机构的规定预先披露有关申请文件。

10.2.2.3 证券发行的审批及其程序

国务院证券监督管理机构设发行审核委员会，依法审核股票发行申请。核准程序应当公开，依法接受监督。参与审核和核准股票发行申请的人员，不得与发行申请人有利害关系，不得直接或者间接接受发行申请人的馈赠，不得持有所核准的发行申请的股票，不得私下与发行申请人进行接触。

国务院证券监督管理机构或者国务院授权的部门应当自受理证券发行申请文件之日起三个月内，依照法定条件和法定程序作出予以核准或者不予核准的决定，发行人根据要求补充、修改发行申请文件的时间不计算在内；不予核准的，应当说明理由。证券发行申请经核准，发行人应当依照法律、行政法规的规定，在证券公开发行前，公告公开发行募集文件，并将该文件置备于指定场所供公众查阅。发行证券的信息依法公开前，任何知情人不得公开或者泄露该信息。发行人不得在公告公开发行募集文件前发行证券。

10.2.2.4 证券承销的概念及其方式

证券承销，是指具有证券业务资格的证券公司接受证券发行人的委托，在法定或约定期限内将拟发行的证券发售出去，并由此收取一定费用的一系列活动。按照我国《证券法》第28条的规定，发行人向不特定对象公开发行的证券，法律、行政法规规定应当由证券公司承销的，发行人应当同证券公司签订承销协议。证券承销业务采取代销或者包销方式。

10.2.3 证券交易

10.2.3.1 证券上市

证券上市是指公开发行的证券按照法律规定的条件和程序，在通过证券交易所的审查和取得主管机关的批准后，在证券交易所进行集中竞价买卖的法律行为。在证券交易所进行交易的证券被称为上市证券，同时证券发行者被称为上市公司。

10.2.3.2 持续信息公开制度

持续信息公开制度，是指证券市场主体在涉及证券的发行与交易的过程中，依法公开与证券发行和交易有关的信息，以使投资者能够及时了解并掌握与其投资的证券有关的信息，从而有利于其作出投资决策判断的法律制度。

10.2.3.3 禁止的交易行为

所谓内幕交易是指内幕信息的知情人员，为了获取利益或减少损失，利用其所掌握的内幕信息进行交易的活动。根据《证券法》的规定，证券交易内幕信息的知情人和非法获取内幕信息的人，在内幕信息公开前，不得买卖该公司的证券，或者泄露该信息，或者建议他人买卖该证券。

持有或者通过协议、其他安排与他人共同持有公司百分之五以上股份的自然人、法人、其他组织收购上市公司的股份,《证券法》另有规定的,适用其规定。内幕交易行为给投资者造成损失的,行为人应当依法承担赔偿责任。

阅读专栏

证监会全方位打击内幕交易

证监会新闻发言人8月初曾表示,证监会将不断加大对内幕交易违法案件的处罚力度,对可能发生泄密的各个环节、各个领域进行严查,全方位打击,不留死角。以从严处罚内幕交易为抓手,净化资本市场环境,让内幕交易无处遁形。

内幕交易是预先知悉内幕信息的人利用信息优势进行交易的行为,对其他不知道内幕信息的市场参与者而言,显失公平。内幕交易行为破坏了证券期货市场"三公"原则,践踏了证券期货市场赖以生存的诚信基础,严重影响了市场秩序与市场参与者的投资信心,侵害了投资者利益。

今年以来,证监会依法对内幕交易中源协和、报喜鸟、潜能恒信、和佳股份、时代新材股票等20起违法违规案件作出行政处罚决定,对1名法人、31名自然人进行行政处罚,罚没款共计1 636.85万元。除此之外,还有7件案件正在履行事先告知程序。

1. 利用新媒体泄露内幕信息

曾经的中信证券"医药一姐"张明芳因为"发微信"而被监管层重罚。这是证监会对通过自媒体等新型传媒泄露内幕信息行为严厉打击的一个案例。

2014年6月,中信证券首席医药行业分析师张明芳先后在其朋友圈和多个微信群里发布了一个关于丽珠集团的重大跟踪消息:"丽珠集团将于下周二公布管理层限制性股票+期权方案:以2013年扣非净利润为基数,2014—2016年净利润同比增速分别不低于15%、20%、30%。"

"当事人作为从业超过十年的资深分析师,将刺探到的内幕信息发布到15个微信群和朋友圈中,很快该信息截屏就在其他微信群传开,传播范围极广,影响极其恶劣。"

2. 研究员、私募、董秘一锅端

证监会今年公布的行政处罚书中,曝光了恒顺众昇(300208)的多起内幕交易案。5名涉案人被行政处罚,尽管他们在内幕交易中均未获盈利。

2011年10月31日,由恒顺众昇等四家公司组成的联合体中标印度尼西亚电厂项目。11月12日,恒顺众昇公告收购该煤矿项目。贾某某及时任恒顺众昇财务总监兼董事会秘书王艳强等人,为该收购案的知情人。

2012年3月2日,时任东兴证券研究所电力行业研究员李根,不仅将从王艳强处了解到的内幕消息发送给了多个机构和个人,还利用此信息在用其所控制的账户从2012年3月9日起,先后买入恒顺众昇股票合计93 500股,随后全部卖出。

另一位内幕交易者曾军,时任金中和投资管理有限公司CEO及投资总监。在恒顺众昇收购印度尼西亚煤矿的过程中,曾军曾向贾某某提供了投资建议,因此知悉恒顺众昇收购印度尼西亚相关煤矿的信息。2012年6月11日至11月1日,金中和西鼎账户、富锦6号账户分别两次买入恒顺众昇股票。

证监会认为，李根、金中和投资管理有限公司、曾军均构成内幕交易，责令李根依法处理非法持有的股票，并罚款45万元；对王艳强处以30万元罚款；没收金中和内幕交易期间违法所得84万元，并罚款252万；对曾军给予警告，并罚款30万元。

3. 用“软权力”内幕交易

中国证监会工作人员刘书帆因涉嫌内幕交易、受贿等犯罪，8月30日被依法采取刑事强制措施。刘书帆向社会公众和广大股民表达了深刻的悔意和歉意。

刘书帆供述，2014年下半年利用职务便利，帮助某上市公司定向增发顺利通过发审会，并帮助该公司股票价格维持稳定并增长。刘书帆利用该公司定向增发的消息，向朋友李某借款1 000万元人民币，通过亲友的股票账户购买该公司股票，总共获利300余万元，刘书帆分得其中100余万元。随后，刘书帆还多次向吴某打听得知更多内幕消息，持续买入股票，非法获利数百万元。

（材料来源：曹西京，新闻晨报（上海），2015年9月16日）

10.2.4 上市公司收购

上市公司收购是指收购人通过证券交易所的股份转让活动持有一个上市公司的股份达到一定比例，通过证券交易所股份转让活动以外的其他合法途径控制一个上市公司的股份达到一定程度，导致其获得或者可能获得对该公司的实际控制权的行为。按照《证券法》的规定，投资者可以采取要约收购、协议收购及其他合法方式收购上市公司。

10.2.4.1 持股大户报告制度

为防止持股大户操纵股票交易价格现象的出现，我国《证券法》第86条、第87条规定了持股大户的报告制度。持股大户所作的书面报告和公告，应当包括下列内容：持股人的名称、住所；所持有的股票的名称、数量；持股达到法定比例或者持股增减变化达到法定比例的日期。

10.2.4.2 要约收购

要约收购是指收购人为取得上市公司的控股权，向所有的股票持有人发出购买该上市公司股份的收购要约，收购该上市公司股份。

10.2.4.3 协议收购

协议收购是指由收购人与被收购公司的股票持有人订立股票买卖协议的方式收购被收购公司的一种上市公司收购方式。

10.2.5 与证券有关的机构

10.2.5.1 证券交易所

按照我国《证券法》第102条的规定，证券交易所是为证券集中交易提供场所和设施，组织和监督证券交易，实行自律管理的法人。证券交易所的设立和解散，由国务院决定。证券交易所有两种组织形式，分为公司制和会员制。我国现存的上海、深圳证券交易所均采用会员制。实行会员制的证券交易所的财产积累归会员所有，其权益由会员共同享有，在其存续期间，不得将其财产积累分配给会员。证券交易所设理事会，设总经理一人，由国务院证券监督管理机构任免。

10.2.5.2 证券公司

我国《证券法》所称证券公司是指依照《中华人民共和国公司法》和《证券法》规定设立的

经营证券业务的有限责任公司或者股份有限公司。设立证券公司，必须经国务院证券监督管理机构审查批准。未经国务院证券监督管理机构批准，任何单位和个人不得经营证券业务。证券公司必须在其名称中标明证券有限责任公司或者证券股份有限公司字样。

10.2.5.3 证券登记结算机构

证券登记结算机构是为证券交易提供集中登记、存管与结算服务，不以营利为目的的法人。设立证券登记结算机构必须经国务院证券监督管理机构批准。

证券登记结算采取全国集中统一的运营方式。证券登记结算机构章程、业务规则应当依法制定，并须经国务院证券监督管理机构批准。证券持有人持有的证券，在上市交易时，应当全部存管在证券登记结算机构。证券登记结算机构不得挪用客户的证券。证券登记结算机构应当向证券发行人提供证券持有人名册及其有关资料。证券登记结算机构应当根据证券登记结算的结果，确认证券持有人持有证券的事实，提供证券持有人登记资料。证券登记结算机构应当保证证券持有人名册和登记过户记录真实、准确、完整，不得隐匿、伪造、篡改或者毁损。

10.2.5.4 证券交易服务机构

根据我国《证券法》的规定，投资咨询机构、财务顾问机构、资信评级机构、资产评估机构、会计师事务所从事证券服务业务，必须经国务院证券监督管理机构和有关主管部门批准。投资咨询机构、财务顾问机构、资信评级机构、资产评估机构、会计师事务所从事证券服务业务的审批管理办法，由国务院证券监督管理机构和有关主管部门制定。投资咨询机构、财务顾问机构、资信评级机构从事证券服务业务的人员，必须具备证券专业知识和从事证券业务或者证券服务业务两年以上经验。认定其证券从业资格的标准和管理办法，由国务院证券监督管理机构制定。

10.2.5.5 证券业协会

证券业协会是证券业的自律性组织，是社会团体法人。证券公司应当加入证券业协会。证券业协会的权力机构为全体会员组成的会员大会。证券业协会的章程由会员大会制定，并报国务院证券监督管理机构备案。证券业协会设理事会。理事会成员依章程的规定由选举产生。

10.2.5.6 证券监督管理机构

国务院证券监督管理机构依法对证券市场实行监督管理，维护证券市场秩序，保障其合法运行。国务院证券监督管理机构可以和其他国家或者地区的证券监督管理机构建立监督管理合作机制，实施跨境监督管理。

本章小结

本章主要介绍了票据法、证券法的概念、原则及制度规定等内容。

学习票据法应当在了解其基本概念的基础上，掌握该部法以及票据的独特特征，只有如此才能把握该部法律的精神，才能深刻理解各票据行为的意义。票据法具有强行性特征、公法性特征、技术性特征、国际统一性特征。

证券法的基本原则主要有公开、公平、公正的原则、自愿、有偿、诚实信用原则、分业经营、分业管理的原则、合法原则、集中统一监管和自律管理相结合原则、审计监督原则。证券发行和交易必须依法进行，禁止内幕交易、操纵市场、虚假陈述、欺诈客户和其他非法行为。

思考与练习

一、单项选择题

1. 持票人不能出示拒绝证明、退票理由书或者未按照规定期限提供其他合法证明的，丧失对其（　）的追索权。

A. 后手　B. 左手　C. 右手　D. 前手

2. 见票后定期付款的汇票，持票人应当自出票日起（　）内向付款人提示承兑。

A. 三日　B. 两个月　C. 五个月　D. 一个月

3. 持票人对支票出票人的权利，自出票日起（　）内不行使而消灭。

A. 三日　B. 两个月　C. 六个月　D. 一个月

4. 失票人应当在通知挂失止付后（　）内，也可以在票据丧失后，依法向人民法院申请公示催告，或者向人民法院提起诉讼。

A. 三日　B. 两个月　C. 六个月　D. 一个月

5. 付款是汇票的承兑人或付款人向持票人支付汇票金额，它属于（　）行为。

A. 票据　B. 法律　C. 事实　D. 心理

6.（　）依法审核股票发行申请。

A. 国务院证券监督管理机构发行审核委员会

B. 银监会

C. 地方政府

D. 公司董事会

7. 证券的代销、包销期限最长不得超过（　）日。

A. 九十　B. 三十　C. 十日　D. 六十

8. 以协议方式收购上市公司时，达成协议后，收购人必须在（　）日内将该收购协议向国务院证券监督管理机构及证券交易所作出书面报告，并予公告。

A. 三　B. 三十　C. 十日　D. 六十

9.（　）是为证券集中交易提供场所和设施，组织和监督证券交易，实行自律管理的法人。

A. 证监会　B. 银监会　C. 保监会　D. 证券交易所

10. 下面哪些不是公司债券上市的条件（　）。

A. 公司债券的期限为一年以上

B. 公司债券实际发行额不少于人民币五千万元

C. 公司债券实际发行额不多于人民币两亿元

D. 公司申请债券上市时符合法定的公司债券发行条件

二、多项选择题

1. 票据法与其他法律相比，具有如下特征（　）。

A. 票据法具有强行性　B. 票据法具有公法性特征

C. 票据法具有技术性特征　D. 票据法具有国际统一性特征

2. 票据法律关系可以分为（　）。

A. 票据关系　B. 非票据关系　C. 合同关系　D. 行政关系

3. 属于我国票据法上规定的票据行为的是（　）。

A. 出票　B. 背书　C. 承兑　D. 保证

4. 票据行为有以下法律特征（　）。

A. 要式性　B. 独立性　C. 无因性　D. 文义性

5. 背书的效力有哪些（　）。

A. 合同效力　B. 转移效力　C. 担保效力　D. 证明效力

6. 背书的方式有（　）。

A. 记名背书　B. 空白背书　C. 签字背书　D. 不签字背书

7. 票据保证行为的对象有哪些？（　）

A. 出票人　B. 背书人　C. 承兑人　D. 保证人

8. 下面那些是票据权利？（　）

A. 求偿权　B. 担保权　C. 付款请求权　D. 追索权

9. 票据权利的取得主要方式有哪些？（　）

A. 原始取得　B. 继受取得　C. 买卖取得　D. 交易取得

10. 票据抗辩权可以分为（　）。

A. 物的抗辩　B. 人的抗辩　C. 债权的抗辩　D. 债务的抗辩

11. 根据签发人的不同，汇票分为（　）。

A. 企业汇票　B. 银行汇票　C. 商业汇票　D. 工业汇票

12. 根据背书的目的，背书分为（　）。

A. 转让背书　B. 记名背书　C. 空白背书　D. 非转让背书

13. 下面哪些是汇票必须记载的事项（　）。

A. 表明“汇票”的字样　B. 无条件支付的委托

C. 确定的金额　D. 付款人名称

14. 追索权人包括（　）。

A. 最后的持票人　B. 代为清偿的票据债务人

C. 保证人　D. 债务人

15. 依据发行主体的不同，可分为（　）

A. 公司证券　B. 金融证券　C. 政府证券　D. 个人证券

16. 证券发行人主要包括（　）等。

A. 发行证券的公司　B. 企业

C. 事业单位　D. 政府及其机构

17. 公司具有哪些情况不得再次公开发行公司债券？（　）

A. 前一次公开发行的公司债券尚未募足

B. 对已公开发行的公司债券或者其他债务有违约或者延迟支付本息的事实，仍处于继续状态

C. 违反《证券法》规定，改变公开发行公司债券所募资金的用途

D. 公司有银行贷款尚未偿还完毕

18. 证券承销业务可以采取（　）方式。

A. 代销方式　B. 承销方式　C. 订购方式　D. 包销方式

19. 股份有限公司申请股票上市，应当符合下列条件（　）。

A. 股票经国务院证券监督管理机构核准已公开发行

B. 公司股本总额不少于人民币三千万元

C. 公开发行的股份达到公司股份总数的百分之二十五以上；公司股本总额超过人民币四亿元的，公开发行股份的比例为百分之十以上

D. 公司最近三年无重大违法行为，财务会计报告无虚假记载

20. 上市公司有下列哪些情形之一的，由证券交易所决定终止其股票上市交易（　）。

A. 公司股本总额、股权分布等发生变化不再具备上市条件，在证券交易所规定的期限内仍不能达到上市条件

B. 公司不按照规定公开其财务状况，或者对财务会计报告作虚假记载，且拒绝纠正

C. 公司最近三年连续亏损，在其后一个年度内未能恢复盈利

D. 公司解散或者被宣告破产

21. 按照《证券法》的规定，投资者可以采取（　）方式收购上市公司。

A. 依法继承　B. 要约收购　C. 协议收购　D. 其他合法方式

三、简答题

1. 简述票据的基本特征。
2. 票据关系的构成要素有哪些？
3. 什么是背书行为？
4. 什么是背书？
5. 简述支票的概念和种类。
6. 本票的记载事项有哪些？
7. 什么是承兑行为？
8. 什么是票据法上的非票据关系？
9. 什么是证券？证券主要有哪些种类？
10. 证券法的基本原则有哪些？
11. 公司发行新股应当符合哪些条件？
12. 什么是证券承销？
13. 什么是证券上市？
14. 什么是持续信息公开制度？
15. 什么是内幕交易行为？

参考书目

[1] 李昌麒. 经济法——国家干预经济的基本法律形式 [M]. 成都：四川人民出版社，1995.

[2] 杨紫烜. 经济法 [M]. 北京：高等教育出版社，2015.

[3] 蒋传宓. 经济法实务 [M]. 天津：天津大学出版社，2009.

[4] 李正华. 经济法 [M]. 北京：中国人民大学出版社，2005.

[5] 邓雪兰、龙英峰. 经济法概论 [M]. 上海：立信会计出版社，2003.

[6] 周晓存. 经济法概论 [M]. 北京：机械工业出版社，2005.

[7] 肖国兴、于杨曜. 市场经济法 [M]. 广州：华南理工大学出版社，2007.

[8] 温世扬. 保险法 [M]. 北京：法律出版社，2016.

[9] 范健. 公司法 [M]. 北京：法律出版社，2015.

[10] 郑成思. 知识产权论 [M]. 北京：法律出版社，2003.

[11] 张玉敏. 知识产权法 [M]. 北京：法律出版社，2005.

[12] 刘剑文. 财政税收法 [M]. 北京：人民法院出版社，2004.

[13] 叶林. 证券法 [M]. 北京：中国人民大学出版社，2006.